献 给 碧

北仲争议解决新视野译丛

BIAC 北京仲裁委员会
Beijing Arbitration Commission
北京国际仲裁中心
Beijing International Arbitration Center

INTERNATIONAL ARBITRATION AND FORUM SELECTION AGREEMENTS: DRAFTING AND ENFORCING

FIFTH EDITION

国际仲裁与协议管辖条款：起草与执行

（第五版）

〔美〕加里·B.博恩　著
(Gary B. Born)
崔强　译

法律出版社
北京

著作权合同登记号
图字：01-2022-5788

《北仲争议解决新视野译丛》编委会及编辑部名单

北仲争议解决新视野译丛总序

北京仲裁委员会/北京国际仲裁中心(以下简称北仲)是首批依据《中华人民共和国仲裁法》重新组建的仲裁机构之一,亦是首批纳入最高人民法院“一站式”国际商事纠纷多元化解决机制的仲裁机构之一。成立20余年来,北仲始终坚持“公正、独立、专业、高效、卓越”的价值目标,坚持专业化、国际化的发展方向,已经逐渐成了国内领先并在国际上有一定影响力的多元争议解决中心,成为践行仲裁法精神、锐意改革创新的一面旗帜。

北仲多元化争议解决事业的发展有赖于贴近实践的理论研究基础。多年来,北仲一直致力于打造多元争议解决研究中心,不断推动知识的固化与实践经验的总结推广,助力行业前沿探索,形成体系化的研究布局。自成立伊始,北仲就编辑《北京仲裁》(前身为《北京仲裁通讯》),搭建多元化争议解决理论研究和实务经验交流的平台。从2013年起,北仲每年组织专家编写中英文同时出版的《中国商事争议解决年度观察》,对上一年实体领域的争议解决情况进行综述,介绍新颁布的法律法规,深入分析典型案例,探究行业热点问题,展望行业发展方向,为中外专业人士研究中国争议解决发展提供详实的资料,并基于此,在欧洲、亚洲、北美等地举行发布会。“中国仲裁文库”通过精选北仲经典案例,并邀请业内专家进行评析,为读者提供“原汁原味”的裁决书,是业界了解、研究中国仲裁的重要窗口。“北仲争议解决新探索文库”则旨在系统展示多元化争议解决领域学术成果,促成具有理论和实务应用价值并与多元化争议解决主题相关的著作出版发行。北仲还设立了科研基金项目,每年选取一些在业内引起反响且具有实践指导意义的问题给予一定的资助,推动业界形成研究合力。

北仲从设立之初就清楚地意识到,能够不断满足当事人日益增长的争议解决需求,是仲裁机构的核心竞争力。随着当事人争议解决需求的国际化、多元化,北仲亦致力于引进国际最前沿的多元化争议解决理念,推动业界对国际多元化争议解决规则、惯例的探讨。因此,北仲于 2013 年设立了“争议解决新视野译丛”(以下简称北仲译丛),收录介绍国际多元化争议解决领域创新动态、对中国多元化争议解决有借鉴意义的域外专业书籍,引入“原汁原味”的多元化争议解决理论书籍和实践指南,意图改善多元化争议解决译著相对匮乏的局面,为从事多元化争议解决理论研究、教育培训和实务工作者提供更多、更新、更有实际效用的信息和素材,提高国内法律人才在国际多元化争议解决实践中的实战经验和技能,提升中国商事争议解决行业的国际竞争力。

北仲译丛将借助北仲现有的丰富资源,组织国内外权威专家组成丛书编委会,支持优秀译者为国内读者选译一批有关多元化争议解决理论与实践操作的高水准域外作品。同时,北仲译丛也始终秉持着开放包容的姿态,着力成为业内同人共建共享的知识平台。北仲热忱欢迎社会各界朋友为北仲译丛推荐能体现多元化争议解决国际化及创新性理念的域外佳作,共同将北仲译丛打造成多元化争议解决研究领域的品牌项目。

北仲争议解决新视野译丛编委会

2020 年 5 月 20 日

中译本序

加里·B.博恩先生是国际商事争议解决领域的领军人物，具有丰富的实务经验，又精于理论研究。

加里·B.博恩先生的《国际仲裁与协议管辖条款》是相关领域从业者与研究者的必备书目之一，其全面性与实用性一直广受好评。书中，博恩先生介绍了起草与执行争议解决条款时可能涉及的众多问题，就诸多行业起草国际商事合同的争议条款，以举例的方式进行了示范性的说明，具有很强的、实际的参考价值。

在一份数十甚至上百页的国际商事合同中，争议解决条款的篇幅十分有限，往往仅有数行。然而，有经验的缔约方定会重视这个条款，因为一旦被触发，它将在很大程度上影响缔约方主张及实现自身权利的能力和机率。起草一个争议解决条款的工作量看似不大，实则需要统筹考量众多因素，包括缔约各方磋商阶段的谈判地位、履行阶段权利义务的特点、违约的可能和救济手段等等。需要审视合同从签订到终止的全过程，还要结合对世界范围内多个法域、多种规则、多家争议解决机构的深入了解，才有可能筛选出对缔约各方最妥当、最适合的争议解决方案。本书凝聚了作者的丰富经验，读者会开卷有益。

北京仲裁委员会/北京国际仲裁中心作为专业仲裁机构蜚声

海内外,为仲裁在中国的发展做着巨大的贡献。译者崔强律师是优秀的燕园学子,业已成为广受认可的争议解决律师。本书的英文原版现已更新至第五版,很高兴看到北京仲裁委员会/北京国际仲裁中心“争议解决新视野译丛”项目选中本书。相信本书能对国内的法律界同仁研究国际争议解决制度、参与国际仲裁和诉讼活动有所裨益。

潘剑锋

第一版序

争议对于国际商事交易的影响深远。如适当处理争议，公司的利益不仅不会受到危及，甚或有所增益。若未妥善处理争议，则可能导致公司产生有失公正或显失公平的责任、高昂的法律费用、负面的公共形象，甚至更糟的结果。国际商事交易中，由于当事人预期及各国法律体系间的差异巨大，前述风险尤为突出。

本书将讨论降低国际商事争议风险的主要方法。具体而言，本书将讨论当事人解决国际商事争议的工具——协议管辖条款及仲裁条款。本书试图以简明易懂的语言阐释不同类型争议解决条款的优缺点，详细讨论起草条款时可考虑的各种因素，并提供示范条款。贯穿本书的重点只有一个，即提供简单、实用、持久的解决方案。

得益于几十年间无数同事、学生、客户及同行的协助，本书方能完成。致谢的名单一时难以穷尽。但无论如何，我要感谢 Elke Jenner 无微不至的照顾，以及 Joe Profaizer, Kevin Pettican 以及 Susie Williams 的不懈研究。一如既往，John Berger 提供了宝贵的编辑建议。

加里 · B. 博恩
1999 年 3 月

第五版序

本书是起草国际仲裁及协议管辖条款指南的第五版。本书首次出版于1999年，主要讨论降低国际商事争议内在风险的主要方法（即国际仲裁及协议管辖条款），以简明易懂的语言聚焦实务，提供示范条款。

本版内容更新至2016年6月，并增加了前几版（1999、2005、2010和2013年版）出版后的新动态。但实际上，本次更新显现出，在过去15年中，争议解决条款最大的变化就是“没有变化”。一如既往，简单的协议管辖条款和仲裁协议能够为在跨国争议中降低风险和费用提供最为实用且持续的机制。

本次更新亦引入了更多示范条款，可作为现有仲裁协议及协议管辖条款的补充或替代，如通过专家决定方式解决争议。一如此前各版，本书不能替代特定情形下的特殊考虑或具体交易中的特别需求，也并非为具体交易的争议解决机制提供特定化的意见。本书旨在通过列出有关因素并提供示范条款，帮助相关考量及意见更具针对性、更为有效。

一如此前各版，本书第五版的完成离不开无数同事、学生、客户及同行的协助。Katrin Frach、Marisol Perez Hernandez、Marc Lee、Sarah Cravens、Jessica Sblendorio 提供了无微不至的协助。我的出版人,Gwen de Vries 提供了宝贵的编辑建议和协助。

欢迎读者提出评论、批评或交流意见,我的邮箱为 gary. born @ wilmerhale. com。

加里 · B. 博恩
2016 年 6 月

目　录

第一章

为国际争议解决做好准备

一、协议约定国际争议解决方式的重要性

近几十年来,全球范围内的贸易与投资呈现出前所未有的扩增态势。尽管历经金融危机及其他挑战,扩增态势似乎仍将持续。持续增长的国际贸易与投资在带来繁荣昌盛的同时,亦不断引发国际商事争议。各类商事企业不断卷入与外国公司的法律程序中,有时还会遇到遥远、冷漠或者腐败的裁判者。这些法律程序常常花费巨大,输掉程序可能产生严重后果。

处理几乎每一起国际商事争议之前,均需要先回答一个关键问题——“争议在何地、由何者决定?”这一问题的答案经常决定性地影响争议解决程序的最终结果。这种对结果的影响不仅在于输或赢,还在于是赢得少量的细微赔偿金,还是赢得数百万元的美元、欧元、英镑、日元或是人民币。

审理同一争议时,不同地区的审判机构可能得到不同的结果,这背后存在很多原因。不同国家有不同的程序法、法律适用法、实体法及其他法律规则,审判庭的品行、能力、公正性亦有差异。不方便性、地方保护、语言等其他因素,也可能使得某一争议

解决地明显有利于一方当事人。这些因素在不同国家间的差别,往往比在一国内部各地区之间更为显著。

正是由于选择争议解决地的重要性,国际合同的缔约方经常在合同中引入争议解决条款。如下文详述,争议解决条款显著降低了国际争议解决内在的不确定性,有时还可使一方充分发挥其优势地位。因此,几乎所有国际合同中都推荐订立争议解决条款。争议解决条款通常包括以下形式:(1)协议管辖条款,(2)仲裁条款。任何形式的争议解决条款都可以并经常与法律适用条款结合使用,以选择适用于当事人间法律关系的实体法律。

二、协议管辖条款与仲裁条款

协议管辖条款是指允许或要求一方向另一方申索时诉诸特定国家法院的条款。协议管辖条款可以是“排他的”(即要求当事人只能在约定地区的法院诉讼,排除其他法院)或者“非排他的”(即允许当事人可以在约定地区的法院诉讼,但并不禁止在其他有管辖权的法院诉讼)。协议管辖条款有时亦被称作“管辖条款”、“法院选择条款”或“法院条款”。

仲裁条款与协议管辖条款有许多类似之处,但也具有明显不同的特点。简言之,国际仲裁是基于当事人合意的一种终局性的争议解决方式,其由当事人自行选定或代为指定的非官方的审理者(即“仲裁员”),经过当事人可陈述发表意见的审理程序,而作出裁决。如定义所示,国际仲裁具有几项显著特征。

第一,国际仲裁通常*基于当事人合意*,即当事人须同意将争议提交仲裁。第二,仲裁的审理者是*非官方的*——仲裁员不是政府工作人员,而是当事人自行选定或(一般由仲裁机构)代为指定的个人。第三,仲裁产生的是一份*有拘束力的终局裁决*,一般可以通过各国法院予以强制执行,而不是一份无法律拘束力的建议性文件。第四,仲裁很大程度上允许程序的*灵活性*,当事人可以自由选定仲裁员,还可以选择适合特定交易、行业或其他需求的程序。同时,仲裁的程序通常是*审理式*的,即采取类似司法程序的方式,给予各当事人展示证据及陈述意见的机会。第五,国际仲裁旨在保持*中立性*,其通常不在任一当事人所在的法域及司法体系内进行,且不遵循某一国家的司法程序。

国际商事仲裁几乎均根据基础商事合同中的仲裁条款而提起。一般仲裁条款会约定,与本合同有关的争议应根据特定程序规则(一般由仲裁机构颁布)提交仲裁。

最后,与大多数协议管辖条款不同的是,国际仲裁条款背后有一套特定的法律体系作为支持。一些多边或双边的国际公约保障了仲裁条款及仲裁裁决的可执行性,而大多数发达国家及许多其他国家的仲裁法亦以支持仲裁条款与仲裁裁决为导向。这些法律条约大大促进了仲裁作为国际争议解决方式的有效性,使得仲裁比某一国诉讼程序专业性更强、效率更高、执行性更有保证。

三、协议管辖条款及仲裁条款的功能

协议管辖条款及仲裁条款具有重要功能。第一,当事人可以选择在对其更有利的争议解决地处理未来争议。例如,金融机构可能要求借款人接受在伦敦或者纽约的法院处理争议,以确保裁判者更方便审理、更专业、更可能偏向己方。相应地,一家韩国公司在与欧洲的公司合作时,则可能要求在韩国的法院处理争议。

第二,即便一方当事人无法争取到对其有利的争议解决地,至少可以将很不利的地点排除出去。例如,当事人分别来自日本及美国,双方可能约定必须在中立第三国解决争议,如英格兰、新加坡或者瑞士。争议解决程序既可以在中立国法院进行,也可以

在中立的国际仲裁庭进行。任意一种安排均可降低一方必须在另一方的母国法院(或在其他不利的地区)诉讼的风险。

第三,排他性的协议管辖条款或仲裁条款可以防止平行诉讼或重复诉讼,即同一争议同时由两个或多个机构审理。在没有协议安排的情况下,各方当事人均可在其认为最有利的地区提起诉讼。对于许多国际争议,不同国家的法院可能均有管辖权,这可能导致各方进入漫长的管辖权异议程序,不同机构的判决结果不一致且可能无法执行,并且各个程序均可能产生律师费及其他费用。排他性的协议管辖条款或仲裁条款能够限定当事人之间的纠纷在一地解决,避免平行诉讼带来的高额成本及不确定性。

第四,协议管辖条款或仲裁条款使当事人之间的合同关系更具可预测性。当最终的争议解决机构相对确定时,当事人能更好地评估各自的权利义务。如果与协议管辖条款或仲裁条款配套订立法律适用条款,这一好处会更加显著。

第五,合同约定的争议解决机制可以适时根据当事人特殊需求而量身定制。当事人可以在协议管辖条款中选择在交易涉及的商业领域或其他方面具有专长的法院,还可以在仲裁条款中选择具备特殊资格的仲裁员、或约定由当事人自行选定仲裁员。当事人还可以在争议解决条款中约定其他事项,例如证据开示或披露制度、程序时间表、是否允许上诉、救济途径、费用的分担。所有这些因素都可以提高争议解决程序的可预测性与商业价值。

第六,在合同中约定争议解决条款可以降低在境外申请执行法院判决时经常遇到的困难。因此,如争议解决机构由当事人协议选定,执行阶段发生管辖权异议并获支持的风险会降低。如下文所述,仲裁条款在这方面具备特殊优势,因为在仲裁裁决执行方面有更为完善的国际立法。

基于以上原因,对于重大国际商事交易,在合同中引入协议管辖或仲裁协议通常是有利的。在合同中加入法律适用条款往往也是明智之举。这些条款实质性地降低了与国际争议解决相伴而生的不确定性;如果起草得当,可以充分发挥一方优势地位。相反而言,合同中不引入争议解决条款,则鲜有正当理由。当事人真正需要考虑的,是应该选择仲裁条款还是协议管辖条款。

四、在协议管辖条款与仲裁条款间选择

在国际交易中应该选择协议管辖条款或是仲裁条款,很难一概而论。如下文详述,这一选择受到诸多因素影响,包括当事方的身份与利益、合同项下可能出现争议的类型、是否需要执行争议解决条款、是否需要执行非合同约定的争议解决机构作出的判决裁定、保密性及程序灵活性的重要程度、友好调停裁决与严格依法判决之间的取舍、多方当事人间解决方案的重要程度,以及上诉的好处或成本。当然,上述因素都需要考虑到在实际合同谈判中当事人可以达成的合意。

想要设计一个适用于所有交易或当事人的争议解决机制是不现实的。对于不同当事人和不同交易,有太多因素需要考虑。尽管如此,确定影响选择协议管辖条款或仲裁条款的因素,仍然大有裨益。在特定交易、交易对手、或交易类型的语境下,综合考虑这些影响因素,通常即能判断何种争议解决机制对于某一方最为有利。此外还可以梳理出一些概括性指南,以帮助个案中的当事人在协议管辖条款和仲裁条款中作出选择。

1. 选择最有利的争议解决地

在争议解决领域,审判庭“高度国际化”“中立、专业”的优点常受人称道。这些的确值得肯定。然而,当事人的首要目标,必定是选择一个最可能胜诉的争议解决地。当然,有时其他目标可能影响甚至超越前述首要目标,尤其是争议解决条款及后续裁判

的可执行性。然而,对任何当事方而言,确保争议解决地最有利于己方,既是分析如何缔结争议解决条款的起点,往往也是终点。

很多情况下,一方当事人主要营业机构所在地的地方法院是对其最有利的争议解决机构。在国际交易中,当事人所在地的地方法院对己方及其代理人而言既方便、又熟悉,就对方而言则既不便、又陌生。如果双方语言、文化及法律传统不同,这一反差更为显著。如果地方法院还受到政治、媒体、公众或其他压力影响,或者当事人是本地大型企业、“全国领先企业”或具备类似的本土优势,选择其所在地法院的好处就更突出了。

但是,当事人己方所在地的地方法院并非一定是最有利的。基于一些原因,例如企业发生公司重组、大量裁员等,其所在地的法院可能存在不利偏见。出于一些程序方面的因素,选择对方当事人所在地的法院有时可能更有利,这些因素包括:便于开示对方证据(或者不便于开示己方证据)、适用法、律师费的承担规则、作出判决裁定所需时间、是否由非经法律专业训练的陪审团或陪审员审理,等等。更普遍的是,虽然当事人在己方所在地法院胜诉,但可能需要在对方所在地法院申请执行判决,从而产生诸多不确定性、费用成本及时效拖延。因此,并非所有情况下己方住所地的法院都是最佳选择,当然其在很多情况下的确是。

这些吸引当事人选择己方住所地法院的原因,反过来也导致对方无法接受该等法院。因为每一方都有理由不信任对方的东道国,在没有其他因素影响时,任何一方当事人的东道国法院都无法获得双方的同意。在合同谈判过程中克服这种不信任的成本通常是不经济的。因此,除在贷款和类似交易中以外,一方当事人往往很难说服对方同意选择己方住所地法院解决未来争议。

即便如此,当事人的首要目标仍是协商争取对己方更有利的争议解决地。确定有利的争议解决地,需要分析合同下可能出现的争议类型，并考虑各个可选的争议解决地的审理方式。除此之外，还需考虑不同审判庭形式的特点（例如专业法官与非专业的陪审团）、程序规则、实体法律适用规则、语言、费用承担规则，以及可能的损害赔偿方式。

2. 上诉审查机制

影响选择仲裁条款或协议管辖条款的另一个重要考量因素是上诉审查机制。国际商事仲裁的一个显著特征是，大多数情况下仲裁裁决不允许上诉。多数发达国家立法仅限于在程序公平、管辖权和公共政策方面对仲裁裁决进行司法审查。即便有些国家允许对仲裁裁决实体决定作出司法审查，审查尺度也通常是高度谦抑的。法院诉讼的上诉机制则明显不同，上诉法院可能就事实问题及法律问题完全重新审理或适当加以审查。

上诉审查机制有利有弊。不允许上诉审查可以降低费用花销和程序用时，更何况二审结果常常不如一审结果有利。另一方面，没有上诉机制也意味着不合理或有错误的仲裁裁决无法得到纠正；也正是部分为了降低裁决错误的风险，许多仲裁条款中约定，重大案件中仲裁庭需由三人组成。实际情况中，一般需要考虑合同可能产生的争议类型，还应考虑是否需起草包含上诉审查机制的仲裁条款。

3. 费用与效率

长期以来，仲裁被认为是比诉讼更便宜、更高效的争议解决方式。但近年也常有人主张仲裁速度更慢、费用更高。实际上，国际仲裁和国际诉讼的费用与用时都有可能非常高；哪种机制更快速便宜，很难一概而论。但是，我们仍然可以得出一些一般性结论。

国际商事仲裁，至少重大案件，程序花费普遍高昂。当事人须支付仲裁员报酬，一般还需承担仲裁机构的费用（后续仲裁庭通常会裁决仲裁费用如何分担)。仲裁还会产生庭审场地租金、往返仲裁地的差旅住宿费用等后勤费用。诉讼则没有此类费用。

然而,如果发生平行诉讼或多重诉讼,与随之产生的律师费相比,仲裁的上述额外费用就相形见绌了。在当事人未能合意缔结排他的协议管辖条款,或者协议管辖条款被认定为无法执行时,可能会发生平行或多重诉讼。如果当事人需在多国法院起诉(例如就多国境内发生的未经授权使用知识产权行为提起诉讼),平行诉讼产生的费用会尤为高昂。同样,诉讼中因为两审法院重审事实问题而产生的费用,也往往高于仲裁的费用。一些普通法法域的诉讼制度还包括花费甚巨、刨根究底的证据开示等等程序,仲裁通常则没有。

国际商事仲裁有时也并不快速。除特殊情况外,仲裁需要十二到三十六个月才能产生最终裁决,且很少有案件不经庭审仅依法律速裁。如果遇到程序障碍、申请仲裁员回避、当事人就管辖权问题向法院起诉、仲裁员和律师日程繁忙等情况,时间还会更长。在仲裁条款中选用“快速仲裁”制度,或使用一些程序方面的常用技巧,或有助于达到快速仲裁的目标。但是,对于重大商事仲裁,限于现实因素和裁决可靠性要求,审理速度很难过份提高。

不过,许多法域的诉讼程序可能更拖延。在某些国家,民事诉讼用时十年才结案的情况并不鲜见。二审法院可能会重新审理案件,或严格审查一审判决、发回重审,这极有可能导致审理时间严重延长。如前文所述,仲裁裁决通常不得上诉,从而避免了上诉导致的延迟,也降低了上诉法院撤销原判导致的重审风险。

总体来说,与国内诉讼相比,国际仲裁并不具有显著的速度和费用优势。但一般来说,在大多数国家,由于仲裁没有上诉审查制度,其通常远不如诉讼费时,当然也有例外。不过,与一些国家的法院动辄积压十年或二十年的诉讼案件相比,仲裁绝不会有如此严重的迟延。

如果限定合同类型或争议领域，或许可以更精准地比较国际仲裁和特定国家诉讼程序的速度和成本。但即使如此限定，仍很难概而论之，因为上诉审查具有不确定性，简易程序等程序规则亦在发展。

4. 专业性、中立性及语言

很多国家的法院并不适于解决国际商事纠纷。部分国家的地方法院几乎没有处理国际贸易相关纠纷的经验。有些国家的法院尚不能满足司法公正性、专业性的标准。一般而言，法院惯于将本国的程序规则应用于国际争端，但这对于法律传统背景并不相同的外国当事人可能并不适合。此外，当事人需要将证据材料或法律依据翻译成法院所在地区的语言，而这可能会导致实际问题，并影响审判庭对案件的理解。

另一方面，某些国家的法官则在解决国际争端方面经验丰富、才能突出。英格兰、瑞士、美国纽约等法域的法院在解决复杂的跨国争议方面相当可靠。此外，随着英语作为国际商务语言愈发普及，在使用英语的法域进行法院诉讼，可免去翻译之需要。

偏好国际仲裁一派常提出的支持理由，是仲裁员具备中立性和高度专业性。以此观之，当事人可以选择在解决国际商事纠纷方面具有丰富经验的仲裁员。为了降低仲裁员偏袒一方或地方保护的风险，当事人还可以选择非任何一方东道国国籍的仲裁员。此外，仲裁庭如由法律传统背景不同的三名仲裁员组成，案件通常会采用中立的程序机制，从而增强各方对仲裁程序公正性的信心。

然而选择仲裁员并非易事。如双方当事人无法合意选定独任或首席仲裁员，此时需由仲裁机构指定。在处理国际争端方面经验丰富的仲裁机构屈指可数，而缺乏经验的仲裁机构指定的人选可能并不合适。但即使是经验丰富的仲裁机构,有时也会指定错误的人选。加之仲裁裁决无法上诉,若指定仲裁员不当,后果尤为严重。

总体来说,主流国际仲裁机构指定的仲裁员可能比大多数国家法院的法官具有更高的专业性和中立性;主流国际仲裁机构包括国际商会(International Chamber of Commerce,ICC)、美国仲裁协会(American Arbitration Association,AAA)、伦敦国际仲裁院(London Court of International Arbitration,LCIA)、新加坡国际仲裁中心(Singapore International Arbitration Centre,SIAC)和国际投资争端解决中心(International Centre for Settlement of Investment Disputes,ICSID)。少数国家的法院或专门法院的法官具有水平相当的专业能力,在个案中也可保证相当的程序中立性。即便如此,在资源广泛程度和经验丰富程度方面,几乎没有法院的审判庭可以与三名资深仲裁员组成的仲裁庭相提并论。而且,正如仲裁中可能选到不合适的仲裁员一样,即使最好的国家法院中也会有不尽人意的法官或陪审团。

5. 友好调停裁决与严格依法判决

有些意见认为,仲裁更倾向于友好调和双方立场,而非完全依照法律裁决。有的国内仲裁可能的确如此,有时当事人正是为了友好调停解决争议才约定仲裁。国际仲裁也有友好调停的特征,但远没有国内仲裁那么显著。

多数国际仲裁和法院诉讼一样,会遵循法律规定认定事实争议。国际仲裁中,除裁决管辖权事项外,很多仲裁员不愿仅仅依法律速裁速决、不经实体庭审便驳回当事人的主张。不过,相比于大多数国家法院的法官或陪审团,国际仲裁中多数仲裁庭在适用法律认定事实时更依靠原则、更可预测,除非当事人明确授权仲裁员依据公允善良原则裁决或居中调解。

三人仲裁庭经常为了寻求一致的裁决而产生一定程度的妥协和讨价还价。因此，相比于一些严格依法、原则性强的法官作出的判决，有时仲裁裁决的结果在规范性和原则性上较弱，但仍然优于其他许多国家的法官或陪审团所作的判决。另一方面，相比仅由一名经验有限的法官审理的诉讼案件而言，三人仲裁庭通常会作出更为规范和严谨的事实及法律分析。

国际仲裁中，仲裁程序源于当事人合意的特性也会对仲裁员造成影响。由于仲裁员几乎没有强制性行政权力，为了确保程序正当，其可能不愿作出会被当事人认为过分严苛的程序命令或临时措施。

6. 争议解决条款的可执行性

相比协议管辖条款，国际仲裁协议更容易在大多数国家的法院得到执行、更能得到相对宽泛的解释。这主要归功于国际仲裁的相关条约以及众多国家“支持仲裁”的立法所组成的法律体系。现已有 155 个国家加入了 1958 年《联合国承认及执行外国仲裁裁决公约》（以下简称《纽约公约》），这一公约对提升国际仲裁条款可执行性起到了重要作用。

相比之下，支持协议管辖条款的国际执行的制度，则只有少量的区域性条约安排。其中最知名的是欧盟的《布鲁塞尔一号条例》[（Brussels I Regulation）第 44/2001/EC 号条例及其重编排的 1215/2012/EU 版本]，该条例取代了 1968 年《关于民商事案件管辖权及判决执行的公约》（Convention on Jurisdiction and the Enforcement of Judgments in Civil and Commercial Matters，以下简称《布鲁塞尔公约》）。此外，还有一些保障具体行业的协议管辖条款可执行性的制度，例如海上货物运输领域的条约。但总的来说，协议管辖条款目前得到的国际立法支持，与《纽约公约》不可同日而语。

此外,一些国家立法会对协议管辖条款的可执行性施加限制条件,例如要求系争合同与法院存在“合理联系”,或者基于“不方便法院原则”(*Forum Non Conveniens*)而否定双方协议选择的法院之管辖。另外,诉讼也比仲裁更容易受到“公共政策”或“强制性法律”限制的影响。有鉴于此,与协议管辖条款相比,国际仲裁条款的可执行性更高。

如下文所述,海牙国际私法会议(Hague Conference on Private International Law)的2005年《选择法院协议公约》(Convention on Choice of Court Agreements)已于2015年10月在墨西哥和除丹麦外的欧盟国家生效,并于2016年10月在新加坡生效。相较于历史上的其他公约,《选择法院协议公约》为协议管辖条款的执行提供了更为统一的国际标准。但即便未来有更多国家加入《选择法院协议公约》,该公约的限制和例外仍会给协议管辖条款的可执行性带来严重的不确定性。因此在可预见的未来,相较于协议管辖条款,国际仲裁条款仍具备显著的可执行性优势。

7. 裁决或判决的可执行性

与国际仲裁条款一样,国际仲裁裁决受到包括《纽约公约》和很多国家法律的保护。这些立法组成的法律体系为仲裁裁决的执行提供了支持,拒绝承认仲裁裁决的事由非常有限。在执行国际仲裁裁决方面,世界主要贸易大国拥有丰富成功经验。

而对于执行外国判决,目前只有少数地区互助安排,例如欧盟的《布鲁塞尔一号条例》(重编排版),在世界范围内尚不存在与《纽约公约》同水平的国际条约。包括美国在内的许多主要贸易国家都没有加入执行有关外国判决的双边或多边条约。在没有国际条约的情况下,外国判决在许多国家需依该国法律获得承认,且常被拒绝执行或难以获得有效执行。因此,与一国法院的判决相比,国际仲裁裁决更有可能实际解决当事人之间的争议。

当然，在相互承认外国法院判决的区域，或者如果其他条约能够适用，仲裁裁决的优势可能就不那么显著了。

《选择法院协议公约》就根据协议管辖条款作出判决之承认与执行提供了广泛的国际标准。虽然新加坡、墨西哥和大多数欧盟国家已加入该公约，但该公约受限于重大例外和限制，以致效力大大减损。因此在可预见的未来，就像仲裁条款一样，国际仲裁裁决也比国家法院判决更具有可执行性优势。

8. 争议解决程序的保密性

争议解决程序的保密程度也是设计争议解决条款时的一个重要考虑因素。一般来说，国际仲裁比法院诉讼更为私密、保密，但绝对保密则很少能实现。

大多数国家法院诉讼程序保密性较低。许多国家的法院庭审和法院议程均向公众和媒体公开，当事人也可以自主选择向公众披露案件程序性或实体性文件。由此，当事人的文件及证据可能为竞争对手、监管机构和媒体组织所获得。向公众披露案件情况，可能影响当事人选择起诉的事由以及诉讼进展，还可能导致双方立场激化或激发公众情绪，从而阻碍当事人折衷和解，有时还可能为当事人利用以攻击对方。

国际仲裁则通常比法院诉讼程序保密性更高。仲裁的庭审不对媒体和公众开放，当事人提交的材料及仲裁裁决通常也是保密的，这与法院议程和诉讼程序的公开性形成了鲜明对比。

然而，许多国家法律未明文规定国际仲裁当事人的保密义务，而仲裁裁决有时会在执行等程序中被公开。为了降低交易对手披露案件信息的风险，当事人可以采取适当的保密约定。不过，仲裁裁决和各方提交的材料原则上受制于政府监管机构的披露要求；涉及外国政府的争议也经常触发公开披露义务。

虽然多数时候当事人倾向于对争议事项和裁判结果保密，有时当事人则会希望将其公开。当一家公司使用格式合同与众多交易对手磋商签约,这家公司可能希望尽可能广泛地公开化合同条款的含义,并通过判例固定合同条款的解释。因此,对于金融机构、知识产权许可人和特许人等主体来说,诉讼是提升公众理解或树立裁判先例的一种方式,其影响远超出个案之成败。仲裁则通常不能产生这样的效果。

9. 多方当事人、多份合同的相关问题

多方当事人或多份合同交易的仲裁条款一般比较复杂。起草一份约束所有当事人的仲裁条款,需要深思熟虑并辅以高超的起草技巧,不论交易是否复杂。有时,关联交易的当事人不接受多方当事人参与同一仲裁。有时,仲裁机构的仲裁规则不适合解决复杂争议。

尽管存在种种困难,通过一定的努力,是可以起草出满足涉多方当事人、多份合同的复杂交易的仲裁条款的。许多仲裁机构也在最新版本的仲裁规则中增加了多方当事人和多份合同仲裁的规则,包括合并仲裁、加入仲裁和追加当事人规则等。不过,有时法院诉讼可能是更为谨慎的选择。很多国家的法律规定了法院对所有相关方均有管辖权。在这种情况下,选择协议管辖条款可能比临时签订仲裁条款更合适。

10. 便利友好定纷止争

有种观点认为,相比于诉讼,仲裁更能允许当事人友好协商解决争议。这种推论源于仲裁自始基于当事人合意的特质。在仲裁中,如选择仲裁员等程序事项,一般也需要当事人的协商合作。

然而,很难确切无疑地认定国际仲裁比诉讼更可能促成和解。就这一问题,目前尚无可靠的实证研究数据,个案中则众说纷纭。不过,仲裁程序的确为当事人提供了更多程序合作以及协商和解的机会。如适当利用这些机会,将有助于促成双方和解,尤其双方本就有意和解时更是如此。

五、为国际合同项下争议解决做好准备

上文已提及,对于国际商事交易,在合同中引入争议解决条款几乎总是有利的。实践中当事人合意选择的争议解决机制,往往取决于其谈判地位和交易对手的利益。与其他合同条款一样,争议解决条款是谈判、妥协和缔约技巧的产物。

撇开实际谈判中可以达成何种合意的问题,无条件优先选择协议管辖条款或国际仲裁条款都是错误的。这两种机制各有优劣,只是其中某些优点或缺点在特定情况下更为显著罢了。当事人需要仔细审查各方的提议、潜在争议、以及各自的利益,以便决定哪种机制适用于特定情境下的特定当事人。

有鉴于此,当事人可以从下列方面考虑:

第一,如果当事人预期不需要在境外强制执行争议解决条款或裁判文书,那么约定东道国法院的协议管辖条款可能是最简单、最理想的选择。如果当事人在协议约定的法院辖区内有资产,特别是在其他地方没有资产,则一般没有在域外执行的必要。在这种情况下,当事人所在地法院带来的便利性、当事人对本地法院的熟悉程度以及本地保护的可能性等等突出优势,可能使得东道国法院管辖更为有利。如果当事人所在地与对方营业地的法域之间存在相互执行法院判决的双边或国际条约安排,亦可选择当事人所在地法院。但是,大量国家的法院诉讼程序过于拖延,或审判人员专业性或公正性不足,如有此情况,则不建议一概选择东道国法院。

第二,如果当事人所在地法院优势十分突出,即便大概率需要在境外强制执行,执行困难的因素也可退居其次。当事人需要

根据具体情况评估所在地法院的优势、境外执行的重要性、以及执行受阻的程度。当事人还应根据具体情况评估可选法院的诉讼成本及速度、审判人员的专业性和公正性等等因素。

第三,如果境外执行足够重要,或者如果各方无法合意选择东道国法院,那么最理想的选择往往是在有利己方或中立地区进行国际仲裁。精心设计的国际仲裁条款可以保证争议解决的专业性及可预测性,因其中立性也更容易为各方所接受。选择国际仲裁一般不会单独导致交易各方谈判破裂。仲裁条款和仲裁裁决更可能得到有效执行,且设计良好的仲裁程序与许多国家的诉讼程序相比更具优势,各方还可以选择专业、经验丰富的仲裁员,这些因素使得约定仲裁通常比中立国法院管辖更为合适。

第四,少数发达国家的法院可以作为中立国法院,包括英格兰、纽约、瑞士等国家的法院。当然,当事人应首先考虑该法院在解决案涉纠纷方面的意愿和能力。尽管这些法院位于中立第三国,但由于法院在程序或其他方面(例如证据开示制度或陪审团制度)的特点,其有时更能获得当事人青睐。

第五,在对方所在地法院或大多数国家的法院诉讼往往不是一个好选项。如果考虑选择前述法院,当事人应先仔细考虑相关后果。如果交易双方无法达成令人满意的争议解决条款,一项本可实现的商业交易亦可能因此破灭。

本书后续章节将讨论如何具体分析上述因素。第二章和第三章将论述协议管辖条款和国际仲裁条款的起草。第四章至第七章将概述争议解决条款及裁判文书的执行相关问题。第八章将讨论法律适用条款的起草和执行。

后续章节中还会列出一些示范或代表性的协议管辖条款和仲裁条款。此外,附录I会列出主流国际仲裁机构提供的示范仲裁条款。附录J集中了本书中所有的示范仲裁条款。

在继续本书的讨论之前,我们有必要稍微谈谈常规的、小规模交易。金额较小或类似交易中,双方很少对合同进行深入谈判,对争议解决机制展开法律论证也不甚经济。此时,最明智的做法是在合同中订入标准化的仲裁条款,或者订入简单的协议管辖条款。我们将在后文中讨论如何作出选择。

第二章

起草协议管辖条款

协议管辖条款，是指约定在特定法院就当事人的争议提起诉讼的合同条款。协议管辖条款通常与其他争议解决条款一并使用，例如法律适用条款、送达程序条款以及外国主权（或国家）豁免条款等。

与合同中的其他条款一样，协议管辖条款的内容通常受到当事人的利益博弈、谈判水平和文件起草能力的影响。本章主要讨论起草国际协议管辖条款时经常出现的问题。

协议管辖条款的解释和执行常常涉及法律适用问题。一般而言，协议管辖条款的适用法为当事人基础协议的适用法，或当事人协议约定的管辖法院地法律。

一、排他的与非排他的协议管辖条款

“排他的”和“非排他的”协议管辖条款之间存在显著区别。不同的国家法院对这些条款的解释路径也存在明显差异。

1. 排他的协议管辖条款

排他的（或“强制性的”）协议管辖条款要求该条款所涵盖的

争议应当在指定的法院解决,而不得诉诸于其他任何法院。以下是排他的协议管辖条款的范例:

> 双方同意,与本协议有关的任何争议应由________法院排他地解决,不得诉诸其他法院。
>
> The parties agree that any dispute relating to this Agreement shall be resolved exclusively by the courts of ________, and no others.

排他的协议管辖条款的其他表述将在下文论述。排他的协议管辖条款有时也被称为"克减条款"(derogation clause)——因为它们排除了某些本来有管辖权法院,并指明了应当诉诸的法院。

2. 非排他的协议管辖条款

非排他的(或"任意的")协议管辖条款约定当事人可以在合同约定的法院提起诉讼,但不强制在该处解决争议。因此,当事人也可以在相关法律规定的具有管辖权的其他法院诉讼。以下条款是非排他协议管辖条款的范例:

> 凡与本协议有关的任何争议,各方均向________法院(非排他管辖)提出。
>
> The parties submit to the non – exclusive jurisdiction of the courts of ________ for any disputes relating to this Agreement.

非排他的协议管辖条款的其他表述将在下文论述。

非排他协议管辖条款有时也被称为"服从条款"(prorogation clause)或"诉诸管辖"(submissions to jurisdiction)。特别是对普通法传统语境而言,这些名称反映了非排他协议管辖条款将当事人的属人管辖权授予合同约定的管辖法院,但同时并未约定剥夺其他法院的管辖权。在一些大陆法国家,"服从条款"可以更广泛地同时指代排他的和非排他的协议管辖条款。

3. 在排他与非排他的协议管辖条款之间选择

当事人在排他和非排他的协议管辖条款中做选择时会受到

诸多因素影响。首先,排他的协议管辖条款更有可能防止不同国家法院的平行或多重诉讼。非排他的协议管辖条款则为双方留出余地,可以在协议选择的法院外提起诉讼。如果非排他的协议管辖条款对诉讼策略有利,即便会导致费用增长和不一致的裁判结果,当事人也会如此选择。

其次,在某些法域,排他的协议管辖条款可能会阻止一方当事人在合同约定的法院之外寻求救济,即使该当事人对此有充分现实的理由。例如,一些排他的协议管辖条款不允许知识产权许可人在合同约定法院之外寻求禁令救济、以便制止未经授权使用知识产权的行为。此外,也存在债权人无法申请冻结或以其他方式处置合同约定法院辖区外资金的可能。

上述负面后果是可以避免的。欧盟、美国和英格兰等法域的法律中都会规定,排他的协议管辖条款不应延伸解释到临时措施等辅助性司法程序之上。此外,如下文所述,通过一些协议管辖条款的起草技巧可以解决这些问题。尽管如此,排他的协议管辖条款依然存在阻碍一方当事人寻求原本可以获得的司法救济的风险。

最后,在某些法域,排他的协议管辖条款比非排他的协议管辖条款更有可能引发可执行性的问题。在大多数主要的贸易国家,排他的协议管辖条款都是推定可执行的。但这条规则存在诸多例外,并可能导致重要的现实后果。这些问题既体现在协议管辖条款本身的可执行性上,也体现在法院的判决方面。与之相反,非排他的协议管辖条款在可执行性方面的风险则不那么严重。

总体来说,在国际交易中,排他的协议管辖条款能比非排他的协议管辖条款更好地发挥作用。前者降低了当事人在违背其意愿或超出其预料的法院中进行诉讼的风险——这对国际争议解决意义重大。如果需要在合同约定的法院之外保留特定的司法救济途径,则可以另行订立条款。尽管排他的协议管辖条款存在可执行性问题,但其仍相比于非排他的协议管辖条款是更好的选择。

二、起草排他的与非排他的协议管辖条款

人们可能会认为,判断国际协议管辖条款是否排他是一个直截了当的合同解释问题。然而事实上,不同国家的法院对协议管辖条款的解释和执行采取了不同路径。

起草国际协议管辖条款时,理解不同路径之间的区别是非常重要的。因适用法律和起诉法院不同,表述相同的条款可能会被不同的法院分别解释为排他或非排他性质。因此,起草协议管辖条款应当明确处理排他与否的问题,以减少不同路径的潜在影响。

1. 普通法关于协议管辖条款排他性的解释方法

主流普通法国家的法院一般不会将协议管辖条款解释为排他性质,除非可以证明当事人明确约定排他管辖。美国法院尤其不愿意认定协议管辖条款的排他性质,其深层原因是:不应轻易推定当事人约定放弃以其他方式获得司法救济措施。在表述不清的情况下,美国法院会将协议管辖条款解释为任意的或非排他性的。因此,为使美国法院认定协议管辖条款为排他性质,需要明确约定争议应“仅”或“排他地”在约定的法院解决。除美国外,加拿大法院也采用类似的解释路径。

除了适用《布鲁塞尔一号条例》的情况,英格兰法院采用类似的方法来解释协议管辖条款,但不会直接作出非排他性的推定。根据英格兰法律,协议管辖条款的解释,将根据当事人意图进行客观判断,须有明确排除其他法院管辖的积极证据,方可将协议

管辖条款解释为排他性。

2. 大陆法关于协议管辖条款排他性的解释方法

一些发达的大陆法体系采取了与普通法相反的解释路径,即倾向于不支持当事人约定一个法院管辖时、保留在其他法院起诉的权利。在此种立场下,原则上管辖权应确定由某一法院享有。欧盟和一些主要的大陆法国家都遵循这一立场。

欧盟成员国在解释协议管辖条款时通常适用《关于民商事案件管辖权及判决执行的公约》(第 44/2001/EC 号条例)。该条例于 2000 年首次通过,被称为《布鲁塞尔一号条例》。其于 2012 年底修订,修订后的《布鲁塞尔一号条例》(重编排的 1215/2012/EU 版本)适用于 2015 年 1 月 19 日起发生的诉讼。《布鲁塞尔一号条例》广泛适用于民商事案件,但财政收支、关税、行政事项及自然人法律地位或行为能力、婚姻、继承、破产、社会保障和仲裁除外。在欧盟以外国家的法院,包括美国、日本、中国和其他非欧洲国家,不适用《布鲁塞尔一号条例》或其前身《布鲁塞尔公约》。但在欧盟法院,不论当事人为欧盟或非欧盟主体,均适用《布鲁塞尔一号条例》。

根据《布鲁塞尔一号条例》,协议管辖条款确定的欧盟成员国法院,应对该条款范围内的争议拥有排他管辖权。与美国的解释方法相反,欧洲的立法推定协议管辖条款具有排他性,要求当事人仅能在合同约定的法院提起诉讼,除非当事人另有约定。

旧版的《布鲁塞尔一号条例》(第 44/2001/EC 号条例)第 23 条规定,当一项争议诉诸欧盟成员国法院(丹麦除外)时,如合同中有协议管辖条款,且至少合同一方住所地位于该国,则适用该条例的有关规定。而新版《布鲁塞尔一号条例》(重编排的 1215/2012/EU 版本)第 25 条则规定,无论当事人的住所地为何,均适用该条例的相关规定。《布鲁塞尔一号条例》不适用于涉及被保险人、消费者、雇员、不动产、公司内部治理和仲裁，下文将详述。不过，两个版本的《布鲁塞尔一号条例》均明确允许当事人可以订立非排他的协议管辖条款，但该条款必须可以否定排他管辖的推定。

此外，该条例保留了《布鲁塞尔公约》的做法，即允许仅对一方具有约束力的协议管辖条款（即所谓的“不对称条款”）。这种条款下，其中一方当事人既可以在协议选定的法院起诉，也可以在其他有管辖权的欧盟成员国法院起诉。因此，不对称条款对一方而言是排他的，对另一方而言是非排他的。

根据1988年《管辖及承认和执行民商事判决公约》（Convention on Jurisdiction and the Recognition and Enforcement of Judgments in Civil and Commercial Matters，以下简称《卢加诺公约》），欧盟外的一些国家（包括瑞士、挪威及冰岛）也采用与《布鲁塞尔一号条例》大致相同的规则。1988年《卢加诺公约》的第17条（2007年修订后的《卢加诺公约》第23条）与旧版《布鲁塞尔一号条例》第23条及其重编排版《布鲁塞尔一号条例》第25条相似。《布鲁塞尔一号条例》项下的相同问题及其结论在《卢加诺公约》项下同样适用。

除了《布鲁塞尔一号条例》之外，许多大陆法国家的法律也会在协议管辖条款约定不明时将其解释为排他性质。例如，受《布鲁塞尔公约》启发的《瑞士国际私法法案》（Swiss Law on Private International Law）第5条采用了排他性的推定，该条规定“除非另有约定，否则协议管辖是排他性的。”因此，同《布鲁塞尔一号条例》一样，瑞士也采用了与美国法院相反的推定：如认定协议管辖条款为非排他的，则该条款必须明确作出如此约定。其他大陆法国家以及海牙《选择法院协议公约》也采用类似路径。

3. 起草排他的协议管辖条款

无论选择何种类型的协议管辖条款,当事人都应明确处理排他与否的问题,以避免因不同法域的不同解释路径导致的不确定性结果。

如当事人选择排他的协议管辖条款,建议纳入排除在其他法院诉讼的表述。这种写法有助于避免被美国等普通法国家的法院习惯性作出非排他推定。可参考以下范例:

________法院应当就与本合同有关的所有争议行使排他的管辖权。 The courts of ________ shall have exclusive jurisdiction over all disputes relating to this Agreement.

或者:

与本合同有关的所有争议应由________的法院(而非其他法院)①排他地解决。[各方均不可撤销地提交________法院管辖,以解决此争议。]② All disputes relating to this Agreement shall be resolved exclusively by the courts of ________, and no others. [Each of the parties irrevocably submits to the jurisdiction of the courts of ________ for the purpose of resolving such disputes.]

或者:

因本合同产生的或与本合同有关的任何法律行动或程序("程序"),各方均不可撤销地向享有排他管辖权的________法院提出,并放弃基于诉讼地或程序在不适宜法院提起等事由提出任何异议的权利。 In relation to any legal action or proceedings arising out of or in connection with this Agreement ("Proceedings"), each of the parties irrevocably submits to the exclusive jurisdiction of the ________ courts with regard to such Proceedings and waives any objections to Proceedings on the grounds of venue or on the grounds that proceedings have been brought in an inappropriate forum.

---

① 框中( )表示补充性文字。

② 框中[ ]表示选择性条款。

建议避免使用诸如“本合同由________法院管辖”或“争议应由________法院审理”等含糊不清的表述。

4. 起草非排他的协议管辖条款

如当事人选择非排他的协议管辖条款，也应该予以明确表述，以尽可能避免被欧盟、瑞士等国法院作出排他性推定。以下为范例：

> 与本合同有关的任何争议，各方应不可撤销地提交________法院非排他管辖。
>
> The parties irrevocably submit to the non – exclusive jurisdiction of the courts of ________ for any disputes relating to this Agreement.

或者：

> ________法院对与本合同有关的法律行动拥有非排他的管辖权，且不影响任何一方在任何其他有管辖权的法院开展诉讼的权利。
>
> The courts of ________ shall have non – exclusive jurisdiction to decide actions relating to this Agreement, without prejudice to the right of either party to commence such actions in any other court of competent jurisdiction.

或者：

> 与本合同有关的所有争议，均可由任何一方提交________法院非排他管辖。[双方不可撤销地将争议提交享有非排他管辖权的________法院，以解决此争议。]本条项下任何内容均不影响任何一方将此争议提交给任何其他有管辖权的法院。
>
> All disputes relating to this Agreement may be submitted by either party to the non – exclusive jurisdiction of the courts of ________. [The parties irrevocably submit to the non – exclusive jurisdiction of the courts of ________ for the purpose of resolving such disputes.] Nothing contained herein shall affect the rights of either party to submit any such dispute to any other courts of competent jurisdiction.

或者：

> 因本合同产生的或与本合同有关的任何法律行动或程序("程序"),各方均不可撤销地向享有非排他管辖权的________法院提出,但该等起诉不影响各方向法律规定的其他任何有管辖权的法院启动程序的权利。
>
> In relation to any legal action or proceedings arising out of or in connection with this Agreement ("Proceedings"), each of the parties irrevocably submits to the non-exclusive jurisdiction of the courts of ________ save that this submission shall not affect the right of any party to take Proceedings in any other court or courts having jurisdiction, to the extent permitted by law.

当然,所有这些表述在特定情况下都可能受到适用法律的影响,可能需要进行适当修改或替换。

最后,协议管辖条款对于一方而言可以是非排他的,而对另一方则可能是排他的。《布鲁塞尔公约》第 17 条明确允许此种安排,并且其在其他主要法域一般也可执行。起草这种"不对称的协议管辖条款"的问题将在后文讨论。

三、海牙《选择法院协议公约》

海牙国际私法会议成员国于 2005 年完成了《选择法院协议公约》条文的起草。2007 年,墨西哥成为第一个批准该公约的国家。此后,欧盟于 2015 年 6 月批准,新加坡于 2016 年 6 月批准。美国和乌克兰分别于 2009 年和 2016 年签署了该公约,但尚未批准。海牙《选择法院协议公约》收录于本书附录 B。公约要求各缔约国承认和执行排他的协议管辖条款,即当事方合意约定在该国法院诉讼时,该国法院应同意管辖;当事方约定由一国法院排他管辖时,其他缔约国法院应拒绝管辖。根据公约规定,缔约国还应承认和执行根据有效的排他的协议管辖条款提交诉讼产生的外国法院判决。

值得注意的是,根据《选择法院协议公约》第 3(b)条,除非当事人另有明确约定，协议管辖条款应被视为排他性的。缔约国有权选择是否承认和执行根据非排他的协议管辖条款产生的外国法院判决。缔约国可以选择另行声明其受到非排他的协议管辖条款之约束，只有此时非排他的协议管辖条款才可适用于该国法院。

《选择法院协议公约》的适用存在诸多例外，包括“合同无效”、“显失公平”、公共政策以及其他“例外事项”。公约也不适用于若干类型的合同和争议，包括消费者、劳动雇佣、知识产权（著作权除外）、破产和反垄断/竞争法。

2015 年 10 月，《选择法院协议公约》在墨西哥和除丹麦外的所有欧盟成员国生效。新加坡于 2016 年 6 月批准了公约。迄今为止，公约尚无实操记录，其在墨西哥、新加坡和欧盟的施行适用将面临挑战。

如果《选择法院协议公约》得以在更多国家生效，可以提高协议管辖条款的可执行性。但是，公约适用性的例外情形可能会大大降低其实际效用。如果没有进一步发展，《选择法院协议公约》对当事人选择和起草争议解决条款的影响将是有限的。

四、协议管辖条款的范围

起草协议管辖条款的一个关键问题是“范围”，即哪些类型的请求或争议受协议管辖条款的约束。最常见的问题为：协议管辖条款是否适用于法定或侵权索赔，例如欺诈、诽谤、不正当竞争、违反信义义务等。基于关联合同或交易、补充协议、担保协议等的请求也有类似问题。

1. 协议管辖条款的范围通常由当事人约定

协议管辖条款涵盖的争议类别主要根据当事人合意和合同文本确定。大多数发达的法律体系都会允许协议管辖条款涵括一些非契约性纠纷,如法定或侵权索赔。即使没有法律明文规定,美国、英国和其他普通法国家的法院也经常如此认定。同样,在大多数大陆法传统的法域,协议管辖条款可以涵盖当事人依合同、侵权或其他法律规定提出的主张。譬如在瑞士,《瑞士国际私法法案》第5条规定,协议管辖条款可适用于任何"经济利益"事项。

2. 界定协议管辖条款范围的常用表述

有几种表述通常用于界定协议管辖条款的范围:(i)"本协议*项下产生的*所有争议";(ii)"*由*本协议*引起的*所有争议";(iii)"与本协议*有关的*所有争议";(iv)"本协议*相关引起的*所有争议。"实践中也有其他表述,包括:(v)"与本协议有关的所有争议,包括有关其成立、效力、违约或终止的任何问题";(vi)"与本协议或本协议标的有关的所有争议。"

法院通常不适用扩大或限缩解释协议管辖条款范围的推定。这与许多法院对仲裁条款的处理方式不同,法院解释仲裁条款时会更多以当事人合意仲裁解决争议来认定适用范围问题。相反,在处理协议管辖条款范围争议时,法院一般会采取合同解释的基本原则来推定范围,而不是直接作出扩大范围的推定。

一些国家法院对协议管辖条款的不同表述进行了细微区分。根据许多法院作出的决定,可以看到"本协议*项下产生的*"不如"*与*本协议*有关*"这一短语范围广;前种表述仅包括基于当事人合同的契约性请求,而后者延伸到准契约性以及非契约性请求。大多数其他法院和一些普通法法院则不对此作出区分。

3. 范围较广的协议管辖条款之优势

一般而言,起草范围较广的协议管辖条款是更有利的。其降低了进入耗时的管辖权异议程序的风险,还使得当事人的所有争议更有可能在协议约定的法院通过一个程序解决,从而避免不一致的结果，并节省多重程序的法律费用。当然，一方当事人可能有选择多重程序的特殊理由，在这种情况下可能需要采用不同的路径。

4. 起草范围较广的协议管辖条款

起草范围较广的协议管辖条款涉及若干要素。首先，起始部分建议约定“**所有争议、请求、矛盾和分歧**”均提交协议约定的法院。这一表述通常比简单的“争议”或“任何争议”更好，因为解释何种事项属于“争议”也可能产生分歧，第一种写法可以减少发生分歧的风险。

第二，上述起始部分的表述通常与含义更广的连接词一并使用，例如“**与合同有关的**”或“**与合同相关而发生的**”争议，而不是采用诸如“合同项下的”或“因合同而产生的”等等表述。因为前一类表述更可能被解释为涵盖了非契约性或准契约性的请求、以及合同成立或效力的争议。前文提及过，一些法域会对“合同项下的”争议采取限缩解释。

最后，在条款中加入比“本协议”更广泛的指代词也是不错的做法。例如采用“**本协议，或本协议相关事宜**”等表述，可以有效扩大协议管辖条款的范围。当涉及并非与合同履行必然相关的当事人行为或其他合同相关事项时，这样的写法降低了相关争议超出协议管辖条款范围的风险。

综上，根据上文建议事项，范围较广的协议管辖条款示例如下：

与本合同及本合同相关事宜有关的、或因之产生的所有争议、请求、矛盾、分歧，均应受________法院之排他［或非排他］管辖。 All disputes, claims, controversies, and disagreements relating to or arising out of this Agreement, or the subject matter of this Agreement, shall be subject to the exclusive [or non - exclusive] jurisdiction of the courts of ________, and no others.

对于普通法国家以外的当事人来说,更精简、更常见的版本如下:

> 与本合同有关的所有争议,均应受________法院之排他[或非排他]管辖。
>
> All disputes relating to this Agreement shall be subject to the exclusive [or non – exclusive] jurisdiction of the courts of ________.

当然,协议管辖条款的解释和执行受到其适用法律的影响,因此,在起草具体的管辖协议时需要相应调整。

5. 从协议管辖条款的范围中排除某些争议

起草协议管辖条款时,可以从其范围中排除某些类别的争议。例如,如果当事人希望特定争议事项没有任何诉讼限制,或是当事人已为这些争议提供了替代的争议解决机制,可以将某些特定合同条款从协议管辖条款的范围中排除。关于排除特定争议的协议管辖条款的示例如下:

> 与本合同有关的所有争议,除本合同第三条项下的请求[或本合同第四条项下的付款请求]外,应排他地在________法院解决。
>
> All disputes relating to this Agreement, with the exception of claims arising under Article III [or: claims for payment under Article IV], shall be resolved exclusively in the courts of ________.

将某种争议排除后,通常需另外就被排除事项约定单独的争议解决机制,包括另通过协议管辖条款选择另一个法院、另行签订仲裁条款、或约定将该等争议提交专家解决(例如会计师事务所或工程师)。例如,当事人可以指定会计师事务所解决有关价格调整的争议,或者可以指定技术专家来解决有关某些商品质量或特定类型合同履行是否充分的争议。

将技术性强的争议从协议管辖条款中排除,并另行约定由具备适当资格的专家解决,可能有其好处。但此类安排经常引起管辖权纠纷,即相关争议是否属于排除范围,还可能导致司法审查范围不明。因此,除非存在特殊情况,或当事人充分谨慎地起草相关条款,否则通常不建议采取此类安排。

最后,在一些国家,适用于非契约性请求的排他的协议管辖条款,可能被认定为违反强制性法律或公共政策而不具有可执行性。对于被认为需要特殊立法保护的特定群体则尤为如此,例如消费者、证券投资者、雇员、被保险人、分销商或特许经营者,详见下文。协议管辖条款被认定为违反强制性法律而无法执行的情况,一般属于国内法问题,不同法域的规定存在很大差异。强制性法律对协议管辖条款可执行性产生的效果,通常也不受合同约定的准据法之影响。

五、选择管辖法院

协议管辖条款必须载明当事人选定的管辖法院。首先,一方需要决定希望选择的法院,然后就此选择与对方谈判。上文已经论述了选择法院时的考虑因素。

其次,协议管辖条款必须准确有效地指明双方合意选择的法院,至少需要准确约定相关法院和地理位置。此外,当事人可能需要从某一地区的数个法院中进一步做出选择。例如,选择美国某一地区的法院,需要进一步选择是联邦法院还是州法院;在英格兰和法国,当事人可以在不同类型的地方法院之间进行选择。

当事人应注意,不要选择根据当地法律不能对争议行使管辖权的法院。在这种情况下,应咨询当地律师以了解不同的选项及合适的法院。

最后,选择管辖法院,还需要选择地点。这个问题貌似简单,实则需要谨慎考量。具体而言,应明确清楚地指明地点(例如,不能仅指明“纽约”,因为纽约可以指整个纽约州)。在一些国家,仅一般性地指明国家法院（例如瑞士法院）但未指明特定地理位置（例如某一个州）的约定，在该国法律下可能是无效的。因此，建议当事人通常情况下寻求法院所在地的当地律师之建议。

六、不对称的协议管辖条款（或者“单方协议管辖条款”）

本书前文曾提及，协议管辖条款可以仅对一方是排他的，而对另一方则是非排他的——其可以在合同约定法院以外的法院提起诉讼。此类条款通常用于融资交易，其中贷款人保留在任何法院或协议约定的数个法院中起诉借款人的权利。以下是不对称的协议管辖条款的范例：

> 各方同意，与本合同有关的所有争议应排他性地在________法院解决，但［甲方］有权任意在任何有管辖权的法院提起诉讼，包括但不限于________和________法院。
>
> The parties agree that all disputes relating to this Agreement shall be resolved exclusively in the courts of ________, provided however that [Party A] shall be also free to pursue claims in any court of competent jurisdiction, including without limitation to the courts of ________ and ________.

另一范例如下：

> 各方同意，与本合同有关的所有争议应排他性地在________法院解决，除非［甲方］选择在________提起诉讼。
>
> The parties agree that all disputes relating to this Agreement shall be resolved exclusively in the courts of ________, unless [Party A] chooses to bring action in ________.

一个适用于英格兰法的示范条款如下：

> 本合同及对本合同的解释应适用英格兰法，且各方不可撤销地同意，仅为贷款人一方之利益，英格兰法院有权解决因本合同产生的或与本合同有关的任何争议；相应地，因本合同产生的或与本合同有关的任何诉讼或程序（在本［X］条中称为“程序”），均可提交英格兰法院，公司特此不可撤销地服从该等法院的管辖。

> 本[X]条中的任何内容均不得限制贷款人在任何其他有管辖权的法院对公司提起诉讼的权利；贷款人在一个或多个法域内提起程序，也不得排除其在任何其他法域、同时或非同时提起程序之权利。
>
> This Agreement shall be governed by and construed in accordance with English Law and the parties irrevocably agree for the exclusive benefit for the lenders that the courts of England are to have jurisdiction to settle any disputes which may arise out of or in connection with this Agreement and that accordingly any suit, or proceeding arising out of or in connection with this Agreement (in this Article [X] referred to as "Proceedings") may be brought in such courts and the Company hereby irrevocably submit to the jurisdiction of such courts.
>
> Nothing contained in this Article [X] shall limit the right of the Lender to take Proceedings against the Company in any other court of competent jurisdiction, nor shall the taking of proceedings in one or more jurisdictions preclude the taking of Proceedings in any other jurisdiction, whether concurrently or not.

另一种不对称的协议管辖条款，则约定一方有权选择仲裁（而非诉讼）解决未来争议，如下所示：

> 各方不可撤销地服从________法院的非排他管辖，以解决与本合同有关的任何争议、请求或分歧。尽管有上述约定，[甲方]有权单方选择将与本合同有关的任何争议、请求或分歧提交仲裁予以最终解决……如果[乙方]在[甲方]提交仲裁的同时或之前提交诉讼，[乙方]应立即采取一切必要措施终止和撤销诉讼。
>
> The parties irrevocably submit to the non – exclusive jurisdiction of the courts of ________ for resolution of any disputes, claims or controversies relating to this Agreement. Notwithstanding the foregoing sentence, and at the sole option of [Party A], any disputes, claims or controversies relating to this Agreement shall be finally resolved by arbitration. ...If a court action has been initiated by [Party B] prior to or at the time that [Party A] elects to submit the dispute(s) to arbitration, then [Party B] shall forthwith take all necessary steps to discontinue and dismiss such court action.

不对称的协议管辖条款有严重的可执行性问题。虽然不对称的协议管辖条款在大多数发达国家通常是可执行的，但在某些法域，由于其不对等性或不合理地偏袒一方，可执行性则存在争议。特别地,在双方议价能力不同或情况复杂时,更应当谨慎采用不对称的协议管辖条款。

包括美国和欧盟成员国在内的许多国家的法院倾向于要求不对称的协议管辖条款表述非常明确,可参考以下条款:

> 与本合同有关的所有争议均应提交________法院。本条款仅为________一方之利益,其保留选择将任何此类争议提交给任何其他有管辖权的法院之权利。
>
> All disputes relating to this Agreement shall be submitted to the courts of ________. This provision is for the sole benefit of ________, which shall retain the option of submitting any such disputes to any other courts of competent jurisdiction.

无论采用何种表述,采用不对称协议管辖条款的当事人,应确保条款表述需非常明确。

七、选择被告住所地法院的协议管辖条款

某些协议管辖条款不会确定某一特定地区,而是会约定未来的争议将在被告主要营业地点的法院诉讼,不论被告是合同的哪一方。该条款要求当事人仅能在对手方的住所地法院起诉。

此类条款通过要求当事人在其对手方住所地的法院起诉,来降低过于草率起诉的冲动。同时,此类条款还反映了一种理念,即应允许一方在"本土"为自己辩护。

这种安排的一个显著缺点是,其几乎没有提升当事人间关系的可预测性,因为直到起诉时,管辖法院才能确定。这类条款还可能导致当事人可以在诉讼发生前采取更多不必要的操纵手段和自我保护措施。这可能使得当事人严格履约的意愿降低,因为违约后对方寻求司法救济将很困难。因此,此类安排应当谨慎使用。

约定被告住所地法院管辖的协议管辖条款,可见如下范例:

> 买方提起的与本合同有关的任何诉讼应提交________[或者：卖方主要营业地]法院；卖方提起的与本合同有关的任何诉讼应提交________[或者：买方主要营业地]法院。
>
> Any suit relating to this Agreement brought by Buyer shall be brought in ________ [or: the place where Seller's principal place of business is located]; any suit relating to this Agreement brought by Seller shall be brought in ________ [or: the place where Buyer's principal place of business is located].

虽然先例有限，但审理过该问题的法院原则上支持了此类条款的可执行性。

八、协议管辖条款常见的辅助性条款

协议管辖条款常与多种辅助性条款一同使用。在一些情况下，这些辅助性条款是非常必要或有利的。

1. 送达程序的合意

协议管辖条款可以伴有关于送达程序的条款，其一般会约定位于协议约定法院地的代理人。供当事人在美国使用的此类条款示例如下：

> ________在此不可撤销地指定、任命和授权________（截至本日在________设有办事处）作为其代理人，在________进行的任何诉讼或相关程序中就其财产、代表其收取任何送达的法律程序、传票、通知和任何可能在此类诉讼或相关程序中送达的文件，并同意代理人未能通知________任何此类送达不会减损或影响送达的有效性。________进一步不可撤销地同意，如第[X]条列出的法院通过已登记或核实的邮件（邮费预付）寄送副本至第[X]条载明的地址进行送达的，该送达在邮寄后30天生效。如果由于任何原因________将不再作为代理人，________同意在________中以相同条件和目的指定新的代理人。
>
> ________ irrevocably designates, appoints, and empowers ________, with offices on the date hereof at ________, as its agent with respect to any action or proceeding in ________ to receive, on its behalf, and in respect of its property, service of any and all legal process, summons,

notices, and documents which may be served in any such action or proceeding and agrees that the failure of the agent to notify of any such service of process will not impair or affect the validity of service. ________ further irrevocably consents to the service of process out of any of the courts listed in Article [X] by the mailing of copies by registered or certified mail, postage prepaid, to ________ at its address set forth in Article [X], such service to become effective 30 days after such mailing. If for any reason ________ shall cease to be available to act as agent, ________ agrees to designate a new agent in ________ on the same terms and for the same purposes.

相似的,供当事人在英格兰使用的条款范例如下:

________特此不可撤销地任命________的________为其在英格兰就与本合同有关的送达程序的代理人。至上述地址向________的送达程序,为任何目的,均应视为妥当和有效的送达,且该送达的完成不受是否转送________或是否为其接收的任何影响。

________ hereby irrevocably appoints of ________ as his agent for the service of process in England in connection with this Agreement. Service of process on ________ at the above address shall be deemed, for all purposes, to be due and effective service, and service shall be deemed completed whether or not forwarded to or received by ________.

这些条款的目的,是在简化繁琐的程序同时,以有效方式完成送达。如果有协议约定法院地的代理人,可能便无需依据本来可能适用的域外送达规则向被告的母国进行域外送达。这具有重要的实际意义,因为无论根据国际协定[如1965年《海牙关于向国外送达民事或商事司法文书和司法外文书公约》(Hague Convention on Service Abroad of Judicial and Extrajudicial Documents in Civil or Commercial Matters)]或是国内法(可能需要特定的司法许可),域外送达程序都会很麻烦。

2. 法律费用的分担

协议管辖条款可以配合关于律师费分担的约定。例如,当事人可以约定,败诉方应向胜诉方支付其发生的律师费和其他费用。或者可以约定，当事人各自承担己方的法律费用，无论其是否胜诉。

在美国以外，许多法域适用的规则是胜诉方的律师费由败诉方承担（也称为“费用转移”），这一规则在很多国家有法律依据。

为了避免大多数国家默认的费用转移规则，如果一方希望避免费用转移的情况，通常需在合同条款中明确约定，示范条款请见下文。由于此类条款涉及公共政策和司法权，因此必须确认其在特定国家法院的可执行性。

3. 主权或国家豁免的放弃

国际贸易经常涉及与外国国家或国家相关实体打交道。这可能会带来特殊的诉讼问题，因为根据准据法，这些实体可能享有不同程度的外国主权或国家豁免权（foreign sovereign or state immunity）。

在许多情况下，从事“商业活动”的外国主体，在与该商业活动有关的请求项下，不享有豁免权。不过，还是建议当事人最好在与外国国家或与国家相关实体签署的交易合同中明确约定放弃主权豁免权。这种安排有助于避免“商业活动”含义范围产生争议，还可以将外国判决以及临时措施的执行扩展至国家的资产。

放弃外国主权豁免的条款应根据协议约定法院所适用的法律而定，可以参考下方表述：

> 各方同意，本协议管辖条款适用的事项属于商业交易，并同意在依据本协议管辖条款等提起的诉讼有关的法域，各方不得主张并确认放弃诉讼、执行、诉前、判决后扣押或其他法律程序中的任何豁免权。
>
> The parties agree that the matters that are subject to this choice of court agreement are commercial transactions and agree not to claim and to waive any immunity from suit, execution, pre – judgment, or post – judgment attachment, or the legal process in any jurisdiction in connection with any litigation between the parties pursuant to this choice of court agreement or otherwise.

供在美国使用的示范条款如下：

> 借款人在本协议下的义务适用民法和商法。借款人执行、交付和履行本协议的行为构成私人商业行为，而非公共政府行为。在任何法域的任何诉讼、管辖、判决、扣押(无论判决前还是判决后)、抵销或执行、其他法律程序、或与借款人在本协议项下义务有关的救济中，借款人及其财产或收入均无权且不得主张任何豁免。
>
> The Borrower is subject to civil and commercial law with respect to its obligations under this Agreement. The execution, delivery, and performance by the Borrower of this Agreement constitute private and commercial acts rather than public or governmental acts. Neither the Borrower, nor any of its Properties or revenues, is entitled to or will claim any right of immunity in any jurisdiction from suit, jurisdiction, judgment, attachment (whether before or after judgment), set – off, or execution of a judgment or from any other legal process or remedy relating to the obligations of the Borrower under this Agreement.

供英格兰法下使用的示范条款如下：

> 在诉讼、执行、扣押(无论是判决前或判决后协助执行)或其他法律程序中，借款人在任何法域内可以就其自身或其资产主张的豁免权，或者在任何法域内其自身或其资产可以获得的任何豁免权(无论其是否主张)，借款人在该法域的法律允许的最大范围内，不可撤销地同意不予主张该等豁免权，并不可撤销地放弃该等豁免权。
>
> To the extent that the Borrower may in any jurisdiction claim for itself or its assets immunity from suit, execution, attachment (whether in aid of execution, before judgment or otherwise), or other legal process and to the extent that in any such jurisdiction there may be attributed to itself or its assets any such immunity (whether or not claimed), the Borrower hereby irrevocably agrees not to claim and hereby irrevocably waives such immunity to the full extent permitted by the laws of such jurisdiction.

这些示范条款处理的是外国国家资产的判决执行及扣押的问题，以及对请求的豁免问题。许多情况下，依据相关的适用法律，放弃国家豁免必需采取明示方式。

4. 法律适用条款

协议管辖条款通常伴随着法律适用条款，具体将在第八章中讨论。

5. 不方便法院原则的放弃

一些普通法国家的法院即使可以对外国国籍的被告行使属人管辖权，仍可能基于“不方便法院原则”和相关理论驳回起诉。根据不方便法院原则，法院有权以不便为由酌定驳回起诉。

协议管辖条款可以应对不方便法院原则和相关规则带来的问题，即要求各方放弃在协议约定的法院主张该原则。如下条款可资参考：

> 各方不可撤销地放弃并同意不基于不方便法院原则、法院不便利原则提出主张，或提出转移或变更诉讼地的主张。
>
> Each party irrevocably waives any right to invoke, and agrees not to invoke, any claim of *forum non conveniens*, inconvenient forum, or transfer or change of venue.

放弃不方便法院原则的条款常见于贷款协议和类似融资交易中。

排他的协议管辖条款下，双方仅能在协议约定的法院提起诉讼，故应被解释为当事人放弃了不方便法院原则。不过为了提高确定性，当事人仍可直接约定放弃不方便法院原则。

6. 陪审团审理的放弃

协议管辖条款还可以伴有放弃陪审团审理的条款。陪审团审理制度几乎只存在于美国。在美国其既是宪法要求、也是许多被告极为担忧的事项。放弃陪审团审理的合同条款适用于一些与美国有关的交易，常见于美国的商业交易和银行交易中。以下为放弃陪审团审理条款的示例：

> [借款人]明确放弃由陪审团审理与本合同有关争议的任何权利,并同意不寻求或主张此类权利。
>
> [Borrower] expressly waives any right to a trial by jury with respect to disputes relating to this Agreement, and agrees not to seek or claim any such right.

类似的表述如下:

> 本合同的各方放弃由陪审团审理因本合同或任何当事人之间与本合同事项相关的任何交易而产生的请求或主张的权利。本弃权的范围应全面涵盖可能在任何法院提交的与本合同事项或贷款文件有关的任何及所有争议,包括但不限于合同索赔、侵权索赔,以及所有其他普通法下索赔及法定索赔。本弃权是不可撤销的,即不能以口头或书面形式进行修改,并且本弃权适用于本合同的任何后续修订、补充或修改,或与本交易相关的任何其他文件或合同。各方认可其已就本条款咨询了律师,并且自觉自愿订立本条款。
>
> Each party to this Agreement waives its prospective right to a jury trial of any claim or cause of action arising out of this Agreement, or any dealings between any of the parties hereto relating to the subject matter of this Agreement. The scope of this waiver is intended to be all – encompassing of any and all disputes that may be filed in any court and that relate to the subject matter of this Agreement or the loan documents, including, without limitation, contract claims, tort claims, and all other common law and statutory claims. This waiver is irrevocable, meaning that it may not be modified either orally or in writing, and this waiver shall apply to any subsequent amendments, supplements or modifications to this Agreement, or to any other document or agreement relating to the transactions. The parties acknowledge that they have consulted with legal counsel regarding this provision and that they have freely and voluntarily entered into it.

放弃陪审团审利的权利可能在美国法下引发可执行性问题,尤其是在涉及消费者的情况中。然而,除受到与协议管辖条款各种例外类似的限制外,美国法院一般认可此类弃权的效力。

九、在申请临时救济程序中适用协议管辖条款

实践中一个重要的问题是,在当事人申请诉前或诉中临时救

济的辅助性程序中，协议管辖条款是否也应适用。例如，一方请求法院冻结相对方的资产、判令停止未经授权的知识产权使用行为，或获取其自身无法获得的证据——所有这些都在协议管辖条款约定的法院之外。在许多发达的大陆法系法域中，常规措辞的协议管辖条款不会被延伸解释为适用于上述辅助性程序。《布鲁塞尔一号条例》（第 44/2001/EC 号条例第 31 条，重编排的 1215/2012/EU 版本的第35 条）以及《卢加诺公约》（第 24 条）明确规定可以在非合同约定的法院提起辅助性程序。在普通法系法域，例如美国和英格兰，虽无明文规定，但应该可以得出相同结论。

为降低不确定性，当事人可以明确在协议管辖条款中约定该条款不适用于临时救济等程序，可参考下述条款：

本协议中的任何内容均不得阻止任何一方向任何有管辖权的法院申请临时救济，包括但不限于任何申请初步禁令救济的主张。 Nothing in this Agreement shall prevent either party from applying to a court that would otherwise have jurisdiction for provisional or interim measures, including but not limited to any claim for preliminary injunctive relief.

商标、专利和商业秘密等知识产权的许可人，面对被许可人未经许可使用其知识产权，通常会坚持约定其有权在合同约定的法院之外寻求救济，示范条款如下：

与本合同有关的所有争议应排他地在________法院解决；但未经许可或以其他方式未经授权使用［商标］的请求可在任何有管辖权的法院提出。 All disputes relating to this Agreement shall be resolved exclusively in the courts of ________, provided that claims alleging unlicensed or otherwise unauthorized use of the ［Trademarks］ may be asserted in any court of competent jurisdiction.

或者：

> 与本合同有关的所有争议(除第[X]条项下的请求外)均应排他地在________法院解决。
>
> All disputes relating to this Agreement (with the exception of claims arising under Article [X]) shall be resolved exclusively in the courts of ________.

如果排他的协议管辖条款措辞较宽泛,许多国家法院甚至会将其解释为允许在合同约定的法院之外进行辅助性程序。尽管如此,如果准据法不明确,或者保留在不同法院进行辅助性程序的选择权对当事人很重要,通常应明确作出上述约定。

十、常规交易中的协议管辖条款

许多国际业务采取较小额、常规的交易形式。这些交易的合同文件几乎从未就特定交易进行过个性化调整。在这种情况下,标准格式合同通常应包含一个简单的协议管辖条款,该条款应保证既不会引起交易对手的反对,也不会引起不必要的执行或解释问题。

在许多情况下,最明智的做法是使用排他的协议管辖条款,并指定当事人住所地的法院,同时并入简单的法律适用条款:

> 与本合同有关的所有争议均受________法院的排他管辖,并适用________法律审理。
>
> All disputes relating to this Agreement shall be subject to the exclusive jurisdiction of the courts of ________, and shall be decided in accordance with the laws of ________.

当事人还可以使用非排他的协议管辖条款,并选定合同起草方住所地法院。此外,直接约定在认可度高的法域、适用主流仲裁机构的仲裁规则仲裁并订立仲裁条款,也不失为一个好选择,下文将详述。

第三章

起草国际仲裁条款

大多数国际仲裁程序,是根据当事人预先订立在合同中的仲裁条款而提起的。有时当事人会在争议发生后达成仲裁协议,这种仲裁协议被称为“提交仲裁的协议”或“国际争端解决协议”(示范条款请见附录 H)。一旦争议产生、各方业已开始研究诉讼方案,当事人通常难以协商达成提交仲裁的协议,故据此而提起的仲裁十分少见。

附录 I 精选了一些用于商事合同的机构示范仲裁条款,包括用于一方当事人为国家或国家相关实体的合同的示范仲裁条款。当然,当事人可以自由协商订立仲裁条款。同协议管辖条款一样,仲裁条款是当事人利益、谈判地位以及缔约技巧的综合产物。

国际仲裁条款可长可短,也可以不长不短。如“英国法—仲裁(如有),伦敦,根据国际商会仲裁规则”或“仲裁—汉堡,德国”一样简短的仲裁条款也会被认定为有效,但应尽量避免使用如此简短的仲裁条款。而在大型、多方交易中,当事人有时会单独签署一份数十页之长的仲裁协议,以试图涵盖每一个可能的程序问题。附录 J 中收录了常见的国际仲裁条款。

在绝大多数情况下,最明智的起草仲裁条款的方式是拟定一个与主流仲裁机构示范条款相同或相近的、简短的仲裁条款。主流仲裁机构的示范仲裁条款通常都经过了实践的检验,其用语可以避免歧义、矛盾、遗漏以及其他可能因时间仓促或谈判等原因导致的问题。仲裁机构示范条款还会约定适用其仲裁规则,这些规则为大量问题提供了规范指引,如果采用临时仲裁条款则难以妥善全面约定。因此,除有特殊需要或有专业指导之外,推荐将机构提供的简明扼要的示范仲裁条款直接订入合同,或稍作改动,避免从头起草冗长的仲裁协议。

为避免出现冲突、歧义等问题,当事人如需对示范仲裁条款进行修订或扩写,均应委托经验丰富的专业律师。另外,修改仲裁机构的示范条款,可能会使仲裁庭管辖权受到挑战,因为无法确定当事人是否有意作出此等修改。因此,除非有专业律师指导,建议使用仲裁机构的示范仲裁条款。

无论采取何种起草方式,下文提及的问题均应在起草国际仲裁条款时加以考虑。下文首先介绍了国际仲裁条款均应具备的核心要素,继而介绍了特定情况下可予考虑的要素。

一、国际仲裁条款的核心要素

以下是国际仲裁条款在绝大多数情况下应具备的核心要素:

—仲裁的合意

—仲裁的范围

—仲裁地

—是否采用机构仲裁及适用其仲裁规则

—仲裁员数量、资质以及任命程序

—仲裁语言

—形式、能力和效力

—法律适用条款

除上述因素外，有些因素在特定情况下也对仲裁条款效力或一方当事人利益至关重要。这些因素也将在下文中展开陈述。

1. 仲裁的合意

仲裁条款的最基本要求，是明确体现当事人仲裁的合意。仲裁条款应该明确使用“仲裁”一词，而不是其他的非诉争议解决机制名称，例如调解、和解、替代性争议解决机制（Alternative Dispute Resolution，ADR）、对账等。在多数国际条约和仲裁立法中，这些争议解决机制不等同于仲裁，相关条款也无法适用仲裁的国际法律体系予以执行。此外，当事人还应避免使用不熟悉的语言。例如，在意大利语中“非正式仲裁”（*arbitrato irrituale*）是另外的争议解决机制，而不是仲裁。

仲裁的合意，还意味着当事人同意将相关争议提交仲裁并受终局裁决之拘束。仲裁条款中不应约定双方可以选择在争议发生后提交仲裁，也不应约定仲裁裁决仅具建议性质，而非一份各方均受约束的终局裁决。

一个合格的仲裁条款应包括“任何争议应提交仲裁终局裁决”的表述。下文所载的所有示范仲裁条款均含有上述表述或类似表述。

2. 仲裁的范围

仲裁协议另一核心是仲裁的“适用范围”，即当事人合意将何等争议或请求提交仲裁。例如，是否当事人之间与合同有关的一切争议均应提交仲裁解决？是否只有根据合同条款提出的请求才能提交仲裁解决？某一类型的请求是否不可提交仲裁？

一个事项是否属于协议约定的仲裁范围，不同于其是否依法可提交仲裁。后一个问题通常被称为争议的“可仲裁性”，下文中将会讨论。

a. 仲裁范围的表述方式

和诉讼中的协议管辖条款类似,有很多表述方式可对仲裁范围加以约定,包括:(i)“任何本合同项下的争议”;(ii)“任何因本合同产生的争议”;(iii)“任何与本合同相关的争议”;(iv)“任何与本合同有关的争议”。其他表述有:(v)“任何与本合同有关的问题,包括任何关于合同的存在、效力、违反、终止的问题”;(vi)“任何与本合同有关的或由本合同引起的争议”。

有些法院对不同表述方式的区分非常细微。例如,对于仲裁范围是否包括非契约性争议,例如侵权或不法侵害,不同法院常常理解不同。一些法院认为“合同项下的争议”仅指契约性争议,当事人的请求需为执行合同约定;因此非契约性争议不属于“合同项下的争议”,包括侵权、准合同行为、法定义务等均不在仲裁范围之内。相应地,这些法院认为,当使用“与合同有关的争议”和“与合同相关联的争议”等一些外延更广的表述时,仲裁范围可以包括当事人提出的与合同有合理关联的请求,契约性与非契约性争议均可。

很多法院认为前述表述无需作出如此细微的区分,一些法院则认为更宜由仲裁庭决定。不论如何,在起草仲裁协议时,当事人应注意法院可能对表述的区分尺度不同。

b. 范围较广的仲裁条款之优势

起草范围较广的国际仲裁条款通常是更为明智的做法,也即尽量将交易相关的一切争议纳入仲裁范围。除极为必要之情况,当事人应尽量避免从仲裁范围中排除某一类争议。

争议发生后,部分当事人为了选择法院管辖或者拖延程序,可能以仲裁范围很窄、争议不在仲裁范围之内作为抗辩。这几乎必将导致诉讼程序和仲裁程序平行发生,以及各方对仲裁的管辖权发生争议。这些均无助于理性、有效解决双方纠纷。

c. 起草范围较广的仲裁条款

起草范围较广的仲裁条款与协议管辖条款较为类似，需注意以下几点。首先，起始部分采用列举式表述一般更为合适，如将“所有争议、请求、矛盾、分歧”提交仲裁解决，而非仅仅载明将“任何争议”或“所有请求”提交仲裁。在一些起诉状或仲裁申请书中，“争议”与“请求”、“分歧”含义有别。此举可以降低系争事项是否属于仲裁范围的不确定之风险。

其次，上述起始部分的表述通常与含义更广的连接词一并使用，诸如“与合同有关的”或“与合同相关而发生的”争议。原则上应避免使用将仲裁范围缩小的连接词，如导致将非契约性争议排除在外的表述，包括“在合同项下产生的”、“就合同而产生的”等。

此外，有关合同成立生效的争议（例如一方主张欺诈或合同无效）或有关合同终止的争议是否属于仲裁范围，时常存在争议。伦敦国际仲裁院等等仲裁机构的示范仲裁条款通过“任何有关合同成立、效力或终止的争议均提交仲裁解决”的表述方式来避免前述争议。

发达国家的法院一般认为常见仲裁条款的仲裁范围能够涵盖关于合同效力、可执行性、合法性争议等问题。不过，如果当事人认为这一问题非常重要，可以在起草仲裁条款时明确纳入合同效力的相关争议，包括“合同的成立、缔结、效力、执行、履行或终止”。如果仲裁机构的示范仲裁条款包括了前述内容，根据该示范条款起草的仲裁协议应始终将其保留。

最后，当事人还可以采用“有关合同的事项”的表述，这样可以扩大仲裁范围，同样能够纳入关于合同订立、合同效力的争议。

综上，根据上文建议事项，范围较广的仲裁条款示例如下：

> 与本合同有关的或因本合同产生的争议、请求、矛盾、分歧,以及任何有关本合同的事项,均应提交仲裁予以最终解决……
>
> All disputes, claims, controversies, and disagreements relating to or arising out of this Agreement, or the subject matter of this Agreement, shall be finally resolved by arbitration...

或者:

> 与本合同有关的或因本合同产生的任何争议、请求、矛盾、分歧,包括合同的缔结、成立、效力、执行、履行和终止,以及任何有关本合同的事项,均应提交仲裁予以最终解决……
>
> All disputes, claims, controversies, and disagreements relating to or arising out of this Agreement (including the formation, existence, validity, enforceability, performance, or termination of this Agreement), or the subject matter of this Agreement, shall be finally resolved by arbitration...

一个简明的仲裁条款示例如下:

> 任何与本合同有关的争议均应提交仲裁予以最终解决。
>
> All disputes relating to this Agreement shall be finally resolved by arbitration.

当仲裁机构的示范仲裁条款援引了仲裁规则时,应谨慎对示范仲裁条款作出修改。提请注意,虽然一般情况下可以为了扩大仲裁范围而增加一些内容,但对示范仲裁条款的任何修改,都将在未来产生争议时引起特别的关注。

最后,当事人还须考虑仲裁条款在适用法下的解释和可执行性。上文讨论的原则和提供的示例仅针对一般情况,当然也可适用于某些特定情形,但不能替代当事人就特定情况获得的专业意见。

d.从仲裁范围中排除某些争议

即便当事人合意缔结了一个宽泛的仲裁条款,但可能仍有一些争议或请求是一方当事人不愿提交仲裁的。与协议管辖条款一样，在仲裁条款中从仲裁范围排除某些争议应当十分慎重，并谨慎起草仲裁条款，因为这可能会引起管辖权纠纷及其他争议。当然，精心起草的排除某些争议的仲裁条款，也可发挥重要作用。

起草从仲裁范围中排除某些争议的仲裁条款，可以参考如下示例：

> 除本合同[第X(2)条]约定的，排除适用本合同[第X(1)条]仲裁协议的请求之外，任何与本合同有关的或因本合同产生的争议、请求、矛盾、分歧均应提交仲裁予以最终解决……
>
> With the exception of those claims which are specifically excluded (pursuant to [Article X(2)] below) from arbitration under this [Article X(1)]. All disputes, claims, controversies, and disagreements relating to or arising out of this Agreement shall be finally resolved by arbitration. …

或者：

> 根据本合同[第5条、第7条和……]提出的请求不属于本合同中仲裁协议的适用范围。
>
> Claims under the following Articles of this Agreement are specifically excluded from arbitration hereunder: [Articles V, VII, and …]

通常来说，除非有特别需求，应尽量避免从仲裁范围中排除某些争议。下文列出了一些可以排除部分争议的情形。将某些争议从仲裁范围中排除后，应另行约定该争议的管辖法院，或约定其他争议解决方式。

i.关于知识产权的禁令救济

有些情况下，知识产权许可人希望保留寻求临时救济的权利，以应对他人未经授权使用其知识产权的情况。一种情况是，许可人可能希望保留向侵权行为地的法院申请临时禁令的权利，而非只能先经历仲裁程序、再向行为地法院申请执行裁决。不过,如下文讨论,很多仲裁机构的仲裁规则允许仲裁当事人向法院申请临时救济,这在大多情况下可为许可人提供充分的程序保障。

如果知识产权许可人希望针对他人未经授权的使用行为寻求禁令救济,以下条款表述可资参考:

> 任何违反第[X]条的[有关商标、专利、商业秘密、著作权的]行为都将对[许可人]造成不可挽回的损失。尽管有本合同第[Y]条之仲裁协议,对于任何违反本合同第[X]条规定的行为,许可人除享有本合同规定的权利外,还有权向任何有管辖权的法院申请获得第[X]条项下救济及其他有权获得的临时救济。
>
> And violation of Article [X] hereof [relating to trademarks, patents, trade secrets, copyrights] would cause irreparable injury to [Licensor]. [Licensor] may, in addition to any other rights under this Agreement and notwithstanding the arbitration agreement contained in this Article [Y], seek specific performance of Article [X] and any other available provisional relief in any court of competent jurisdiction against any violation of such Article [X].

当事人也可以根据触发救济权利的时点对争议事项作出区分:

> 在仲裁庭组成前,任何一方有权向有管辖权的法院申请临时措施。在仲裁庭组成后,仅仲裁庭有权审议和批准临时措施。
>
> Prior to the appointment of the arbitrator(s), either party may seek provisional or interim measures from any court of competent jurisdiction. After the appointment of the arbitrator(s), the arbitrator(s) shall have exclusive power to consider and grant requests for provisional or interim measures.

通常来说,将这些争议从仲裁范围中排除往往弊大于利。相关安排可能与当事人选择的机构之仲裁规则或适用法产生冲突,并增加发生平行程序的可能性。

ii.知识产权的有效性

一些知识产权的权利人不希望通过仲裁解决有关知识产权

的权属与效力问题。这是由于对于复杂知识产权争议，部分意见认为仲裁员可能不具备相关专业知识，仲裁没有上诉机制也被认为是一个弊端。此种情况下，可以参考如下条款示例：

> 除"商标许可争议"（定义见下文）之外，因本合同产生的或与本合同有关的所有争议应根据[填入机构仲裁规则]提交仲裁予以最终解决。"商标许可争议"包括与知识产权的权属、效力以及注册有关的所有争议。
>
> All disputes arising out of or relating to this Agreement, except "Licensed Mark Disputes" (as defined below), shall be finally resolved by arbitration in accordance with [identify institutional rules]. "Licensed Mark Disputes" shall constitute all disputes relating to the Licensor's ownership of, the validity of, or the registration of any Licensed Mark.

如果订立上述条款，应当同时另行订立协议管辖条款，约定将排除在仲裁范围之外的知识产权争议提交相应法院解决。参考示例如下：

> 所有"商标许可争议"均应由________法院进行[排他性][非排他性]管辖。
>
> All Licensed Mark Disputes shall be subject to the [exclusive] [non-exclusive] jurisdiction of ________.

有关知识产权（特别是专利）的权属或效力之争议，在一些法域中可能属于不可仲裁的公共政策事项。在这种情况下，当事人应订立协议管辖条款。仅订立唯一的协议管辖条款最佳；订立协议管辖条款同时就可仲裁事项约定仲裁条款亦可。

iii. 付款义务

当事人有时会将有关付款义务的争议排除在仲裁范围之外，其基于的理由是仲裁程序往往需要花费数月，并且仲裁员相比法官更可能作出友好调停的裁决，而非严格遵循合同关于付款义务的约定。特别是金融机构，其有时会将付款义务相关争议排除在仲裁范围之外。

为了实现上述安排,可以将对方付款义务单独约定于一个条款中,然后将关于该条款的争议排除在仲裁范围之外:

> 除本合同第[X]条规定的买方付款义务之外,因本合同产生的或与本合同有关的所有请求、矛盾、争议和分歧均应提交仲裁予以最终解决……
>
> With the exception of Buyer's payment obligations under Article [X] hereof, all claims, controversies, disputes, and disagreements arising under or relating to this Agreement shall be finally resolved by arbitration in accordance with...

不过,一般情况下不推荐采取这种安排。使用这种二分法的争议解决安排可能导致管辖权问题以及其他不确定性风险,往往弊大于利。

当然,如果关于付款义务的争议已经被排除在仲裁范围之外,那么则应同时订立一个关于付款义务相关争议的协议管辖条款。例如:

> 所有因第[X]条规定的买方付款义务而引起的或与之相关的争议均应由________法院进行[排他性][非排他性]管辖。
>
> All disputes [arising under] [in connection with] the Buyer's payment obligations under Article [X] hereof shall be subject to the [exclusive] [non-exclusive] jurisdiction of the courts of ________.

3. 机构仲裁与临时仲裁

国际仲裁与国内仲裁既可以采取机构仲裁的形式,也可以采取临时仲裁的形式。机构仲裁是指根据仲裁机构制定的仲裁规则进行的仲裁;仲裁机构往往同时负责管理案件。仲裁机构的管理工作通常包括行政及监督工作,例如:在当事人未能行使相应权利或无法达成一致意见时,负责指定或更换仲裁员;送达仲裁申请书等文件;核阅仲裁裁决;处理关于仲裁员报酬、仲裁机构费用等问题。

临时仲裁是在没有仲裁机构管理的情况下进行的仲裁；通常也没有可遵循的机构仲裁规则。临时仲裁依赖当事人间的合作；对于仲裁员任命等事项，若当事人未能行使相应权利或无法达成一致意见，则可以选择由法院行使。几乎所有的有经验的国际仲裁从业者都比之于临时仲裁更推崇机构仲裁，因为机构仲裁更稳定，可预测性更强，且能够获得仲裁机构的专业服务。另外，为了提供更完善的仲裁流程，机构仲裁规则中往往会包含十分有用的救济机制，例如更换仲裁员、更正仲裁裁决。伦敦玛丽女王大学2015年的一项研究表明，79%的受访者在过去五年中参与的仲裁为机构仲裁。

a.机构仲裁

如果采用机构仲裁方式，当事人须在仲裁条款中载明选定的仲裁机构。通常选择一家知名国际仲裁机构最为明智，此举可以避免因仲裁机构缺乏管理经验造成的混乱与不确定性。

领先的国际仲裁机构不仅能够管理其所在地发生的仲裁案件，还具备管理世界其他地区的仲裁案件的能力和经验。鉴于此，当事人无需选择总部设立在仲裁地的仲裁机构。例如，伦敦国际仲裁院和新加坡国际仲裁中心都可以管理仲裁地位于纽约的仲裁案件，而美国仲裁协会国际争议解决中心也能够管理仲裁地位于伦敦或新加坡的仲裁案件。

许多仲裁机构都提供机构仲裁服务。本书下文将会详细介绍一些最负盛名的仲裁机构。这些仲裁机构通常都颁布了该机构的仲裁规则，并拥有决定仲裁员人选等事宜的决策机关，以及管理仲裁案件的专业人员。需要说明的是，仲裁机构只负责管理仲裁程序事项，不对当事人的实体争议进行审理及评价。

虽然各个仲裁机构的具体职能亦有差别，但通常包括：接收根据其仲裁规则提出的仲裁请求或仲裁通知，向被申请人送达申请人提出的仲裁请求或仲裁通知,确认当事人提名的仲裁员,在当事人未能行使相关权利或无法达成一致时任命仲裁员,就当事人对仲裁员中立性的挑战作出决定,就当事人申请延期提交初步文件作出决定。另外,部分仲裁机构的职能还包括:确定仲裁员报酬数额,收取当事人预付的仲裁费与其他费用,有时还会核阅仲裁庭起草的仲裁裁决。仲裁机构的规则详细说明了仲裁机构的履职方式。

当然,仲裁机构提供的专业服务需要向当事人收费,即仲裁机构费用独立于仲裁员的费用与开支。各个仲裁机构均会提供仲裁机构费用表。不同仲裁机构的费用和计费方式差别可能很大。例如,有些仲裁机构按小时计费,有些仲裁机构根据争议标的金额按比例收费。

b. 国际仲裁机构

领先的国际仲裁机构包括:

—国际商会国际仲裁院(ICC)

—美国仲裁协会(AAA)和其下设国际争议解决中心(International Centre for Dispute Resolution,ICDR)

—新加坡国际仲裁中心(SIAC)

—伦敦国际仲裁院(LCIA)

—国际投资争端解决中心(ICSID)(处理与投资相关的争议)

在专业领域或特定区域活跃的仲裁机构包括:

—澳大利亚国际商事仲裁中心(Australian Centre for International Commercial Arbitration, ACICA)

—开罗地区国际商事仲裁中心(Cairo Regional Centre for International Commercial Arbitration, CRCICA)

—中国国际经济贸易仲裁委员会(China International Economic and Trade Arbitration Commission, CIETAC)

—迪拜国际仲裁中心(Dubai International Arbitration Centre, DIAC)

—德国仲裁院(German Institution of Arbitration, DIS)

—香港国际仲裁中心(Hong Kong International Arbitration Centre, HKIAC)

—印度仲裁委员会(Indian Council of Arbitration, ICA)

—美洲国家商事仲裁委员会(Inter - American Commercial Arbitration Commission, IACAC)

—JAMS 国际(JAMS International)

—吉隆坡区域仲裁中心(Kuala Lumpur Regional Centre for Arbitration, KLRCA)

—荷兰仲裁协会(Netherlands Arbitration Institute, NAI)

—海牙常设仲裁法院(Permanent Court of Arbitration, PCA)

—斯德哥尔摩商会仲裁院(Stockholm Chamber of Commerce Arbitration Institute, SCC)

—瑞士商会仲裁院(Swiss Chambers' Arbitration Institution, SCAI)

—维也纳国际仲裁中心(Vienna International Arbitral Centre, VIAC)

—世界知识产权组织(World Intellectual Property Organization, WIPO)

以上仲裁机构及部分其他国内或区域仲裁机构的联系方式，请见附录 F。

还有一些知名度不高的区域仲裁机构或国内仲裁机构。其中很多机构自 20 世纪 80 年代方才成立或才开始处理重大国际纠纷，还有一些机构成立时间尚短。因此，这些仲裁机构往往缺少一些当事人关注的处理国际仲裁的经验与经历。

i.国际商会国际仲裁院

国际商会国际仲裁院(ICC)于1923年在巴黎成立,通常被认为是世界领先的国际商事仲裁机构。相较于其他领先仲裁机构,ICC的国别属性更低。ICC在20世纪90年代时的年均受案量为300余件,2008年至2015年则达到近800件。2015年,来自133个国家和地区的当事人向ICC提交了801项仲裁申请,其中大部分是国际仲裁,仲裁地位于56个国家,多数案件争议金额巨大。ICC管理的案件之当事人来自于世界各地,近年来,来自西欧之外的国家和地区的当事人已超过半数。

ICC示范仲裁条款如下:

> 凡产生于本合同或与本合同相关的一切争议,均应按照国际商会仲裁规则,由依据该规则指定的一名或数名仲裁员终局解决。
>
> All disputes arising out of or in connection with the present contract shall be finally settled under the Rules of Arbitration of the International Chamber of Commerce by one or more arbitrators appointed in accordance with the said Rules.

ICC制订了《国际商会仲裁规则》(以下简称《ICC仲裁规则》),并周期性进行修订,最近一次修订发生在2012年,增加了紧急仲裁员程序。ICC还制订了《国际商会调解规则》、《国际商会专家规则》、《国际商会争议解决委员会规则》、以及《国际商会跟单金融产品争议专家解决规则》。

根据ICC的前述规则,ICC下设的国际仲裁院广泛地参与仲裁案件的管理。ICC国际仲裁院并不对争议问题作出裁判,亦不担任仲裁员角色,而是作为管理委员会,行使仲裁规则所规定的监督职能与任命职能。除此之外,ICC国际仲裁院及其秘书处还负责仲裁申请书的送达、核算及预收仲裁费用、对当事人/边裁/其他有权机关提名的仲裁员人选进行确认、在当事人未行使权利或未能就首席仲裁员/独任仲裁员人选达成一致的情况下指定仲裁员、对当事人基于仲裁员缺乏独立性等事由提出的请求仲裁员回避的申请作出决定、审核并通过“审理范围书”(Terms of Reference,内容为对争议事项的总结和对仲裁程序事项的规定)、对仲裁庭起草的裁决书的格式等问题进行核阅(包括提请仲裁庭注意相关实体问题)、核算仲裁员报酬和案件管理费。

ICC 国际仲裁院设有秘书处,由来自 30 多个国家的 100 多名法律及行政职员组成。秘书处还派驻由法律顾问、副法律顾问、行政管理人员组成的专门小组,负责地理、语言、文化不同的区域。

ICC 秘书处深入参与仲裁案件的管理工作。ICC 国际仲裁院的仲裁员指定机制根据待任命的仲裁员角色而有所不同,其取决于是指定边裁、首席仲裁员还是独任仲裁员。当一方当事人未指定边裁时,ICC 国际仲裁院会为该当事人指定一名与其国籍相同的边裁。相反,在指定首席仲裁员或独任仲裁员时,ICC 国际仲裁院通常会遵循其下设的中立“国家委员会”(National Committee)的建议。该国家委员会是在某一特定国家代表国际商业利益的组织。目前,约 90 个国家和地区设有 ICC 国家委员会和小组。除非各方当事人均不反对,ICC 不会指定与任一当事人相同国籍的独任仲裁员或首席仲裁员。在 ICC 指定的仲裁员中,虽然北欧和西欧的仲裁员占多数(2015 年为 53.5%),但仲裁员国籍的多样性在过去 20 年中确有增加(1995 年为 62 个国家,2005 年为 68 个国家,2015 年为 77 个国家)。

ICC 仲裁案件的仲裁地遍布全球。2015 年,ICC 仲裁案件的仲裁地位于 56 个国家。在过去的 15 年中,仲裁地位于亚洲、中东、巴西等地的仲裁案件越来越多。尽管如此,法国、瑞士、英国等西欧国家,以及美国、新加坡、中国香港特别行政区仍然是 ICC

仲裁案件最常见的仲裁地。在2008年,ICC在中国香港特别行政区设立了一个区域办事处,专门负责管理仲裁地位于亚洲地区的仲裁案件。在2014年,ICC在纽约设立了一个区域办事处,专门负责管理仲裁地位于北美地区的仲裁案件。

ICC的管理费以争议标的金额为基础计算。《ICC仲裁规则》规定了以争议标的金额为基础计算的仲裁员报酬的上限和下限,还提供了以争议标的金额阶梯计算的ICC管理费收费表。根据《ICC仲裁规则》,当事人需要预付由ICC仲裁院预估确定的仲裁费用。仲裁费预付款由申请人与被申请人各自承担一半,如一方当事人未能支付时,另一方当事人可以支付全额以推动仲裁程序继续。

通过ICC在1998年和2012年对《ICC仲裁规则》的修订,可以看出ICC为提升仲裁程序的效率和速度作出了不懈努力。2012年版《ICC仲裁规则》规定仲裁员需组织案件程序管理会议,并提出了一系列的案件程序管理技巧,还要求仲裁员在接受任命前便提供可担任仲裁员的声明,并需在审理程序结束后告知当事人预计的裁决作出时间。

虽然ICC近年着力修改仲裁规则,但其仍时常受到费用昂贵、程序繁琐的批评。尽管如此,ICC仍然是大型复杂交易的当事人——特别是欧洲的当事人——更倾向于选择的争议解决机构。ICC的全球声誉、良好记录、裁决稳定性,有望使其至少在近期继续保持领先地位。

ii.美国仲裁协会及其国际争议解决中心

美国仲裁协会(AAA)成立于1926年,总部设于纽约,在全美25个地区设有办公室。AAA是美国领先的仲裁机构,也是世界上处理纠纷数量最多的仲裁机构之一。近二十年来,AAA处理的仲裁案件数量显著增加。1997年,AAA根据其商事仲裁规则处理了11,130件仲裁案件,2007年则处理了20,711件。AAA处理的国际仲裁案件数量亦显著增加——从1999年的453件增长到了2015年的1064件。

AAA管理的仲裁案件主要依据《美国仲裁协会商事仲裁规则》(“《AAA仲裁规则》”)进行。该规则在2013年迎来了最近一次修订。大量美国国内的仲裁案件会使用该规则。

来自美国之外的当事人有时候会对AAA的中立性存在疑虑,并认为AAA不熟悉国际仲裁的惯例,因此不愿在争议解决条款中接受适用《AAA仲裁规则》。为了加强其作为国际仲裁机构的形象,AAA于1996年建立了国际争议解决中心(ICDR),专门负责国际仲裁案件。ICDR的《国际争议解决中心国际仲裁规则》(“《ICDR仲裁规则》”)在2014年进行了最新一次修订,规定在当事人约定提交AAA仲裁,同时未约定适用《AAA仲裁规则》或《联合国国际贸易法委员会仲裁规则》(以下简称《UNCITRAL仲裁规则》)的情况下,应适用《ICDR仲裁规则》进行仲裁。

《ICDR仲裁规则》是以《UNCITRAL仲裁规则》为蓝本制定的,旨在为仲裁程序赋予一定程度的灵活性,并保持仲裁机构最低限度的行政监督。相较于ICC的秘书处,AAA的案件管理人员对案件实体事项的监督管理要少很多,无论适用AAA的哪一仲裁规则。AAA不负责仲裁申请书的接收或送达,不要求制订审理范围书或对其进行审核,除审阅非实体内容与校对外、不核阅仲裁庭起草的仲裁裁决,在核算仲裁员报酬方面承担的义务也非常有限。AAA根据争议标的金额收取案件管理费,仲裁员则自行制定其费率标准,并在其简历中写明以供当事人参考。根据《ICDR仲裁规则》,仲裁员的报酬按照仲裁员花费的时间、仲裁员的费率以及案件的规模与复杂程度确定。

AAA及ICDR的绝大多数仲裁案件中,双方当事人基于

ICDR 提供的仲裁员名册选定仲裁员,名册中包括 750 余名仲裁员。虽然 AAA 的名册中历来美国的仲裁员居多,但是 ICDR 正逐步增加任命具有国际仲裁经验的仲裁员。ICDR 在纽约、休斯顿、迈阿密、新加坡均设有办公室,在墨西哥城和巴林设有区域办公室和庭审设备,这使得 ICDR 具有了管理在世界诸多地区进行的仲裁案件的能力。如选择适用《ICDR 仲裁规则》,可参考如下示范仲裁条款:

> 因本合同引起的或与本合同有关的任何争议或请求,均应按照《国际争议解决中心国际仲裁规则》提交仲裁予以解决。
>
> Any controversy or claim arising out of or relating to this contract shall be determined by arbitration in accordance with the International Arbitration Rules of the International Centre for Dispute Resolution.

如选择适用《AAA 仲裁规则》,可参考如下示范仲裁条款:

> 因本合同引起的或与本合同有关的任何争议或请求,均应提交美国仲裁协会根据《美国仲裁协会商事仲裁规则》[或其他仲裁规则]进行仲裁予以解决。仲裁裁决可在任何有管辖权的法院执行。
>
> Any controversy or claim arising out of or relating to this contract, or the breach thereof, shall be settled by arbitration administered by the American Arbitration Association in accordance with its Commercial [or other] Arbitration Rules, and judgment on the award rendered by the arbitrator(s) may be entered in any court having jurisdiction thereof.

AAA 还针对特定类型争议制定了专门的仲裁规则,如建筑、劳动、消费等,当事人可在仲裁协议中选择适用。另外,AAA 最近推出了一个名为“ClauseBuilder”的在线网站工具,用来帮助用户起草准确、适当的仲裁和调解协议。

iii. 新加坡国际仲裁中心

新加坡国际仲裁中心(SIAC)于 1991 年成立,成立伊始主要处理建筑、航运、银行和保险领域的纠纷。近年来,SIAC 已经成为能够解决各类商业纠纷的争议解决机构。从很多角度来看，SIAC 已经发展成为了亚洲领先、乃至全球最成功的仲裁机构之一。SIAC 在 2015 年受理了 271 起仲裁案件，目前正在管理的仲裁案件约 600 起，当事人来自 50 多个国家。

提交 SIAC 仲裁的案件推定适用《SIAC 仲裁规则》。《SIAC 仲裁规则》是以《UNCITRAL 仲裁规则》为蓝本制定的，并定期修订，最新修订版于 2016 年 8 月生效。2016 年版《SIAC 仲裁规则》旨在合理加快仲裁程序速度、提高仲裁审理效率，并进一步提高 SIAC 的案件管理质量。2016 年版《SIAC 仲裁规则》修订了第三人加入仲裁程序、合并仲裁的条款、以及紧急仲裁员程序的相关规定，包括缩短了紧急仲裁员的任命时间、作出决定或裁决的期限，还修订了仲裁申请与抗辩的早期驳回程序，以及非本地仲裁地的条款。

根据《SIAC 仲裁规则》第 5 条的规定，当事人可以选择适用快速仲裁程序。在快速仲裁程序中，仲裁庭将在组庭后 6 个月内作出仲裁裁决。另外，根据《SIAC 仲裁规则》的规定，主簿还可以调整（包括缩短）前述时限。当仲裁院主席认为一个案件符合以下三个条件之一时，可以适用快速仲裁程序：争议金额不超过 600 万新加坡元；各方当事人同意适用快速仲裁程序；或存在特别紧急的情况。

在紧急情况下，SIAC 允许当事人申请紧急临时措施。如果申请被受理，SIAC 主席将指定一名紧急仲裁员。根据 2016 年版《SIAC 仲裁规则》第 30.2 条和附表 1 的规定，在仲裁庭组庭前，当事人可以向紧急仲裁员申请作出临时措施。SIAC 在处理紧急仲裁员申请方面有着丰富的经验。截止 2016 年 6 月，SIAC 已经收到了 50 份紧急仲裁员申请，每个案件均指定了紧急仲裁员，其中 29 个案件支持或部分支持了临时措施申请。

SIAC与ICC的组织机构较为类似。SIAC仲裁院由来自世界各地的专业人员组成;秘书处由法律工作者组成,负责仲裁案件的管理工作,经验丰富。与ICC类似,主簿会对仲裁庭起草的仲裁裁决进行形式上与实体上的核阅。主簿批准后,仲裁庭才能签发仲裁裁决。主簿在核阅仲裁裁决时可以酌情咨询仲裁院。较之于ICC,SIAC核阅仲裁裁决的时间更短。对于最终的仲裁裁决,核阅时间通常为2至3周,对于紧急仲裁员的决定或裁决,核阅时间通常为1至2天。

SIAC的仲裁员名册囊括了具备专业知识与丰富经验的知名国际或国内仲裁从业者。SIAC与最近成立的新加坡国际调解中心(Singapore International Mediation Centre, SIMC)在2015年合作推出了一项创新条款:仲裁－调解－仲裁。根据该条款,当事人将争议提交仲裁后,调解程序立即启动,仲裁程序暂时中止。如果各方当事人通过调解程序达成和解,则SIAC将以和解协议为内容制作仲裁裁决,该裁决同样可以根据《纽约公约》进行承认与执行。如果各方当事人无法通过调解程序达成和解,各方当事人可以恢复仲裁程序。2016年6月,SIAC公布其正在修订《SIAC仲裁规则》,还制定了专门用于投资仲裁的仲裁规则。

以下是SIAC的示范仲裁条款:

> 凡因本合同引起的或者与本合同相关的任何争议,包括合同的成立、效力或终止问题,均应根据届时有效的《新加坡国际仲裁中心仲裁规则》(简称“新仲规则”)提交新加坡国际仲裁中心(简称“新仲”)进行仲裁以最终解决,该新仲规则应被视为本仲裁条款的一部分。
>
> Any dispute arising out of or in connection with this contract, including any question regarding its existence, validity or termination, shall be referred to and finally resolved by arbitration administered by the Singapore International Arbitration Centre (“SIAC”) in accordance with the Arbitration Rules of the Singapore International Arbitration Centre (“SIAC Rules”) for the time being in force, which rules are deemed to be incorporated by reference in this clause.

iv.伦敦国际仲裁院

伦敦国际仲裁院(LCIA)于1892年成立。LCIA在许多人眼里是第二受欢迎的欧洲仲裁机构。LCIA的年度案件受理量持续增加,近年来年均已超过300件,2015年为322件。近年,为了改变其作为一个英国国内机构的形象,LCIA做出了大量卓有成效的努力。例如,在1994至2015年间,LCIA连续任命了五位非英国籍的主席,其副主席中亦包括非英国籍的成员。近年来,LCIA管理的案件中,一方当事人为英国国籍的案件只占不到20%。

LCIA制定了仲裁规则("《LCIA仲裁规则》"),该规则在1998年和2014年进行了大规模的修订。虽然在起草方式、程序设置等方面,《LCIA仲裁规则》有着鲜明的英格兰法特点,但该规则为国际争议的解决提供坚实基础,尤其是对于希望使用普通法的方式解决争议的当事人而言。通常来说,LCIA对仲裁案件的管理比ICC更为高效,但不如ICC全面。例如,《LCIA仲裁规则》没有规定审理范围书,也没有规定仲裁机构对仲裁裁决的核阅程序。LCIA根据其工作人员所花费的时间计算其管理费。截止2016年6月,案件管理人和副案件管理人的费用为每小时250英镑,法律顾问的费用为每小时225英镑,秘书的费用根据具体事项分别为每小时150英镑或175英镑每小时。

较之于其他大多数仲裁机构,《LCIA仲裁规则》对仲裁庭权力的规定更为详细。仲裁庭具有要求当事人披露文件(证据开示)的权力,以及要求当事人提供有关法律费用担保的权力,即申请人需要提供与败诉时须向被申请人赔偿的律师费等值的保证金或银行保函。

LCIA历来通常从英格兰律师协会成员和退休法官中任命仲裁员。这很大程度上是因为很多案件所涉合同的准据法是英格兰法,或者外国当事人要求仲裁员具有英格兰法律背景,有时还会明确要求仲裁员须具有御用律师(Queen's Counsel,QC)资格。如果仲裁案件与当事人对仲裁员的人选没有具体要求,LCIA 将在世界范围内选任仲裁员。LCIA 根据仲裁员所花费的时间核算仲裁员的报酬,并对仲裁员的最高小时费率作出了限制。

大多数 LCIA 管理的案件都以伦敦作为仲裁地。在当事人没有明确约定其他仲裁地,或根据案件情况不存在其他更方便的仲裁地时,伦敦将成为 LCIA 管理案件的仲裁地。《LCIA 仲裁规则》规定了快速组庭程序和快速更换仲裁员的程序,这是《LCIA 仲裁规则》的一个特殊程序优势。另外,《LCIA 仲裁规则》还允许在符合规定的条件下将第三方加入仲裁程序,以及合并仲裁。

LCIA 与迪拜国际金融中心(Dubai International Financial Centre,DIFC)合作成立了迪拜国际金融中心—伦敦国际仲裁院(DIFC - LCIA),其仲裁规则以《LCIA 仲裁规则》为模版。LCIA 还在毛里求斯建立了伦敦国际仲裁院—毛里求斯国际仲裁中心(LCIA - MIAC)。

LCIA 的示范仲裁条款如下:

> 凡因本合同引起的或者与本合同相关的任何争议,包括合同的成立、效力或终止问题,均应根据届时有效的《伦敦国际仲裁院仲裁规则》提交仲裁以最终解决,该仲裁规则应被视为本仲裁条款的一部分。
>
> 仲裁庭由[1 名/3 名]仲裁员组成。
>
> 仲裁地为[城市和/或国家]。
>
> 仲裁语言采用[________]。
>
> 本合同适用[________]法律。
>
> Any dispute arising out of or in connection with this contract, including any question regarding its existence, validity or termination, shall be referred to and finally resolved by arbitration under the LCIA Rules, which Rules are deemed to be incorporated by reference into this clause.
>
> The number of arbitrators shall be [one/three].
>
> The seat, or legal place, of arbitration shall be [City and/or Country].
>
> The language to be used in the arbitral proceedings shall be [________].

> The governing law of the contract shall be the substantive law of [________].

v.国际投资争端解决中心

国际投资争端解决中心(ICSID)是根据1965年《解决国家与他国国民间投资争端公约》(Convention on the Settlement of Investment Disputes between States and Nationals of Other States,简称《华盛顿公约》《ICSID公约》)建立的国际组织。ICSID的总部位于美国华盛顿特区,是世界银行的五个下设机构之一,由世界银行支持其日常活动。在ICSID管理的案件中,绝大多数适用《ICSID公约》和《ICSID仲裁规则》进行。另外,ICSID也可以管理适用《UNCITRAL仲裁规则》的仲裁案件或临时仲裁。下文将详细讨论《ICSID公约》和《ICSID仲裁规则》。

ICSID管理的仲裁案件通常仅限于有关外国投资者与东道国之间的"投资纠纷"。大型基础设施和自然资源项目的跨境交易协议中常常约定提交ICSID仲裁的仲裁条款。自20世纪90年代起,ICSID经常被指定为根据双边投资条约产生的仲裁案件的管理机构。

在过去的几十年中,ICSID的受案数量显著增加,20世纪70年代年均1起案件、20世纪80年代年均2起案件,而到了2014年为38起,2015年为52起。ICSID管理了超过了70%的已知投资者与东道国间投资纠纷。ICSID目前正在管理的案件超过了210起。

vi.澳大利亚国际商事仲裁中心

澳大利亚国际商事仲裁中心(ACICA)于1985年由澳大利亚仲裁员协会(Institute of Arbitrators, Australia)设立。ACICA在2005年颁布了以《UNCITRAL仲裁规则》为蓝本制定的仲裁规则,并在2011年修订版中增加了紧急仲裁员条款,在2016年修订版中增加了合并仲裁条款与第三人加入仲裁程序条款。ACICA的声誉不断提高。特别是在涉及亚太地区当事人的仲裁中,ACICA成为了香港国际仲裁中心与新加坡国际仲裁中心之外的又一可靠选择。ACICA还是适用《UNCITRAL仲裁规则》的仲裁案件中的仲裁员指定机构。

vii. 开罗地区国际商事仲裁中心

在亚非法律协商组织(Asian – African Legal Consultative Organization)的主持下,开罗地区国际商事仲裁中心(CRCICA)作为一家独立的非营利国际组织于1979年设立。根据1987年亚非法律协商组织与埃及政府的协议,CRCICA具有独立运作所需的必要特权与豁免权。CRCICA致力于解决亚非地区、特别是阿拉伯国家的贸易争议和投资争议。自成立以来,CRCICA受案量约为1100余起,其中2013年至2015年新受案量为200起。

《CRCICA仲裁规则》以《UNCITRAL仲裁规则》为蓝本制定,不同之处主要是将CRCICA作为相应的仲裁机构和指定机构。《CRCICA仲裁规则》于2011年修订。CRCICA称其仲裁员名册由500多名来自埃及与其他国家的仲裁员组成。仲裁案件管理费与仲裁员报酬均根据争议金额确定。虽然CRCICA具有明显的区域特征,但仍然成为区域内外的当事人经常选择的国际争议解决机构。

viii. 中国国际经济贸易仲裁委员会

中国国际经济贸易仲裁委员会(CIETAC)于1956年成立,又称中国国际商会国际仲裁院。CIETAC的总部在北京,并在香港特别行政区等中国其他城市设有分支机构。CIETAC在处理中国国内仲裁案件方面处于领先地位,其国际声誉亦在不断提高。对于处理与中国有关的争议,CIETAC有着丰富的经验。

据称,CIETAC在2015年的受案数量为1968起,其中涉外仲裁案件437起,国内仲裁案件1531起,这使其成为世界上受案数量最多的国际仲裁机构之一。

在过去的60年中,CIETAC对其仲裁规则(“《CIETAC仲裁规则》”)进行了8次修订,最近一次修订是在2015年。通过不断修订仲裁规则,CIETAC给予了当事人更多的自主权,同时提高了其管理仲裁案件的透明度与效率,使CIETAC与国际仲裁机构接轨。《CIETAC仲裁规则》还包括紧急仲裁员程序。相较于其他仲裁机构,CIETAC对包括核阅仲裁裁决在内的仲裁管理工作的参与程序更深。

近年来,中国法院制定了更加可靠、有效的机制以执行仲裁协议与仲裁裁决。根据中国现行法律与司法实践,外国投资者和其他从事与中国有关商业活动的外国当事人可以选择中国以外的地区作为仲裁地,也可以选择第三方仲裁机构作为仲裁案件的管理机构。

在起草提交CIETAC仲裁的仲裁条款时,如果约定首席仲裁员为第三国国籍或约定当事人可以自由选择CIETAC仲裁员名册之外的仲裁员,那么选择仲裁程序的语言则十分重要。

ix.迪拜国际仲裁中心

2004年,迪拜商业调解和仲裁中心重组并更名为迪拜国际仲裁中心(DIAC)。DIAC受案数量增长迅速,2004年为34起,2010年增加到了431起,2015年则为310起。《DIAC仲裁规则》于2007年颁布施行,该规则的制定受到了《ICC仲裁规则》的影响。

在迪拜国际仲裁中心近期管理的仲裁案件中,接近一半的申请人和仲裁员来自海湾阿拉伯国家合作委员会成员国以外的国家和地区。DIAC管理的仲裁案件大多使用英文进行。

DIAC始终致力于成为区域仲裁中心。其秘书处的工作人员经验十分丰富,董事会成员令人印象深刻。DIAC任命的仲裁员通常都是高水平的国际仲裁从业人员或是来自先进法域的退休法官。

以下是 DIAC 的示范仲裁条款：

> 因本合同引起的或与本合同有关的任何争议,包括关于合同签订、履行、解释、撤销、终止或无效的任何争议均应适用《迪拜国际仲裁中心仲裁规则》(“仲裁规则”),由根据仲裁规则选定的一名或多名仲裁员仲裁予以解决。
>
> Any disputes arising out of the formation, performance, interpretation, nullification, termination or invalidation of this contract or arising therefrom or related thereto in any manner whatsoever, shall be settled by arbitration in accordance with the provisions set forth under the DIAC Arbitration Rules (“the Rules”), by one or more arbitrators appointed in compliance with the Rules.

x. 德国仲裁院

德国仲裁委员会(German Arbitration Committee)原成立于 1920 年,在德国提供仲裁服务。1992 年,德国仲裁委员会与德国仲裁协会(German Arbitration Institute)合并为德国仲裁院(DIS),在德国全境为所有领域的经济活动提供统一的仲裁服务。2015 年,DIS 受案量约为 250 起,其中 30% 的案件涉及非德国当事人。

《DIS 仲裁规则》适用于国内及国际仲裁案件,除德文的官方版本外,还有英文译本。德国于 1998 年通过了《联合国国际贸易法委员会国际商事仲裁示范法》(UNCITRAL Model Law on International Commercial Arbitration,简称“《UNCITRAL 示范法》”),虽然在一定程度上有助于吸引更多当事人选择 DIS 进行国际仲裁,但 DIS 管理的案件仍大多为国内争议。DIS 正在修订仲裁规则,于 2017 年下半年发布。

以下是 DIS 的示范仲裁条款：

> 与本合同有关的，包括关于合同效力的任何争议均应适用《德国仲裁院仲裁规则》进行仲裁予以最终解决，无须提交法院审理。
>
> All disputes arising in connection with this contract or its validity shall be finally settled in accordance with the Arbitration Rules of the German Institution of Arbitration (DIS) without recourse to the ordinary courts of law.

xi. 香港国际仲裁中心

香港国际仲裁中心（HKIAC）于 1985 年成立，现已发展成为全球最受欢迎的仲裁机构之一，在欧洲以外地区的仲裁机构之中更是如此。2015 年，HKIAC 管理的案件数量为 520 件，其中 271 件为仲裁案件。

2013 年版《HKIAC 仲裁规则》以《UNCITRAL 仲裁规则》为蓝本制定，并创新地增加了允许当事人选择如何支付仲裁员报酬、第三人加入仲裁程序、合并仲裁、多份合同仲裁等规定。近年来，HKIAC 在首尔与上海设立了代表处，并增设了仲裁庭秘书服务，允许其秘书处成员担任仲裁庭秘书。

国际仲裁领域中有一些对 HKIAC 担忧的声音，一些当事人在与中国当事人进行交易时不愿选择 HKIAC 作为争议解决机构。然而，许多评论家认为，中国香港特别行政区的司法制度历史悠久，有来着世界各地的著名法官。此外，当事人和业内人士对 HKIAC 评价颇高，一定程度上降低了外界对 HKIAC 的担忧。香港特别行政区政府亦经常表示支持国际仲裁在香港的发展。目前，香港特别行政区政府正在为 HKIAC 等位于香港的仲裁机构建立一个拥有最先进庭审设施的法律中心。

xii. 印度仲裁委员会

印度仲裁委员会（ICA）于 1965 年成立，是印度最领先的仲裁机构（至少在伦敦国际仲裁院—印度成立之前）。《ICA 仲裁规则》以 1996 年印度《仲裁和调解法案》（Arbitration and Conciliation Act)为基础制定,最近一次修订于2016年。鉴于印度法院干预仲裁的历史,大多当事人对选择在印度仲裁持谨慎态度。2010年,印度仲裁委员会处理了8起国际仲裁案件。

xiii. 美洲国家商事仲裁委员会

美洲国家商事仲裁委员会(IACAC)于1934年成立,是在乌拉圭蒙得维的亚举行的第七届美洲国家会议(Seventh International Conference of American States)的产物。IACAC由20多个国家的分支机构组成,这些分支机构根据《IACAC仲裁规则》管理案件。《IACAC仲裁规则》以《UNCITRAL仲裁规则》为蓝本制定,最新修订于2002年。

IACAC的成员国包括大多数美洲国家以及西班牙和葡萄牙。《美洲国际商事仲裁公约》(Intern – American Convention on International Commercial Arbitration,以下简称《巴拿马公约》)第3条规定,除非当事人另行约定,否则在缔约国国内进行的仲裁均应适用《IACAC仲裁规则》。在美国则由ICDR管理IACAC的仲裁案件。

尽管IACAC致力于推动整个拉丁美洲的国际仲裁发展,但其本身尚未跻身国际主流仲裁机构之列。2001年至2006年间,IACAC仅管理了18起仲裁案件。

ICDR推荐的适用《IACAC仲裁规则》的示范仲裁条款如下:

> 自本协议生效之日起,因本合同产生的或与本合同有关的任何争议、矛盾、请求,或与之相关的违约、终止、效力争议,均应按照《美洲国家商事仲裁委员会仲裁规则》仲裁予以最终解决。
>
> Any dispute, controversy, or claim arising from or relating to this contract, or the breach, termination, or invalidity thereof, shall be settled by arbitration in accordance with the Rules of Procedure of the Inter – American Commercial Arbitration Commission in effect on the date of this agreement.

xiv. JAMS 国际

JAMS 国际由美国领先的调解与仲裁机构 JAMS 与意大利 ADR 中心于 2011 年联合组建，总部位于伦敦。在北美，JAMS 国际每年处理 10,000 至 12,000 起仲裁和调解案件。JAMS 国际的仲裁员名册主要由前法官和职业律师组成。JAMS 国际的仲裁员名册正在组建之中。

JAMS 国际于 2011 年颁布施行了其仲裁规则，最新修订于 2016 年。《JAMS 国际仲裁规则》与大多数领先的国际仲裁规则类似，其中有关于自由合并仲裁的规定，也有关于在线提交文件与电子邮件沟通的规定。与其他仲裁机构相比，JAMS 国际的收费更为低廉。

以下是 JAMS 国际的示范仲裁条款：

> 因本合同产生的或与本合同有关的任何争议、矛盾、请求，包括合同缔结、解释、违约或终止的争议，包括仲裁请求是否可仲裁的争议，均应适用《JAMS 国际仲裁规则》提交仲裁予以最终解决。仲裁庭由[3 名仲裁员][1 名独任仲裁员]组成。仲裁地为[填入地点]。国际仲裁程序的工作语言应为[填入语言]。仲裁裁决可在任何有管辖权的法院执行。
>
> Any disputes, controversy or claim arising out of or relating to this contract, including the formation, interpretation, breach or termination thereof, including whether the claims asserted are arbitrable, will be referred to and finally determined by arbitration in accordance with the JAMS International Arbitration Rules. The tribunal will consist of [three arbitrators] [a sole arbitrator]. The seat of the arbitration will be [location]. The language to be used in the arbitral proceedings will be [language]. Judgment upon the award rendered by the arbitrator(s) may be entered by any court having jurisdiction thereof.

JAMS 国际的一个特点为“国际仲裁中的调解政策”，即鼓励当事人通过调解解决其争议。JAMS 国际还制定了“国际仲裁预听证指引”，其内容与下文将讨论的国际律师协会（International Bar Association，IBA）《国际仲裁取证规则》类似。

xv. 吉隆坡区域仲裁中心

吉隆坡区域仲裁中心(KLRCA)于1978年成立,旨在促进亚太地区国际商事仲裁的发展。《KLRCA仲裁规则》以《UNCITRAL仲裁规则》为蓝本制定,KLRCA根据其仲裁规则管理仲裁案件。KLRCA定期修订其仲裁规则,最近修订于2010年(吸收了2010年《UNCITRAL仲裁规则》的修订)和2013年。尽管在最初的几十年中,KLRCA受案数量有限,但2014年受案数量增长到220件(相较于十年前的每年不到20件)。KLRCA致力于成为继新加坡国际仲裁中心、香港国际仲裁中心和澳大利亚国际商事仲裁中心之后亚太地区商事仲裁争议解决机构的又一选择。

xvi. 荷兰仲裁协会

荷兰仲裁协会(NAI)成立于1949年,是荷兰领先的商事仲裁机构,其提供包括仲裁和调解在内的多种争议解决服务。2013年至2015年间,NAI的年均受案量为100多件。

最新版的《NAI仲裁规则》于2015年1月生效,与荷兰《仲裁法》修正案同期生效。2015年版《NAI仲裁规则》中的以下规定值得注意:(i)向质询委员会挑战仲裁员的程序;(ii)如两个仲裁程序均适用2015年版《NAI仲裁规则》,则可以适用合并仲裁制度;(iii)荷兰上诉法院可能中止审理撤销仲裁裁决,要求仲裁庭修改裁决或采取其他措施。

根据《NAI仲裁规则》,在仲裁地位于荷兰的案件中,当事人可以通过提起"简易仲裁程序"(summary arbitral proceedings)申请临时措施救济。提起简易仲裁程序后,实体仲裁案件程序既可以暂停,也可以继续。当事人关于简易仲裁程序的申请通过后,NAI会于一个工作日内指定一名仲裁员。《NAI仲裁规则》的另一个特点是"小额仲裁",其规定仲裁请求金额低于10万欧元的国内仲裁案件可以适用专门制订的特别仲裁程序。

以下是NAI的示范仲裁条款：

> 与本合同以及其未来的补充协议有关的任何争议，均应适用《荷兰仲裁协会仲裁规则》提交仲裁予以解决。
>
> All disputes arising in connection with the present agreement, or further agreements resulting therefrom, shall be settled in accordance with the Arbitration Rules of the Netherland Arbitration Institute.

xvii.海牙常设仲裁法院

海牙常设仲裁法院(PCA)是根据1899年和1907年《海牙和平解决国际争端公约》(Hague Conventions for the Pacific Settlement of International Disputes,《海牙公约》)设立的政府间组织，具有120多个成员国，包括2015年和2016年新加入的五个国家。PCA最重要的职能之一是其秘书长在某些情况下可以行使《UNCITRAL仲裁规则》中规定的指定机构的职能。2010年版《UNCITRAL仲裁规则》规定，当事人可以直接指定PCA的秘书长作为《UNCITRAL仲裁规则》规定的指定机构。

PCA在成立最初的70年间受案量不高，仅有25起仲裁案件提交PCA仲裁庭。近年来，PCA的受案量大幅增长，其受理的案件中包括大量投资纠纷与合同纠纷。在2015年，PCA管理了135起案件(其中42件为新受理的案件)，其中8起案件涉及主权国家间纠纷，76起案件涉及双边或多边投资条约和投资法下的投资者与东道国间的纠纷，44起案件涉及因一方当事人是主权国家、国家相关实体或政府间组织的合同产生的纠纷，7起案件是其他类型的争议。

PCA最初是管理根据《海牙公约》进行的主权国家间仲裁案件的专门机关。后来，PCA的主管部门意识到PCA能够管理更多种的仲裁案件。在20世纪90年代，PCA以《UNCITRAL仲裁规则》为蓝本，针对不同类型的当事人制定了四套程序规则，并被广泛使用。这四套程序规则分别为:两个主权国家间的可选仲裁规则(1992 年);仅一方当事人为主权国家的可选仲裁规则(1993 年);国际组织和主权国家间的可选仲裁规则(1996 年);国际组织与私人当事方间的可选仲裁规则(1996 年)。2012 年,PCA 颁布了一套新的仲裁规则(《PCA 仲裁规则》),该规则有效地的融合并取代了前述四套规则(尽管前述四套规则没有被撤销,严格来说仍然存在)。新《PCA 仲裁规则》与 2010 年版《UNCITRAL 仲裁规则》较为类似,相较于老规则灵活性更高,是为解决涉及主权国家、国家相关实体、政府间组织的争议特别制定的。

当事人可以指定 PCA 管理适用《PCA 仲裁规则》的案件,也可以指定 PCA 管理适用《UNCITRAL 仲裁规则》、临时仲裁规则等其他仲裁规则的案件。PCA 还可以协助当事人起草针对特定争议的仲裁规则或仲裁条款。

PCA 的总部位于海牙,并且在毛里求斯具有常设海外机构。PCA 国际局为 PCA 管理的案件提供高水平的辅助服务。PCA 拥有位于海牙和平宫的庭审室及庭审设施,PCA 管理的案件可以免费使用。PCA 还与其部分成员国签订了“东道国协议”(Host Country Agreements),包括阿根廷共和国、中华人民共和国、智利共和国、哥斯达黎加共和国、印度共和国、毛里求斯共和国、新加坡共和国、南非共和国和越南社会主义共和国。基于上述东道国协议形成的法律体系,PCA 管理的案件可以在缔约国领土上进行临时仲裁,仲裁当事人可以享受与仲裁地在荷兰时类似的特权和豁免权。此外,根据上述安排以及其他 PCA 签订的合作协议,PCA 管理的案件可以免费使用多个地点的庭审室及庭审设施。

PCA 还运营着一个“财政援助基金”(Financial Assistance Fund),该基金设立于 1994 年,旨在帮助发展中国家负担在 PCA 进行国际仲裁或其他和平争端解决程序所需的费用。在经济合作与发展组织(Organization for Economic Cooperation and Development,OECD)发展援助委员会“援助名单”所列的 PCA 成员国可以获得前述基金的资助。截至 2016 年 6 月,各国的捐款已经向来自中亚、南亚、南美洲、东欧、非洲等地区的 10 个国家提供了援助。PCA 的示范仲裁条款如下:

> 因本合同产生的或与本合同有关的任何争议、分歧、请求,或与之相关的违约、终止、效力争议,均应按照 2012 年《海牙常设仲裁法院仲裁规则》提交仲裁予以最终解决。
>
> Any dispute, controversy or claim arising out of or relating to this contract, or the breach, termination or invalidity thereof, shall be settled by arbitration in accordance with the PCA Arbitration Rules 2012.

xviii. 斯德哥尔摩商会仲裁院

斯德哥尔摩商会仲裁院(SCC)于 1917 年在斯德哥尔摩设立,在二十世纪八十年代到九十年代间,SCC 发展成为了重要的解决涉及苏联及中国当事人的争议的仲裁机构。2015 年,SCC 管理的案件数量为 181 件。在 SCC 管理的案件中,国际仲裁案件和国内仲裁案件的数量大致相等,在国际仲裁案件中,SCC 通常会任命非瑞典国籍的仲裁员。SCC 管理的案件的仲裁地通常为瑞典,但当事人也可以选择其他国家或地区。

众所周知,《SCC 仲裁规则》非常灵活、简明,并且赋予了当事人高度的意思自治空间。《SCC 仲裁规则》在 2010 年迎来了最新一次修订。在该次修订中,《SCC 仲裁规则》增加了紧急仲裁员程序。SCC 还有一个单独的快速仲裁规则(Rules for Expedited Arbitration),能够为当事人提供周期短、成本低的争议解决服务,这种程序有时被称为“快速仲裁”(fast track arbitration)。

SCC 目前已经发展成为了世界领先的投资争端解决机构之一。SCC 是许多双边投资协议中指定的关于投资者与东道国争议的争议解决机构,同时也是《能源宪章条约》(Energy Charter

Treaty,ECT)指定的争议解决机构。在投资争端案件中,《SCC 仲裁规则》是使用第三多的仲裁规则,这使得 SCC 成为仅次于 ICSID 的管理投资争议的仲裁机构。

近期,SCC 修订了其调解规则,并颁布了关于管理适用《UNCITRAL 仲裁规则》的案件的程序指引。SCC 正在修订其仲裁规则,或于 2017 年年初颁布施行。

xix. 瑞士商会仲裁院

瑞士的主要城市历来都有工商会组织(Chambers of Commerce and Industry),工商会组织都有管理仲裁案件(包括国际仲裁案件)的职能。2004 年,这些地方工商会组织开始采用统一的仲裁规则,即《瑞士国际仲裁规则》(Swiss Rules of International Arbitration),并指定了一个仲裁委员会监督地方工商会组织管理的适用《瑞士国际仲裁规则》的仲裁案件。《瑞士国际仲裁规则》于 2012 年修订,规定由瑞士商会仲裁院(SCAI)取代仲裁委员会进行前述监督工作,进一步完善了其管理结构。SCAI 是一个类似于 ICC 的独立组织,下设仲裁院和秘书处。

得益于《瑞士国际私法法案》等法律确立的支持仲裁的原则以及瑞士所拥有的数量庞大的具有丰富经验的仲裁员等仲裁从业人员,适用《瑞士国际仲裁规则》进行的仲裁得到了较好发展。在 2004 年至 2012 年期间,SCAI 受理案件 659 起,其中涉及西欧当事人的案件占绝大多数。在 2014 年,SCAI 新受理了 105 起案件。

xx. 维也纳国际仲裁中心

维也纳国际仲裁中心(VIAC)于 1975 年成立,是中欧地区和东欧地区最主要的国际仲裁机构。VIAC 的总部位于奥地利维也纳,尽管其可以管理仲裁地为其他国家或地区的仲裁案件,但由其管理的绝大多数案件的仲裁地均为维也纳。VIAC 仅管理国际仲裁案件,要求至少有一方当事人具有非奥地利国籍或者案涉争议具有涉外性质。

VIAC 每年的受案量为 50 起至 70 起。当事人通过 VIAC 秘书处提交仲裁申请,仲裁根据《VIAC 仲裁规则》进行。《VIAC 仲裁规则》于 2006 年根据奥地利《仲裁法》的修订进行了相应修订,并于 2013 年再次修订,增加了第三人加入仲裁与合并仲裁的条款。2016 年,《VIAC 调解规则》生效,对《VIAC 仲裁规则》起到了补充作用,为当事人提供了更多的选择。

根据《VIAC 仲裁规则》,VIAC 的职能包括:转寄仲裁申请书等仲裁前当事人向其提交的文件;在仲裁程序启动时核算并收取当事人应支付的预付款数额;确认与任命当事人提名的仲裁员;在当事人无法就独任仲裁员或首席仲裁员的人选达成一致意见时,任命独任仲裁员或首席仲裁员。根据《VIAC 仲裁规则》,VIAC 的机构管理费与仲裁员报酬均以争议标的金额为基数,根据《VIAC 仲裁规则》附表规定按比例收取。

以下是 VIAC 的示范仲裁条款:

> 因本合同产生的或与本合同有关的任何争议或请求,包括合同效力、违约、终止或无效的争议,均应适用《维也纳国际仲裁中心仲裁规则》,由根据该规则任命的一名或三名仲裁员仲裁解决。
>
> All disputes or claims arising out of or in connection with this contract including disputes relating to its validity, breach, termination or nullity shall be finally settled under the Rules of Arbitration of the International Arbitral Center of the Austrian Federal Economic Chamber in Vienna (Vienna Rules) by one or three arbitrators appointed in accordance with the said Rules.

VIAC 最初是为解决东西方间经济争议而建立的。尽管 2013 年至 2015 年期间,VIAC 管理的案件涉及超过 50 多个国家的当事人,但目前 VIAC 管理的案件中当事人仍然主要来自中东欧地区。

xxi.世界知识产权组织

世界知识产权组织(WIPO)仲裁与调解中心于1994年在瑞士日内瓦成立。WIPO及其仲裁规则(以下简称《WIPO仲裁规则》)是专门为解决知识产权争议而设计的,尽管如此,当事人仍可以适用《WIPO仲裁规则》以及WIPO仲裁与调解中心的设施解决其他类型的争议。《WIPO仲裁规则》对知识产权争议涉及的重要问题进行了规定,包括证据开示、商业秘密保护、仲裁程序保密等。

截止到2016年,WIPO仲裁与调解中心管理了450多项仲裁和调解案件。这些案件涉及各种各样的知识产权纠纷,包括专利侵权、软件许可、分销协议、研发协议、咨询和工程纠纷、合资协议、艺术品融资协议、艺术品营销协议、技术转让协议和电视发行权等。

c.选择国际仲裁机构

很难说某一家仲裁机构适用于所有当事人主体、各种类型的交易及争议。但我们仍然可以提出一些选择仲裁机构的指南:

> 首先,强烈建议当事人避免选择新成立或经验不足的仲裁机构。在发生争议时,这些仲裁机构可能已经不复存在了。此外,这些仲裁机构可能指定一名不合适的或不能胜任的人选担任仲裁员,这将造成灾难性后果。因此选择此类仲裁机构的风险巨大。
>
> 其次,通常来说,在ICC、AAA/ICDR、SIAC、LCIA等几家实践经验极为丰富的国际仲裁机构仲裁是较好的选择。如有特别的需要,也可以选择一些具有解决国际争议经验的区域性仲裁机构,例如德国仲裁院、香港国际仲裁中心、荷兰仲裁协会、斯德哥尔摩商会仲裁院和瑞士商会仲裁院。还可以选择专门解决国际争议的

> 仲裁机构，如国际争端解决中心、世界知识产权组织，以及国际冲突防范与解决委员会（International Institute for Conflict Prevention and Resolution，CPR）。
>
> 最后，当事人在实践中应根据具体情况，考虑交易的性质、当事人的身份、未来可能产生的争议的性质以及当事人各自的利益等要素，综合对仲裁机构作出选择。每个仲裁机构都其特点与偏好。对争议一方当事人而言，基于合同及交易对手方之不同，仲裁机构的一些特点有时是合适的，有时则是不合适的。例如，如果交易对手方是中国的国有企业，则当事人通常不愿意同意在中国国际经济贸易仲裁委员会或香港国际仲裁中心仲裁；当交易对手方是德国主体时，当事人可能不愿意同意在德国仲裁院仲裁。

仲裁机构的特点将会对仲裁中的诸多事项产生影响，包括仲裁机构可能任命仲裁员的类型、仲裁规则的性质、仲裁地的确定以及仲裁费用等，除非当事人就各个事项都进行了明确约定。当事人必须结合其在特定交易中的具体目标，对前述要素作出考量。在具体情况下，前述要素的影响与相互作用可能是微妙且复杂的。尽管如此，在大多数情况下，当事人可以谨慎地选择仲裁机构，从而在未来的争议解决程序中获得明显的优势，或避免明显的劣势。

d.并入机构仲裁规则

特别提醒当事人注意，在各方当事人就仲裁机构的选择达成一致意见后，应当在仲裁协议中正确的载明相应仲裁机构的名称，并将相应仲裁机构的仲裁规则并入仲裁协议。难以令人置信的是，当事人经常在选定仲裁机构时犯错，例如选定一个已不存在的仲裁机构，或者其选定仲裁机构的方式导致仲裁地有歧义

(例如,“日内瓦的 ICC”)。

通常来说,较为明智的做法是以相关仲裁机构的示范仲裁条款为基础,结合具体需要,谨慎地对其进行调整。特别需要注意的是,就仲裁机构的仲裁规则已经规定的问题,当事人不应再在仲裁条款中加入与仲裁规则相冲突或将造成混乱的表述。当然,这并不是说禁止当事人对示范仲裁条款进行补充,当事人可以在仲裁条款中另行约定仲裁地、仲裁员人数、仲裁语言和合同准据法等事项。

正确的选定相关仲裁机构的仲裁规则也十分重要。由于许多仲裁机构会定期对其机构仲裁规则作出修订,经常会出现一项特定争议应适用哪一版仲裁规则(例如,1998 年版规则或 2012 年版规则)的争议,因此当事人或有必要选定仲裁规则的版本。另外,AAA/ICDR 等部分仲裁机构已经就不同类型的争议、不同行业的争议制定了多套仲裁规则。因此,除非相关仲裁规则本身已经就仲裁规则选择问题作出了规定,当事人应当明确约定其选择适用的具体的仲裁规则,以及仲裁规则是仲裁协议生效时的版本还是争议发生时的版本。

e.调整机构仲裁规则

当事人通常可以通过仲裁协议对机构仲裁规则的某些规定进行修改调整。例如,根据强制性法律规定,当事人可以修改相应程序的期限、明确规定证据开示的类型(或规定不进行证据开示),禁止仲裁庭作出某种类型的救济决定。当然,当事人还可以在示范仲裁条款的基础上,就仲裁地、仲裁员人数和合同准据法等问题作出补充。通常来说,当事人在对示范仲裁条款作出修改或补充时,应当咨询相关专家的建议。

除此之外,在调整仲裁机构的仲裁规则时应当十分谨慎。领先仲裁机构的仲裁规则是由经验丰富的从业人员和仲裁机构管理人员在进行详细的调查和研究后制定出来的。对仲裁规则进行修改可能会破坏现有机制,产生无法预料的结果。此外,当事人可能无法通过仲裁协议对机构仲裁规则中的一些规定作出修改(例如,ICC 国际仲裁院的职能)。最后,当事人在仲裁协议中调整机构仲裁规则时,应当注意确保修改产生明确具体的效果,而不是导致仲裁协议中的修改与仲裁规则的内容产生混乱或冲突而导致无法执行。

f.临时仲裁

前文已经提到,在临时仲裁(*ad hoc* arbitration,也称为“非机构仲裁”)中,没有仲裁机构提供支持。当事人只需选择一名或多名仲裁员,在没有仲裁机构的介入下,由仲裁员处理当事人间的争议。根据可适用的仲裁法,诉诸有管辖权的法院将成为当事人就临时仲裁中的程序错误(例如,未能就仲裁员达成一致)的最终救济手段。此外,当事人有时也会选择一套预先订立的仲裁规则,作为临时仲裁适用的程序规则。即便是在临时仲裁中,当事人也应指定一个“指定机构”负责任命仲裁员,以及在当事人无法达成一致时,对仲裁员回避问题作出决定。

如果当事人打算适用《UNCITRAL 仲裁规则》进行临时仲裁,UNCITRAL 推荐以下示范仲裁条款:

> 任何争议、争执或请求,凡由于本合同而引起的或与之有关的,或由于本合同的违反、终止或无效而引起的或与之有关的,均应按照现行有效的《联合国国际贸易法委员会仲裁规则》仲裁解决。指定机构应为[机构名称或人名]。仲裁员人数应为[一名或三名]。仲裁地应为[城市和国家]。仲裁程序中使用的语言应为________。仲裁程序适用的法律为________。
>
> Any dispute, controversy, or claim arising out of or relating to this contract, or the breach, termination or invalidity thereof, shall be settled by arbitration in accordance with the UNCITRAL Arbitration Rules as at present in force. The appointing authority shall be [name of institution or

> person]. The number of arbitrators shall be [one or three]. The place of arbitration shall be [town and country]. The language to be used in the arbitral proceedings shall be ________. The law governing the proceedings shall be ________.

尽管有上述需要考虑的因素,如果当事人仍希望采用“纯粹”的临时仲裁条款,可以参考如下条款:

> 与本合同有关的或因本合同产生的所有争议、请求、矛盾、分歧,或本合同项下事宜,均应提交仲裁予以最终解决。仲裁地应为________。仲裁程序语言为________。
>
> 仲裁程序自申请人向被申请人送达仲裁申请书开始。仲裁申请书中应包括仲裁的当事人、仲裁协议、准据法,请求的性质,以及所请求的救济,并应附随本仲裁协议的副本。在收到仲裁申请书之后的[30]天内,被申请人应当向申请人送达答辩书,并同时提交任何反请求申请,说明反请求的性质和所请求的救济。
>
> 仲裁员的人数为三人,仲裁员的任命规则如下:(a)申请人应在仲裁申请书中指定一名边裁,被申请人应在答辩书中指定一名边裁,被指定的两名边裁应在被申请人送达答辩书后[30]天内指定第三名仲裁员作为首席仲裁员;(b)如果任何一方当事人未能在[上述期限]内指定边裁,经另一方当事人书面请求,该边裁应由[填入指定机构]指定;(c)如果双方当事人指定的两名边裁未能在第二名边裁产生后[30]天内就首席仲裁员的人选达成一致意见,经任何一方当事人书面请求,首席仲裁员应由[填入指定机构]指定;(d)当事人基于仲裁员缺乏独立性、公正性或其他任何理由申请仲裁员回避,应由[填入指定机构]决定;(e)如果仲裁庭出现仲裁员空缺,该空缺应根据最初指定该仲裁员的方式填补。首席仲裁员不得与两名边裁或当事人国籍相同。
>
> 根据本第[X]条进行的任何仲裁中的程序事项,均应经双方当事人同意;如双方当事人未能达成一致,则由仲裁庭决定。任何一方当事人之违约均不影响仲裁员继续仲裁并作出裁决。
>
> 仲裁庭可以根据多数意见作出决定。如果无法形成多数意见,首席仲裁员可以行使独任仲裁员相同的权力,由其自行作出决定。当当事人指定的仲裁员未能参与或拒绝参与仲裁审理时,若另外两名仲裁员认定该等缺席无正当理由,那么另外两名仲裁员可以继续仲裁并作出裁决。
>
> 仲裁庭根据本第[X]条作出的任何仲裁裁决均是终局的,对双方当事人均有约束力。双方当事人在法律允许的最大范围内放弃其在任何法域下可能拥有的任何形式的对仲裁裁决提起上诉、申请撤销仲裁裁决、申请中止或终止仲裁裁决、请求法院改判或推翻仲裁裁决、以

及其他挑战仲裁裁决结果的权利。

All disputes, claims, controversies, and disagreements relating to or arising out of this Agreement, or the subject matter of this Agreement, shall be finally resolved by arbitration. The seat of the arbitration shall be ________. The language of the arbitration shall be ________.

The arbitration shall be commenced by a request for arbitration delivered by the claimant to the respondent. The request for arbitration shall set out the parties to the arbitration, the agreement to arbitrate, the applicable law, the general nature of the claim(s), and the relief requested, and shall attach a copy of this Agreement. Within [30] days of receipt of the request for arbitration, the respondent shall deliver to the claimant an answer together with any counterclaim(s), setting out the nature of the counterclaim(s) and the relief requested.

The number of arbitrators shall be three. The arbitrators shall be appointed as follows: (a) the claimant shall appoint an arbitrator in the request forarbitration, and the respondent shall appoint an arbitrator in the answer, and the two arbitrators so appointed shall, within [30] days of delivery of the answer, appoint a third arbitrator who shall be the presiding arbitrator; (b) if either party fails to appoint an arbitrator within [the foregoing time limits], such arbitrator shall, at the written request of that other party, be appointed by [insert appointing authority]; (c) if the two arbitrators appointed by the parties fail to agree upon the presiding arbitrator within [30] days of the appointment of the second arbitrator, the third arbitrator shall be appointed at the written request of either party by [insert appointing authority]; (d) any challenge to an arbitrator for lack of independence or impartiality, or any other ground, shall be decided by [insert appointing authority]; and (e) if a vacancy arises on the arbitral tribunal, the vacancy shall be filled by the method by which that arbitrator was originally appointed. The presiding arbitrator shall not be of the same nationality as either of the two arbitrators or of the parties.

The procedure to be followed during any arbitration under this Article [X] shall be agreed to by the parties or, failing such agreement, by the arbitral tribunal. Default by any party shall not prevent thearbitrators from proceeding to render an award.

The arbitral tribunal may make its decision by a majority. In the event that no majority is possible, the presiding arbitrator may make the decision(s) as if acting as a sole arbitrator. If an arbitrator appointed by a party fails or refuses to participate, the two other arbitrators may proceed with the arbitration and render an awardif they determine that the failure or refusal to participate was unjustified.

> Any award(s) made by the arbitral tribunal under this Article [X] shall be final and binding on the parties, and each party waives to the fullest extentpermitted by law any right it may otherwise have under the laws of any jurisdiction to any form of appeal, annulment, action to set - aside or vacate, collateral attack, or any other challenge to such award(s).

前述仲裁条款对部分相关问题作出了约定,但未约定仲裁庭权力、临时措施、裁决的可分性、仲裁裁决的货币种类、程序保密、利息等事项。通过该仲裁条款的长度以及其未能约定的事项可以发现,使用仲裁机构的仲裁规则或者一套非仲裁机构制订的仲裁规则(例如,《UNCITRAL 仲裁规则》)通常是更好的选择。

g.在临时仲裁与机构仲裁间选择

在某些情况下,相较于机构仲裁,当事人更倾向于选择临时仲裁。由于无须支付仲裁机构与服务人员的管理费、服务费,临时仲裁的成本可能更低。但另一方面,在临时仲裁中,由于没有仲裁机构的案件管理人,仲裁庭(或者仲裁庭指定的秘书、辅助人员)将需要进行相应的基本行政管理工作,这就可能产生与机构仲裁相同或更高的费用。此外,有能力的仲裁机构会采取措施避免产生过高的仲裁员费用,但在临时仲裁中则没有相应的保障。此外,如果当事人需要通过诉讼程序对临时仲裁提供辅助(如由法院任命仲裁员),当事人在诉讼程序中产生的律师费也可能很高。

相较于机构仲裁,由于临时仲裁中不存在仲裁机构的管理人员,故临时仲裁的保密性更强。但另一方面,仲裁机构同样受到保密义务的约束,仲裁被公开的风险往往来自当事人自身,或来自法院强制执行程序。相较于机构仲裁,临时仲裁的灵活性更强一些(假设各方当事人都较为配合),但二者差异微乎其微。

几乎所有的国际仲裁从业者都会果断地建议当事人选择机构仲裁,而不是临时仲裁。因为机构仲裁的可预测性与规范性更高,并且适用仲裁机构的仲裁规则进行仲裁有诸多好处(例如,关于仲裁庭组成的规定,关于限制司法审查的规定)。另外,在仲裁程序启动时,面对来自不同法律背景的、不熟悉国际仲裁的当事人,仲裁机构可以在推动仲裁程序方面起到提升效率且富建设性的作用。

例如,在三人仲裁庭的情况下,如果被申请人方未能指定边裁,仲裁机构通常会根据其仲裁规则为被申请人指定一名边裁。因此,当事人就无需通过诉讼申请法院任命一名边裁。相较于仲裁机构指定仲裁员,法院任命仲裁员往往会需要花费更多时间与金钱,并且确定的仲裁员人选往往不如仲裁机构指定的仲裁员人选合适。同样的,由于仲裁机构的仲裁规则对仲裁员费用作出了规定,当事人无须与仲裁员就费用事项直接进行沟通,这就避免了相应问题的产生。

此外,选择机构仲裁的当事人无需再就未来仲裁程序适用的规则进行谈判、起草工作。这是一项为了很有可能不会发生的情况而作出的代价高昂、进度缓慢、充满不确定性的工作,在没有相应专家的指导下更是如此。因此,建议选择临时仲裁的当事人适用一套非机构仲裁规则进行仲裁,如《UNCITRAL 仲裁规则》,下文会简要讨论这一问题。

机构仲裁规则中,还有很多缺省情况下默认适用的程序规则,其可以使仲裁程序更合理、可预测。另外,相较于临时仲裁的裁决,领先仲裁机构的仲裁裁决在承认与执行程序中将更受法院重视。美国、英国和其他法院都对执行各个仲裁机构的裁决表现出了积极态度。

最后,在一些国家(特别是中国),临时仲裁协议至今仍被认为是不可执行的。尽管拒绝执行临时仲裁协议违反了《纽约公约》,但是对临时仲裁协议可执行性的质疑将会导致仲裁程序的拖延并使问题复杂化,这又是建议当事人选择机构仲裁的另一重理由。

鉴于以上情况,仅在争议已经发生、各方当事人都对仲裁程序采取合作态度时,订立临时仲裁协议才是可取的。即便在上述情况下,更毋言在争议尚未发生之时,当事人也应确保在临时仲裁协议中对仲裁地、仲裁员的指定机构作出明确约定。否则可能将导致仲裁的拖延、费用增长、仲裁协议无效以及其他不确定的情况发生。最后,在争议发生后,原则上当事人可以修改仲裁条款,约定适用机构仲裁规则(例如《ICC 仲裁规则》《AAA/ICDR 仲裁规则》),而非采用纯粹的临时仲裁。当然,如果各方当事人都对仲裁程序采取合作态度,不需要外部机构管理案件,则可以考虑采用纯粹的临时仲裁。

h.临时仲裁的程序规则

有几套临时仲裁规则或非机构仲裁规则可适用于非机构仲裁。采用既有的程序规则的好处是,可以使用仲裁专家根据实践经验和深入研究起草的规则,同时可以避免当事人逐一谈判程序事项并产生高额费用。

在国际合同中,通常来说,《UNCITRAL 仲裁规则》是最好的临时仲裁程序规则。《UNCITRAL 仲裁规则》的优势是,其经联合国大会通过,受联合国认可。这有助于其被全球各地的当事人(包括国家和国家相关实体)普遍接受。此外,还有一套成型的《UNCITRAL 仲裁规则》条文释义,其主要来自于伊朗—美国索赔法庭(Iran – U. S. Claims Tribunal),该法庭直接适用《UNCITRAL 仲裁规则》,仅有细微调整。《UNCITRAL 仲裁规则》于 2010 年修订,载于本书附录 E。适用《UNCITRAL 仲裁规则》的示范仲裁条款请见本书前文。

尽管《UNCITRAL 仲裁规则》赋予了仲裁庭就很多细节问题

的自由裁量权,但其仍然为大多数国际商事临时仲裁程序提供了良好的规则基础。《UNCITRAL 仲裁规则》允许当事人约定一个指定机构,负责在当事人无法达成一致意见时任命仲裁员。如果当事人在仲裁协议中未能约定一个指定机构,则《UNCITRAL 仲裁规则》将提供一个后备方案——海牙常设仲裁法院(PCA)。PCA 将根据要求担任指定机构,或指定其他指定机构指定仲裁员。PCA 可以选择现存的仲裁机构(例如 AAA/ICDR 或 LCIA)作为指定机构,也可以选择经验丰富的仲裁从业者担任指定机构。

根据《UNCITRAL 仲裁规则》,在仲裁程序开始阶段,被申请人必须针对仲裁通知提交答复,仲裁庭必须在被申请人提交答复后制定仲裁临时时间表。《UNCITRAL 仲裁规则》允许第三方加入仲裁程序,赋予了仲裁庭颁布禁令和作出证据保全决定等临时措施的权力。与其他领先仲裁机构的仲裁规则不同的是,《UNCITRAL 仲裁规则》允许当事人选择是否放弃其对仲裁裁决采取任何救济措施的权利,而《ICC 仲裁规则》、《LCIA 仲裁规则》中则规定当事人自动放弃前述权利。

虽然没有《UNCITRAL 仲裁规则》出名,但是国际冲突防范与解决委员会(CPR)也公布了非机构仲裁的程序规则,即《国际冲突防范与解决委员会非机构仲裁规则》。其于 2007 年进行了最新修订,有潜力成为公正高效仲裁程序的基础,但目前尚未被广泛使用。

4. 选择仲裁地

在任何国际仲裁协议中,选择仲裁地均为最重要的内容之一。仲裁地是仲裁裁决正式作出的地点。仲裁程序、有关“撤销仲裁裁决、宣告仲裁裁决无效”的诉讼,都适用仲裁地所在法域的法律。仲裁中,所有或大部分开庭审理通常于仲裁地举行。尽管如此,仲裁庭出于便利的考虑也有权在仲裁地以外的地点开庭审理。

如下所述,因为对仲裁地的选择将产生诸多法律上与事实上的后果,故在任何国际仲裁协议中,对仲裁地的选择都是最重要的事项之一。在国内仲裁中则不同,将国内的某个特定地方作为仲裁地不甚重要。此外,未在仲裁协议中约定仲裁地将导致"空白条款"(blank clause)问题,在一些法域,该等空白条款的效力与可执行性将会受到挑战。

a.仲裁地的重要性

在国际仲裁中,选择合适的仲裁地、避免不宜的仲裁地,对当事人至关重要。在程序层面,仲裁地的便利与否可能对仲裁程序的顺利进行产生重大影响。旅途时间、航班班次、庭审设施、当地支持人员(包括速记员、口译员等)、酒店等其他设施,均会实际影响仲裁程序。一些法域的签证申请或工作许可申请程序十分冗长,或者不允许非执业律师代表当事人参加在其法域内进行的仲裁活动。

更重要的是,仲裁地的选择具有重大的法律后果,因为与仲裁的司法审查相关事项往往受到仲裁地的法律与法院的管辖,而不适用当事人选择的实体争议准据法。下文将对此进行详细讨论。

当事人通常可以自由地约定其实体争议的准据法,也可以约定仲裁程序的适用法进。但是,大多数法域的法律都不允许当事人就与仲裁的司法审查有关事项另作约定,包括:

—在大多数情况下,仲裁裁决能否适用《纽约公约》予以执行,取决于仲裁裁决是否在《纽约公约》的缔约国作出。因此,多数情况下应当选择《纽约公约》的缔约国作为仲裁地。《纽约公约》的缔约国有155个,从中择一应该并不困难。

—在大多数情况下，只有仲裁地所在国的法院拥有“撤销仲裁裁决”诉讼案件的管辖权。也就是说，对于撤销一份在伦敦作出的仲裁裁决的诉讼案件，英格兰法院具有管辖权，美国或法国的法院则没有管辖权。由于各国国内法对撤销仲裁裁决案件的审查标准不同，这就将导致结果也差异甚大。例如，如果当事人没有明确的相反约定，英格兰法院采用对仲裁裁决的实质审查标准，而瑞士、法国以及《仲裁法》是以《UNCITRAL 示范法》为蓝本而制定的国家之法院则不会采取实质审查标准。在比利时、瑞士、瑞典等一些国家，当事人可以在国际仲裁协议中约定排除任何仲裁地法院的司法审查。还有一些国家采用对仲裁裁决的有限度的司法审查标准。

—仲裁地的法院也可能有权指定和更换仲裁员，对当事人的管辖权异议作出决定，批准当事人的临时措施申请，协助调取证据。选择当地法院足够专业的仲裁地十分重要。

—某些情况下，国际仲裁可能受到仲裁地法院的干预。仲裁地法院可以中止或终止仲裁程序、罢免仲裁员、责令或禁止证据开示、限制当事人选择律师、要求当事人将部分或全部争议提交该法院解决。因此，务必避免选择法院有干预仲裁倾向或法院不专业的国家作为仲裁地。但遗憾的是，除了相对有限的几个贸易大国外，大多数国家的法院都存在干预仲裁倾向，或不够专业。

—在大多情况下，关于某项争议的可仲裁性问题将由仲裁地所在国的法律规定。当事人就可仲裁性问题达成的协议难以对抗仲裁地的公共政策或强制性法律规定。

除了上述问题之外，仲裁地的强制性法律规定还会对其他事项产生直接或间接的影响。有些实际情况下，这些事项也可能具有重要性，例如：

—仲裁地会影响到当事人及很多仲裁机构对仲裁员的选任，

影响仲裁庭可能使用的程序规则、仲裁程序。这些影响导致的结果,以及这些影响相互间的作用是微妙、复杂且重要的。例如,如果一个美国当事人和一个俄罗斯当事人同意在英国进行仲裁,则将大大增加了首席仲裁员是英国人(而不是瑞士人或瑞典人)的概率。如果一方当事人选择了一名英国籍仲裁员担任边裁,而另一方当事人没有选择英国籍仲裁员担任边裁,则很可能会影响首席仲裁员的选择,因为许多仲裁机构不愿意指定一名“与两名边裁中一名国籍相同”的首席仲裁员,在该情况下仲裁机构不大可能指定一名英国籍仲裁员担任首席仲裁员。而如果两方当事人均选择英国籍仲裁员担任边裁,仲裁机构指定英国籍仲裁员担任首席仲裁员的概率则相对较高。

—仲裁地可能会影响或决定判断仲裁协议效力的准据法、解释仲裁协议的准据法——至少在当事人未能就准据法达成一致意见的情况下(见《纽约公约》第 2 条第 3 款,第 5 条第 1 款甲项)。仲裁地也可能会影响判断争议可仲裁性时的准据法。

—仲裁地可能会影响仲裁庭采用的程序规则(例如,有关证据开示或交叉盘问的程序规则),至少在双方当事人未就相关事项作出明确约定的情况下。大多数发达国家不认可“负责开庭审理的仲裁庭必须适用仲裁地的司法程序规则”的观点。尽管如此,将仲裁地司法程序作为确定仲裁程序的基础,是当下的主流做法,特别是对于经验较少的国际仲裁员而言。有鉴于此,当事人有时会在仲裁协议中对仲裁程序作出详细约定,但这种做法成本很高并且可能会留下疏漏。

—如果当事人没有明确约定合同的准据法,也没有采取默示的方式对合同的准据法作出选择,那么仲裁地可能会影响仲裁庭对准据法或冲突规范的选择。在历史上,一些法院曾认定,当事人对仲裁地的选择,等同于对实体事项准据法的默示选择,或者至少等同于当事人默示接受仲裁地的冲突规范。这种观点现已被抛弃,但有时可能仍有一定的影响力。

有鉴于此,当事人在国际仲裁协议中应明确约定仲裁地。在当事人不能就仲裁地的选择达成一致意见时,大多数领先的仲裁机构的仲裁规则都规定,由仲裁机构或仲裁庭确定仲裁地。尽管可以通过这种方式确定仲裁地,但是此时,只有在仲裁程序启动后才能最终确定仲裁地,这就产生了诸多不确定性,可能会导致法院不认可仲裁机构或仲裁庭选择的仲裁地,或导致法院取代仲裁机构或仲裁庭而确定仲裁地,还能导致法院对仲裁协议效力的质疑。

在仲裁协议中选择仲裁地,对当事人来说既是一个谈判问题,又是一个技术问题。当事人通常都不愿意在对方的住所地或主要营业地仲裁。例如,非法国公司通常不愿意与法国道达尔公司在法国仲裁。但当事人并非在任何情况下都不愿意在对方的住所地或主要营业地仲裁,因为将某国作为仲裁地进行国际仲裁,和某国的东道国法院诉讼,二者是有重大区别的。尽管如此,由于仲裁地法院将成为对仲裁裁决进行司法审查的法院(如果启动司法审查程序),以及其他种种因素,因此实践中选择一方住所地作为仲裁地的情况很少见。当事人往往会商定一个合适的中立地点作为仲裁地。

b.如何选择仲裁地

在选择仲裁地时,有几个因素非常重要。首先,仲裁地应当位于《纽约公约》的缔约国。如有特殊情况,仲裁地至少须位于另一个类似的国际公约的缔约国。这可以最大程度地保证当事人间的仲裁协议以及据此作出的仲裁裁决能够得到执行。目前已经有 155 个国家批准加入了《纽约公约》,因此没有理由忽视这一条要求。《纽约公约》的缔约国名单请见本书附录 A。

第二,也是同样至关重要的,仲裁地必须位于有仲裁法的国家(地区),并且该地的仲裁立法和本地法院须是欢迎和支持仲裁的。具体而言,该地仲裁法须明确规定:(i)仲裁协议的可执行性;(ii)当事人能够自由地选择其代理人,能够自由地选择仲裁员(例如,不限于当地执业律师);(iii)不可仲裁的事项极少;(iv)对仲裁裁决的实体内容进行最低限度的司法审查;(v)对正在进行的仲裁程序进行最低限度的司法"监督"(例如,对仲裁庭的程序令的中间上诉);(vi)仲裁地法院对仲裁庭的司法协助请求应采取支持措施。此外,仲裁地法院还必须有丰富的处理复杂商业纠纷的经验,能够保持其独立性与客观性。令人遗憾的是,找到符合这些特征的仲裁地并不容易。一般来说,明确符合上述标准的国家或地区包括英格兰(至少对于机构仲裁而言)、瑞士、法国、瑞典、美国、荷兰、比利时、奥地利、德国、加拿大、新加坡和中国香港特别行政区。

以《UNCITRAL 示范法》为蓝本制定仲裁法的国家(地区)或其他国家(地区),有时也可作为仲裁地。本书附录 C 中列明了以《UNCITRAL 示范法》及其修正案为蓝本制定仲裁法的国家(地区)的名单。尽管如此,当事人不仅要考察立法状况,还是考虑司法实践情况,这一点至关重要。司法实践情况只能随着时间的推移而显现,许多立法情况良好的国家(地区),司法实践情况则难以令人满意。

第三,如前所述,仲裁地往往会会对当事人选择仲裁员和仲裁程序产生重大影响。例如,如果仲裁地位于瑞士,出于程序便利以及对当地仲裁法的熟悉程度等因素,当事人可能会考虑选择瑞士籍仲裁员作为边裁。首席仲裁员的人选通常也会或多或少地受到仲裁地的影响。

因此,在当事人未在仲裁协议中明确约定仲裁员的人选的情况下,当事人对仲裁地选择往往会对仲裁员的国籍、法律教育背景产生重要影响。相应地,仲裁员的国籍以及其接受的法律教育也必然会影响他们在仲裁程序及实体方面的判断决定。例如,大陆法系律师出身的仲裁员,受其法律教育背景影响,更可能采取纠问式的审理方式,与普通法背景的仲裁员相比,要求大范围证据开示的可能性较低。同样地,美国律师出身的仲裁员,其有关程序事项的观点也会受其背景影响。

第四,在一些国家,仲裁地法律可能对仲裁中的实体问题与程序问题都产生重大影响。例如,仲裁地法律可能要求仲裁员遵循其关于法律适用、时效等事项的强制性规定。

所有这些要素都应在选择仲裁地时予以考虑。当事人应尽量选择一个能够确保仲裁具有可预测性与较高效率的仲裁地,例如英国、瑞士、法国、瑞典、美国、荷兰、比利时、奥地利、德国、加拿大、澳大利亚、新西兰、中国香港特别行政区或新加坡。此外,如可能,当事人应当考虑,当协议项下各类可能的争议发生时,某一仲裁地能否为其(或为对方)提供系统性优势。例如,如果当事人希望在争议发生后,可以经由当事人申请进行大范围证据开示,但无法通过谈判直接在协议中作出此等约定,则可以选择在美国或英国仲裁。如果当事人希望避免证据开示,则可以选择在瑞士或其他大陆法系国家仲裁。

ICC 每年都会公布上一年度其管理的仲裁案件的仲裁地统计信息。下面的图表中列出了 2000 年至 2015 年期间,在 ICC 管理的案件中最受欢迎的(包括当事人选择的与 ICC 确定的)15 个仲裁地。鉴于 ICC 的发展历史及其用户定位,这个统计结果在一定程度上偏向欧洲的仲裁地,法国和瑞士占了选择这 15 个仲裁地的案件总数的近一半。

ICC 仲裁案件中 15 个最受欢迎的仲裁地
(2000 年 ~ 2015 年)

排名	国家(地区)	总数/件	百分比/%
1	法国	1638	24%
2	瑞士	1469	21%
3	英国	983	14 %
4	美国	697	10 %
5	德国	403	6%
6	新加坡	368	5%
7	奥地利	214	3%
8	巴西	171	2%
9	西班牙	165	2%
10	中国内地或中国香港特别行政区	152	2%
11	墨西哥	146	2%
12	比利时	141	2%
13	希腊	134	2%
14	荷兰	131	2%
15	瑞典	119	2%

被选择最多的仲裁地,即法国、瑞士、英国、美国、新加坡和奥地利,通常被视为最理想和最安全的仲裁地。同样,伦敦玛丽女王大学 2015 年的一项国际仲裁调查发现,伦敦、巴黎、中国香港特别行政区、新加坡和日内瓦是最受欢迎的仲裁地点。在这些仲裁地对应的法域内,仲裁协议能够得到合理有效、可执行的制度保障,并有大量的合格执业人员可以作为仲裁员的人选。

c.存在潜在问题的仲裁地

当事人有时候会遇见相对方不同意选择一个可靠的仲裁地进行仲裁的情况。特别是在一些新兴经济体(包括巴西、俄罗斯、印度、中国、印度尼西亚、菲律宾和中东部分地区）开展业务的公司，有时会被要求接受在一个不受欢迎的法域进行仲裁。鉴于许多发展中国家的国际仲裁制度仍在发展，大多数当事人会拒绝这一要求。拒绝这种要求是明智的，尽管这通常意味着交易谈判破裂。但是，仍有部分当事人为了达成交易，愿意接受在具有潜在不利因素的法域仲裁的重大风险。

i. 巴西

尽管巴西在历史上曾对国际仲裁持反对态度，但有迹象表明，巴西正在成为一个更加支持仲裁的法域。巴西在 2000 年至 2015 年期间《ICC 仲裁案件中 15 个最受欢迎的仲裁地》排名第 8 位，就反映了这一点。近年来，跨国公司选择巴西作为仲裁地的情况越来越多，部分原因是巴西法律制度的持续改革。巴西于 1995 年批准加入了《美洲国际商事仲裁公约》（《巴拿马公约》），于 1996 年通过了以《UNCITRAL 示范法》（最新于 2015 年修订）为蓝本制定的仲裁法，并于 2002 年批准加入了《纽约公约》。过去十年间，巴西法院在对国际商事合同中仲裁条款的执行方面也取得了令人满意的成绩。

尽管如此，选择在巴西仲裁仍存在一定的风险。层级较低的法院不时会作出有关国际仲裁协议和国际仲裁裁决的决定，这些决定难以预测，亦不严格符合法律规定。并且，巴西当地相对缺乏经验丰富的仲裁员。总的来说，富有经验的当事人一般仍会拒绝在巴西进行国际仲裁，特别在面对巴西籍的相对方时。

非巴西籍当事人如果同意选择巴西作为仲裁地，则通常会选择适用领先国际仲裁机构的机构仲裁规则进行仲裁，例如《ICC 仲裁规则》《AAA/ICDR 仲裁规则》《LCIA 仲裁规则》，或者根据《UNCITRAL 仲裁规则》进行临时仲裁，而不是适用巴西仲裁机构的仲裁规则。巴西的仲裁机构包括巴西—加拿大国际商会仲裁与调解中心(Arbitration and Mediation Center of the Brazil – Canada Chamber of Commerce,CAM – CCBC)和巴西商会(Brazilian Business Chamber of Commerce,CAMARB)等。CAM – CCBC 于 2012 年更新了其仲裁规则,融入先进国际仲裁制度。但是巴西的仲裁机构缺乏国际仲裁的经验,并且许多仲裁机构的仲裁规则存在问题,例如要求仲裁员必须是巴西公民,仲裁语言必须为葡萄牙语。

ii. 俄罗斯

对于许多国际仲裁当事人来说,俄罗斯仍然是一个存在问题的仲裁地。2013 ~ 2015 年,ICC 新受理的案件中仅有一件选择俄罗斯作为仲裁地,这反映出了国际仲裁当事人对俄罗斯就国际仲裁的立法与司法情况的持续怀疑。

俄罗斯是《纽约公约》的缔约国,其 1993 年《国际商事仲裁法》(Law on International Commercial Arbitration)是以《UNCITRAL 示范法》为蓝本制定的。此外,俄罗斯上诉法院曾出具过一些支持仲裁的判决,包括认定国际仲裁协议应予执行、拒绝对仲裁庭的实体决定作出司法审查等。

最近,俄罗斯的两项制度变化尤为值得关注。2014 年,俄罗斯联邦最高商事法院(负责审理商事案件,包括与仲裁有关的案件)和俄罗斯联邦最高法院(负责审理民事案件和刑事案件)合并为一个统一的俄罗斯联邦最高法院。合并后的新法院中,前俄罗斯联邦最高法院的法官占大多数,但其通常缺乏商事审判专业知识;相比于前俄罗斯联邦最高商事法院的法官,其审理与仲裁有关案件时,往往作出理由不充分、前后不一致的裁判,从而引发俄罗斯的仲裁从业人员的担忧。

2015 年底,俄罗斯通过了新的仲裁法,取代了之前的仲裁法,并修订了《国际商事仲裁法》。根据 2016 年 9 月生效的新法,大多数与公司有关的纠纷都是可以仲裁的；如果国际仲裁协议约定以俄罗斯作为仲裁地，当事人可以选择明确约定放弃申请撤销仲裁裁决的权利。俄罗斯仲裁法的这些规定和其他修正案旨在提高仲裁制度的稳定性和透明度。尽管如此，现尚不清楚这些改革将对俄罗斯未来的仲裁实践产生什么样的影响。目前，大多数跨国公司对俄罗斯许多下级法院的经验、能力和可靠性仍持有保留意见，这导致大多数跨国公司通常拒绝接受将俄罗斯作为国际仲裁的仲裁地。

俄罗斯领先的仲裁机构是俄罗斯联邦工商会国际商事仲裁院（International Commercial Arbitration Court at the Russian Federation Chamber of Commerce and Industry，ICAC），ICAC 获得了俄罗斯仲裁法的特别认可。俄罗斯其他的仲裁机构大多数毁誉参半。即便是 ICAC 的仲裁规则和实践做法也与大多数领先的仲裁机构有着显著区别。此外，ICAC 的默认仲裁语言是俄语，仲裁地是莫斯科。除非双方当事人另有约定，ICAC 将从其仲裁员名册（主要是俄罗斯的仲裁从业人员）中指定首席仲裁员。

2013 年，俄罗斯律师事务所和仲裁从业人员设立了一个极具发展前景的仲裁机构——俄罗斯仲裁协会（Russian Arbitration Association，RAA），以使俄罗斯的仲裁更加符合国际公认的标准。RAA 根据《UNCITRAL 仲裁规则》管理仲裁案件（而不是自己制定仲裁规则），仲裁员名册由经验丰富的国际仲裁员组成，并为金额不超过 50,000 美元的争议提供在线仲裁服务。

iii. 印度

印度法院具有对仲裁进行司法干预的传统，加之印度法院极低的效率，导致印度一直以来都是不受欢迎的仲裁地。尽管印度于 1960 年批准加入了《纽约公约》，并于 1996 年以《UNCITRAL 示范法》为蓝本制定了《印度仲裁与调解法》（Indian Arbitration and Conciliation Act),但是在印度,对国际仲裁协议和仲裁裁决的执行仍然是十分困难与难以预测的。

印度最高法院就仲裁裁决司法审查的既往判例互相冲突,最近部分裁判更是全面审查了仲裁裁决实体事项。另外,计划在印度申请承认与执行仲裁裁决的外国当事人应当注意,并非有所有国家和地区都被印度法院认为是可以直接承认与执行仲裁裁决的国家和地区。例如,中国和中国香港特别行政区在2012年才被认定为可以直接承认与执行仲裁裁决的国家和地区。

近年来,印度在仲裁方面取得了一些积极的进展。尽管如上文所述,印度最高法院曾作出一些冲突性的裁判,其与印度上诉法院也作出了一些支持仲裁的决定。同时,印度正在努力改革下级法院的程序。印度2015年对《印度仲裁与调解法》进行了修订,赋予了印度高等法院对国际商事仲裁案件的专属管辖权,澄清了执行仲裁裁决案件的审查标准,限制了审查内容,并且对各项申请提出了时限要求。尽管跨国公司对印度仲裁制度的看法正在慢慢改善,但是许多跨国公司仍然认为,在印度进行仲裁,存在下级法院干预仲裁、诉讼不断拖延和结果难以预测的风险。

若外国当事人只能择印度为仲裁地,他们往往会倾向于选择ICC、SIAC、LCIA等国际仲裁机构的并适用其仲裁规则,避免选择印度当地的仲裁机构。在国际仲裁方面,即便是印度最大的仲裁机构——印度仲裁委员会(Indian Council of Arbitration,ICA),也相对缺乏经验。在2016年ICA修订其仲裁规则之前,其管理的仲裁案件只能在其仲裁员名册(主要由退休的印度法官和资深律师组成)中选择仲裁员。LCIA于2009设立了伦敦国际仲裁院—印度(LCIA - India),以期在印度提供顶级的机构仲裁服务,但LCIA于2016年年初宣布终止这一努力。2016年10月成立的孟买国际仲裁中心(Mumbai Centre for International Arbitration,

MCIA)成为除 ICA 之外的另一选择。MCIA 仲裁委由大约 20 名优秀的国际和国内仲裁从业人员组成,《MCIA 仲裁规则》是根据国际最佳仲裁实践和主要国际仲裁机构的机构仲裁规则制定的。

iv. 中国

除了中国香港特别行政区,中国长期未被作为理想的仲裁地。过去 10 年间,中国对其仲裁法进行了修改,中国国际经济贸易仲裁委员会(CIETAC)也修改了其仲裁规则。尽管如此,在中国进行的仲裁仍然存在着许多不确定性,包括临时仲裁协议的可执行性、将中国国内争议约定在中国境外仲裁、以及适用外国仲裁机构仲裁规则在中国进行仲裁。另外,中国法院对中国作出的仲裁裁决可能行使撤销权也令人担忧。CIETAC 北京分会、上海分会、深圳分会之间的内部纠纷也引发了适用《CIETAC 仲裁规则》仲裁的进一步担忧。基于前述因素,除在特殊情况下,目前不建议选择中国作为仲裁地或选择《CIETAC 仲裁规则》进行仲裁。

如果在特殊情况下确实需要在中国仲裁,目前最安全的选择是同意在香港国际仲裁中心仲裁。根据 1999 年的一份备忘录,中国香港特别行政区和中国内地对各自作出的仲裁裁决互相均可以承认与执行。

历史上,中国香港特别行政区是亚洲的仲裁中心。这主要是因为中国香港特别行政区有以《UNCITRAL 示范法》为蓝本制定的国际仲裁法、公正且经验丰富的司法机构、训练有素的普通法律师。目前,中国香港特别行政区仍然具有这些优势。

中国香港特别行政区还于 2011 年颁布实施了修订后的《香港仲裁条例》,并于 2013 年再次修订,吸收了《UNCITRAL 示范法》2006 年修订的内容。修订后的《香港仲裁条例》赋予了仲裁庭采取临时措施的权力,并规定了相关程序的保密要求。如前所述,跨国公司认可将中国香港特别行政区作为仲裁地。尽管如此,目前许多与中国企业(特别是国企)进行交易的跨国公司对中国香港特别行政区和香港国际仲裁中心(IIKIAC)持担忧态度,即便在非涉中国当事人的仲裁案件也如此。

虽然 HKIAC 与 ICC 在中国内地进行过多次仲裁,也有仲裁裁决在中国下级法院得到执行。但是,中国法院尚未对"外国仲裁机构在中国大陆作出的仲裁裁决的可执行性"这一问题作出明确表态,约定非中国的仲裁机构在中国内地进行仲裁仍然存在风险。

d.明确仲裁地的条款

一旦选定了仲裁地点,起草一个明确仲裁地的条款通常并不难。以下条款具有代表性:

仲裁地(seat of the arbitration)为________。 The seat of the arbitration shall be ________.

或者,可以参考以下条款:

仲裁地(place of arbitration)为________。 The place of arbitration shall be ________.

通常来说应避免这样的表述:"仲裁庭应当在________开庭审理"或者"仲裁程序应当在________进行"。这样的表述没有明确法律意义上的仲裁地,而且限制了仲裁庭出于方便考虑(例如现场勘验)在仲裁地以外的地方开庭审理的权力。

根据大多数国家的法律和机构仲裁规则,出于方便的考虑,开庭审理可以选在仲裁地之外的地方进行,这样做通常不会影响法律意义上的仲裁地。例如,开庭审理可以在仲裁地之外的地方进行,以便进行现场勘验、听取证人证言、安排差旅时间、降低成本、或避免在仲裁地开庭审理发生意外事件。尽管在绝大多数情况下，当事人不必明确在仲裁协议中约定仲裁庭有权在仲裁地之外的地方进行仲裁程序，但仍可进一步进行明确约定：

> 仲裁地应为________。方便起见，仲裁庭可以在任何其他地方举行开庭审理或会议。
>
> The seat of the arbitration shall be ________. The arbitrators may hold hearings or meetings in any other locations for convenience.

这一约定不影响法律意义上的仲裁地，因此不会改变上文讨论的选择仲裁地的各种法律效果。

e.以被申请人住所地为仲裁地

如同协议管辖条款一样，当事人可以在仲裁协议中约定仲裁地取决于仲裁被申请人住所地。这样规定的原因是鼓励当事人通过谈判解决争议，而非直接诉诸正式的争议解决机制。可参考如下条款：

> 如果[甲方]提起仲裁，则仲裁地为[填入乙方的主营业地，例如新加坡]，如果[乙方]提起仲裁，则仲裁地为[填入甲方的主营业地，例如意大利罗马]。
>
> The seat of the arbitration shall be [identify Party B's principal place of business (e. g., Singapore)], if the arbitration is commenced by [Party A], and the place of arbitration shall be [identify Party A's principal place of business (e. g. Rome, Italy)] if the arbitration is commenced by [Party B].

或者：

> 除非双方另有书面约定，仲裁地应为：(a)如许可方提起仲裁，则应为距被许可方总部最近的人口超过500,000的城市；(b)如被许可方提起仲裁，则应为________。
>
> Unless otherwise agreed in writing by the parties, the seat of the arbitration shall be either (a) in the case of claims initiated by Licensor, in the city with a population of 500,000 or more which is located nearest

Licensee's main office, or (b) in the case of claims initiated by Licensee, in ________.

由于存在不确定性并可能招致程序方面的争议，通常情况下不建议采用这类条款。

5. 仲裁员的人数、任命方式和资质

当事人还须在仲裁协议中约定仲裁员的人数、任命方式和资质。仲裁员的选定是仲裁中最为关键的问题之一。

a. 指定特定的仲裁员

当事人可以在仲裁协议中直接约定某一个仲裁员的人选，实现这一点的条款十分简单：

[仲裁员][独任仲裁员]为 Natascha Born 女士…… The [arbitrator] [sole arbitrator] shall be Ms. Natascha Born...

除在发生争议后达成的“提交仲裁的协议”之外，一般不建议在仲裁协议中指定特定的仲裁员。因为被指定的特定仲裁员可能会出现利益冲突，或者可能不适合担任实际发生的争议之仲裁员。

如果要提前指定一个特定仲裁员，则当事人必须在达成仲裁协议前正式确认其愿意并且能够担任仲裁员。此外，仲裁协议还须对出现指定的仲裁员因冲突、疾病或其他原因无法担任仲裁员的情况提供解决方案。通常的解决方案是规定一个任命仲裁员的备选指定机构。

b. 仲裁员人数

仲裁条款通常会对未来发生争议时组成仲裁庭的人数作出规定，一般为一名仲裁员或三名仲裁员。典型条款如下：

> 与本合同有关的、或因本合同产生的、或与本合同相关的任何争议、请求或矛盾，均应适用[国际商会国际仲裁院仲裁规则]由根据该仲裁规则指定的[三名仲裁员]最终解决。
>
> Any dispute, claim, or controversy relating to, arising out of, or in connection with this agreement shall be finally resolved under the [Rules of Arbitration of the International Chamber of Commerce] by [three arbitrators] appointed in accordance with the said Rules.

或者：

> 与本合同有关的、或因本合同产生的、或与本合同相关的任何争议、请求或矛盾，均应适用[新加坡国际仲裁中心仲裁规则]由根据该仲裁规则指定的[一名独任仲裁员]最终解决。
>
> Any dispute, claim, or controversy relating to, arising out of, or in connection with this agreement shall be finally resolved under the [Arbitration Rules of the Singapore International Arbitration Centre] by [a sole arbitrator] appointed in accordance with the said Rules.

如果当事人对仲裁员的人数无法达成一致意见，领先的仲裁机构仲裁规则通常规定仲裁机构有权决定仲裁员人数；否则，法院将有权对仲裁员人数作出决定。由于依赖仲裁机构或法院决定仲裁员人数，可能会导致仲裁程序的拖延或引起诉讼程序，因此建议当事人在仲裁条款中预先约定好仲裁员人数。

仲裁员人数应当为奇数，这非常重要，因为奇数名仲裁员可以避免出现僵局，也是一些国家法律的强制性要求。如上文所述，国际商事仲裁中最常见的仲裁员人数为一名仲裁员和三名仲裁员。有时候，当事人也会选择由五名仲裁员组成仲裁庭，但在大多数情况下这一安排徒增无谓的费用和不便，并无必要。国际商事仲裁中通常约定三名仲裁员，除非争议金额很低而没有必要选择三名仲裁员。

在决定仲裁员的人数时，当事人应当考虑成本、效率、专业知识、一致性和沟通便利性。就费用而言，三名仲裁员的费用大约是一名仲裁员的三倍,即便有三名仲裁员,虽然有些非裁量性的工作也只需要进行一次,但仍有许多工作量是三倍。就效率而言,当有三名仲裁员时,安排开庭审理时困难会更大,因为必须要协调三名仲裁员繁忙的日程安排,以适应持续几个星期或更久的开庭审理。

就专业知识和一致性而言,三名仲裁员组成的仲裁庭将比独任仲裁员拥有更多的技能、更丰富的背景知识和其他资源。此外,仲裁庭成员之间的合议大大降低了仲裁庭错误裁决的可能性。最后,许多当事人更希望自己能够指定一名仲裁庭成员,认为这是确保他们的论点在仲裁庭的审议中得到充分考虑的一种手段。在国际争议中,来自不同法律背景的当事人对合议过程的想象可能差异巨大,因此在国际仲裁中尤其如此。

若选择一个有经验、有能力的仲裁机构担任指定机构,可由该仲裁机构自行决定仲裁员的人数。ICC 示范仲裁条款采用了这种做法:

> 凡产生于本合同或与本合同相关的一切争议,均应按照国际商会仲裁规则,由依据该规则指定的一名或数名仲裁员终局解决。
>
> Alldisputes arising out of or in connection with the present contract shall be finally settled under the Rules of Arbitration of the International Chamber of Commerce by one or more arbitrators appointed in accordance with the said Rules.

这种条款的优点是将仲裁员人数与争议类型相匹配:较小的争议由一名独任仲裁员解决,较大的争议由三名仲裁员组成仲裁庭解决。尽管如此,这种约定方式应当仅适用于有经验的仲裁机构。在其他情况下,如仲裁机构缺乏经验,或由法院决定仲裁庭组成,会导致拖延与不确定性,强烈建议当事人在仲裁协议中对仲裁员的人数作出明确约定。此外,还应注意的是,一些仲裁机构在其仲裁规则中规定了约定缺省时的默认仲裁员人数,不同仲裁规则的规定各不相同。

c.仲裁员的任命方式

如果当事人不能就仲裁员的人选达成一致意见，那么仲裁协议就必须约定仲裁员的任命方式，这一点非常重要。最常见的一种仲裁员任命方式是选择一个指定机构，当事人不能就仲裁员的人选达成一致意见时，指定机构将指定独任仲裁员或首席仲裁员；当一方当事人没有行使选择仲裁员的权利时，指定机构将为该方当事人指定边裁。

一般而言，当事人会在仲裁协议中纳入一套机构仲裁规则，从而起到选择指定机构的目的。所有领先仲裁机构的仲裁规则都规定，当事人同意适用该机构的仲裁规则仲裁时，仲裁机构可以作为仲裁员的指定机构，参见《ICC 仲裁规则》第 11～13 条、《ICDR 仲裁规则》第 12 条、《SIAC 仲裁规则》第 9～12 条。除指定独任仲裁员或首席仲裁员外，如果一方当事人未能行使选择仲裁员的权利时，指定机构还将为其指定一名边裁，参见《ICC 仲裁规则》第 12 条、《ICDR 仲裁规则》第 12 条、《SIAC 仲裁规则》第 10～12 条、《LCIA 仲裁规则》第 5.7 条。

在选择仲裁机构时，应当考虑其仲裁员指定方法与过往经验。例如，在指定独任仲裁员或首席仲裁员时，ICC 通常会遵循中立的“国家委员会”（通常是仲裁地的国家委员会，但也有例外）的建议。因此，有必要通过既往案例去了解该国家委员会履行其职能的情况。根据《ICC 仲裁规则》，ICC 也有权不采纳相关国家委员会的建议，直接指定一名其认为合适的仲裁员，或者在相关国家委员会未能在规定时限内提出建议的情况下，直接指定一名其认为合适的仲裁员。

原则上讲，ICC 历来倾向于指定欧洲大陆的仲裁员，但现在这一倾向几乎不存在了。相对而言，LCIA 历来倾向于指定英国执业律师或退休的英国法官担任仲裁员,但现在其正致力于消除这一倾向。AAA 历来倾向于指定美国法律从业者或退休的美国法官担任仲裁员。

在适用《UNCITRAL 仲裁规则》进行的仲裁中,当事人可以约定仲裁员指定机构。《UNCITRAL 仲裁规则》规定,在当事人未能就仲裁员指定机构达成一致意见时,由海牙常设仲裁法院秘书长担任指定机构。《UNCITRAL 仲裁规则》建议采取以下示范条款:

> 指定机构为[机构名称或人名]。
> The appointing authority shall be [name of institution or person].

在涉及国家、国家相关实体或国际组织的仲裁协议中,当事人通常选择海牙常设仲裁法院秘书长或国际投资争端解决中心秘书长作为《UNCITRAL 仲裁规则》下的指定机构。

在临时仲裁的当事人没有在其仲裁协议中约定仲裁员指定机构或其他指定机制的情况下,大多数国家的仲裁法都规定仲裁员由仲裁地法院指定,例如《UNCITRAL 示范法》第 11 条、《瑞士国际私法法案》第 179(2)条、1996 年《英格兰仲裁法》第 16 ~ 18 条、《美国联邦仲裁法》(U. S. Federal Arbitration Act,FAA)第 5 部分第 206 款、《法国民事诉讼法》第 1451 ~ 1454 条、《德国民事诉讼法》第 1035(3)条。尽管仲裁地法院有时候能够很好地发挥指定作用,但是也可能导致不同国家的法院同时作出指定,并且还可能导致缺乏国际仲裁经验的当地退休法官或其他从业人员被指定为仲裁员。

如果当事人既未选择机构仲裁,又没有约定仲裁员指定机构,则可以通过下述条款约定任命仲裁员的法院:

> 如果在上述时限内没有选定仲裁员，那么[填入适宜的法院，通常为仲裁地法院]将指定此等仲裁员。
>
> If any arbitrator is not selected within the foregoing time limits, the [appropriate court (virtually in arbitral seat)] will appoint such arbitrator (s).

尽管如此，如果当事人无法自己选择仲裁员，还是建议约定一个仲裁员指定机构负责任命仲裁员。

在仲裁庭由三名仲裁员组成的情况下，每一方当事人通常会选定一名仲裁员（所谓的“当事人提名仲裁员”、“当事人选定仲裁员”、“当事人指定仲裁员”、“当事人仲裁员”或“边裁”），第三名仲裁员（所谓的“首席仲裁员”）由双方当事人选定的仲裁员协商任命；如果双方当事人选定的仲裁员无法一致选定第三名仲裁员，则由仲裁员指定机构指定第三名仲裁员。在一些仲裁机构的仲裁规则中，当事人选定仲裁员选定首席仲裁员的权力需经仲裁协议约定，如果无此类约定，则仲裁机构将指定首席仲裁员。当事人也可以在仲裁期间事后约定由两名边裁任命首席仲裁员。当然，在争议发生时，双方当事人几乎没有达成这种约定的可能。

约定由当事人各自选定的边裁任命首席仲裁员的示范条款如下：

> 仲裁庭应由3名仲裁员组成。每一方当事人应选定1名仲裁员。如此产生的两名仲裁员应任命首席仲裁员。如果任何一方在收到另一方关于选定仲裁员的书面通知后的[30]天内未能选定其仲裁员，那么该仲裁员应由________指定。如果如此产生的两名仲裁员未能在第二名仲裁员产生之后的[30]天内就第三名仲裁员的人选达成一致意见，那么第三名仲裁员应由________指定。
>
> The arbitral tribunal shall be composed of three arbitrators. Each party shall appoint one arbitrator. The two arbitrators so appointed shall appoint the presiding arbitrator. If either party fails to appoint an arbitrator within [30] days of receiving written notice of the appointment of anarbitrator by the other party, such arbitrator shall be appointed by ________.

> If the two arbitrators to be appointed by the parties fail to agree upon a third arbitrator within [30] days of the appointment of the second arbitrator, the third arbitrator shall be appointed by ________.

另一种示范条款如下：

> 仲裁员人数应为3人。申请人应在其[仲裁请求]中[提名][选择]一名仲裁员。被申请人应在收到[仲裁请求]之后的[30]天内[提名][选择]第二名仲裁员。[如此产生的两名仲裁员][双方]应在第二名仲裁员被[提名][选择][指定]之后的[30]天内,共同[提名][选择]担任首席仲裁员的第三名仲裁员。如果在上述期间内没有[提名][选择]仲裁员,那么[指定机构]应指定该仲裁员。
>
> The number of arbitrators shall be three. One arbitrator shall be [nominated] [selected] by the claimant in its [request for arbitration]. The second arbitrator shall be [nominated] [selected] by the respondent within [30] days of its receipt of the [request for arbitration]. The third arbitrator, who shall be the presiding arbitrator, shall be jointly [nominated] [selected] by the [two other arbitrators] [parties] within [30] days of the [nomination] [selection] [appointment] of the second arbitrator. If any arbitrator is not [nominated] [selected] within these time periods, the [appointing authority] shall appoint such arbitrator(s).

若双方当事人希望由当事人选择首席仲裁员,而不是由各自选定的边裁任命,可采用如下的示范条款：

> 在仲裁开始之后的[30]天内,每一方均应[指定][选择]一名仲裁员。在选定当事人[指定][选择]的仲裁员之后,双方当事人应在[20]天之内[指定][选择]首席仲裁员。如果在以上时限内没有选定仲裁员,那么[国际争议解决中心]应根据任何一方当事人的书面请求,指定未决仲裁员。
>
> Within [30] days after the commencement of the arbitration, each party shall [appoint] [select] an arbitrator. The parties shall then [appoint] [select] the presiding arbitrator within [20] days after selection of the party – [appointed] [selected] arbitrators. If any arbitrators are not selected within these time periods, the [International Centre for Dispute Resolution] shall, at the written request of any party, complete the appointments that have not been made.

以上为当事人“提名”或“选择”仲裁员的示范条款。一些仲裁机构的仲裁规则规定当事人可以“提名”边裁，而另外一些仲裁机构的仲裁规则规定当事人可以“指定”或“选择”边裁。在需要指定机构确对当事人选择的边裁进行确认的情况下，应当使用“提名”一词。在边裁提名无需经过确认的情况下，应当使用“指定”、“选择”（或“任命”、“决定”）等词。在将上述条款与仲裁机构的仲裁规则结合使用时，必须仔细考虑这些条款与仲裁机构的仲裁规则之间的相互影响。

当事人可以约定由指定机构任命仲裁庭的全部三名仲裁员，而不是允许每一方当事人各自选定一名边裁、首席仲裁员由指定机构任命。事实上，在多方当事人的案件中，仲裁机构的仲裁规则有时会如此规定，以避免申请人或被申请人有多方时，各方就应由其共同选定的边裁人选产生分歧，以及可能由此产生的风险（例如申请人或被申请人一方行使选了选择边裁的权利，而另一方未能行使该权利，参见《ICC 仲裁规则》第 12 条第（8）款、《LCIA 仲裁规则》第 8 条。《ICC 仲裁规则》规定，在申请人或被申请人没有根据第 12 条第（6）款或第（7）款规定共同提名仲裁员的情况下，如果各方当事人不能就仲裁庭的组成方式达成一致意见，则 ICC 可以指定仲裁庭的每一名成员，并且应当指定其中一名成员担任首席仲裁员。

在特殊情况下，当事人会约定申请人方与被申请人方同时选定边裁。这样规定的理由是避免被申请人在知道申请人选定的边裁后、有针对性地选定边裁的战术优势。相关示范条款如下：

> 仲裁员的人数应为 3 人。每一方应［提名/选择］一名边裁。在被申请人收到仲裁请求之后的第［30］天，双方应同时交换各自［提名/选择］的边裁。在［提名/选择］两名边裁之后的［30］天内，两名边裁应［提名/选择］第三名仲裁员，该第三名仲裁员应作为首席仲裁员。如

果在以上时限内没有[提名/选择]仲裁员,那么[填入指定机构]应指定该仲裁员。

The number of arbitrators shall be three. Each party shall [nominate/select] one co - arbitrator. On the [30th] day following receipt by the respondent(s) of the request for arbitration, the parties shall simultaneously exchange their respective [nomination/selection] of co - arbitrators. Within [30] days after [nomination/selection] of the two co - arbitrators, the co - arbitrators shall [nominate/select] a third arbitrator, who shall be the presiding arbitrator. If any arbitrator is not [nominated/selected] within these time periods, the [(add appointing authority)] shall appoint such arbitrator(s).

d.仲裁员的资质及国籍

仲裁协议可以直接规定仲裁员的资质要求,也可以间接规定影响仲裁员资质要求的要素。例如,仲裁协议可以明确约定具有(或没有)特定法律资质的人员才能担任仲裁员。在大部分的国际仲裁案件中,当事人和仲裁机构都会选择经验丰富、具有特定法律资质的人员担任仲裁员。鉴于大多数国际仲裁案件所涉及的法律问题较为复杂,故不建议当事人省略此种资质要求。

当事人也可能需要在仲裁协议中明确约定仲裁员应当具备的语言能力或者技术能力。较为常见的约定是,约定仲裁员可以流利的使用某一语言、或拥有工程等专业学位。这种约定在特定情况下可能十分有用。典型的条款如下:

[各仲裁员][首席仲裁员]应为精通________的电气工程师。

[Each arbitrator] [The presiding arbitrator] shall be an electrical engineer knowledgeable in ________.

或者:

[每名仲裁员][首席仲裁员]应能够流利地运用书面及口语[英语和德语]。

[Each arbitrator] [The presiding arbitrator] shall be fluent in written and spoken [English and German].

尽管如此，当事人通常难以事先确定解决未来的争议真正所需的专业知识。此外，过高的要求将减少可供选择的仲裁员数量，这在有些情况下是无法接受的，比如，“仲裁员必须是拥有土木工程学位、能够流利使用阿拉伯语、具有法律资质的百慕大公民。”对仲裁员的资质要求还会间接影响其法律背景，这对仲裁中的实体事项和程序事项都可能产生影响。

虽然有前述问题，但对于特定类型的争议而言，确实需要仲裁员具备特定的经验或资质。当事人在表述时应对这些要求予以客观描述（例如，注册会计师），而避免主观的表述（例如，杰出的地质学家）。

关于仲裁员资质条款的典型示例如下：

> [各仲裁员][首席仲裁员]应具有法律资格和[油气合同][知识产权][建设项目]方面的经验。
>
> [Each arbitrator] [The presiding arbitrator] shall be legally – qualified and experienced in [oil and gas contracts] [intellectual property] [construction projects].

或者：

> 每名仲裁员均应为[注册会计师][电气工程师]。
>
> Each arbitrator shall be [a Certified Public Accountant] [an electrical engineer].

排除特定国籍仲裁员的仲裁条款往往风险更小。大多数领先仲裁机构的仲裁规则都规定，除非当事人另有约定，首席仲裁员或独任仲裁员的国籍不应与任何当事人的国籍相同，例如《ICC仲裁规则》第13(5)条、《LCIA 仲裁规则》第6.1条、《AAA 仲裁规则》第R – 15条。根据一些仲裁机构的仲裁规则，除非当事人另有约定，仲裁员指定机构有相当大的自由裁量权，这增加了指定机构任命该指定机构所属国家的仲裁员的可能性，例如《中国国际经济贸易仲裁委员会仲裁规则》第26~29条。

建议当事人考虑在仲裁协议中约定首席仲裁员(或所有仲裁员)不应与任何一方当事人国籍相同,在临时仲裁协议中尤应如此。当事人还可以进一步考虑在仲裁协议中约定首席仲裁员(或所有仲裁员)不应与任何一方当事人之股东或控制人国籍相同。

仲裁员的国籍不得为任何一方[或持有该方[5%]以上股份的任何股东]的设立地或住所地所在国家。 No arbitrator shall be of the nationality of the place of incorporation or principal place of business of any of the parties [or any shareholders holding more than [5%] of such party's shares.

在与欧盟成员国的公司签订合同时,欧盟以外的当事人可能会对首席仲裁员与独任仲裁员的国籍产生疑虑。根据大多数仲裁机构的仲裁规则和实践惯例,各欧盟成员国应被视为单独的国家,没有"欧盟"这一国籍。《LCIA仲裁规则》第6.3条对该问题作出了明确规定:"拥有两个或两个以上国籍的公民应当被视为每一个国籍国的国民;不同欧盟成员国的公民应当被视为各自所属成员国的国民,而不应被视为拥有相同国籍;一国海外领土的公民应当被视为该领土的国民,而不应当被视为该国的国民;在一国海外领土设立的法人应当被视为在该海外领土设立的法人(仅限于这一事实),而不应被视为在该国设立的法人。"

其他领先仲裁机构的仲裁规则与此类似。但是,在某些情况下,仍然可能出现意料之外的结果,例如就日本当事人和法国当事人间争议,仲裁员是比利时人或法裔瑞士人。虽然主流仲裁机构都在努力避免出现前述情况,但从最大限度保护自身利益的角度出发,建议当事人在仲裁协议中加入保护性约定,例如禁止特定国籍的仲裁员:

> 首席仲裁员[或独任仲裁员]不得是________的国民。
> The presiding [or sole] arbitrator shall not be a national of ________.

这种保护性约定还可以包括对国籍之定义：

> 为本第[X]条之目的，就仲裁员或被提名仲裁员的国籍而言，任一欧盟成员国的国民均应被视为同时具有欧盟及其各成员国的国籍。
> In ascertaining an arbitrator's or proposed arbitrator's nationality for purposes of this Article [X], any national of a Member State of the European Union shall be deemed to have the nationalities of both the EuropeanUnion and each of its Member States.

e. 仲裁员的独立性和公正性

仲裁员的独立性和公正性是一个非常重要，同时也充满争议的问题。领先的仲裁机构的仲裁规则要求所有仲裁员始终“独立”于当事人，或保持独立公正，参见《ICC 仲裁规则》第 11(1)及(2)条、《ICDR 仲裁规则》第 13(1)条、《LCIA 仲裁规则》第 5.3 条。根据大多数仲裁机构仲裁规则的要求，仲裁员被提名后，须提交一份独立性声明；如果独立性的情况发生变化，仲裁员还应当在仲裁过程中更新其声明。《ICC 仲裁规则》对仲裁员的披露要求进行了修订，要求仲裁员对其“履职能力、公正性、独立性”作出声明。

对于临时仲裁，或者虽提交机构仲裁、但适用的仲裁规则不能令人满意地解决相关问题，当事人可以通过约定要求仲裁员保持其独立性与公正性，例如：

> 各仲裁员都应保持公正并且独立于双方。
> Each of the arbitrators shall be and remain impartial and independent of the parties.

仲裁协议还可以要求仲裁员就公正性作出正式承诺：

在仲裁程序开始之前,各仲裁员都应宣誓或承诺保持公正。 Prior to commencement of the arbitral proceedings, each of the arbitrators shall provide an oath or undertaking of impartiality.

"独立性"和"公正性"的确切含义是一个备受争议的话题,在不同的法律制度和背景下,这一问题的答案各不相同。根据较为先进的法域之法律,"独立性"和"公正性"要求仲裁员不能与任一方当事人有商业、财务或职业上的直接关系。其他可能影响仲裁员独立性、公正性的关系包括:仲裁员可能在其他不相关事项上曾为一方当事人的代理人、仲裁员存在职务冲突、或者仲裁员与一方当事人或代理人之间存在社会关系。

在国际商事仲裁中,"所有的仲裁员必须是独立的"是普遍共识,而在国内仲裁中则不同。在一些国内仲裁中,当事人提名的边裁很可能就是该方当事人的拥趸。在大多数国际仲裁中,边裁必须是独立的,不得就争议问题与当事人有单方接触。但同时,当事人也会期待其选定的边裁能积极确保仲裁庭充分考虑该方当事人提出的观点和证据。

虽不常见,但在国际仲裁中,当事人可能会遇到仲裁程序允许明显偏袒一方当事人的仲裁员。例如,现行《AAA 仲裁规则》就允许当事人同意接受非中立的当事人提名仲裁员。

一些国家的仲裁法禁止当事人对仲裁员中立性作出另行约定。大多数的仲裁地法院则会尊重当事人选择的争议解决方式、以及仲裁机构对仲裁员的任命。不过,有倾向的仲裁员会导致一些法律和事实上的问题,故在大多数情况下不建议当事人在国际交易中约定非中立仲裁员。

f.国际律师协会国际仲裁利益冲突指引

国际律师协会(International Bar Association,IBA)于 2004 年颁布了关于仲裁员公正性和独立性的详细指引,即《国际律师协会国际仲裁利益冲突指引》(IBA Guidelines on Conflicts of Interest in International Arbitration,以下简称《IBA 利益冲突指引》)。该指引是对 IBA 在 1987 年颁布的《国际仲裁员道德准则》(Rules of Ethics for International Arbitrators)的补充。《IBA 利益冲突指引》最新修订于 2014 年,对通常会引起关于仲裁员独立性和公正性疑虑的情况作出了详细规定。

《IBA 利益冲突指引》将利益冲突情况分为:(1)对独立性产生正当怀疑的事项("红色清单");(2)需要披露的、可能对仲裁员独立性产生正当怀疑的事项("橙色清单");(3)通常不会引起独立性怀疑的事项("绿色清单")。2014 年的修订版指引强调,关于未来可能发生的利益冲突,仲裁员的预先声明和免责说明不能免除仲裁员的持续披露义务。另外,该指引同样适用于仲裁庭秘书和仲裁庭助理。在第三方资助的仲裁中,该指引要求各方当事人披露第三方资助人与仲裁员间的任何直接或间接关系。

《IBA 利益冲突指引》对法院和仲裁机构都没有约束力。并且,有批评意见认为,《IBA 利益冲突指引》的规定过于详细,可能会鼓励当事人对仲裁员和仲裁裁决提出质疑。尽管如此,该指引还是对关于仲裁员独立性和公正性义务的问题提供了一个重要视角。根据伦敦玛丽女王大学 2015 年的一项调查,《IBA 利益冲突指引》以及《国际律师协会国际仲裁取证规则》(IBA Rules on the Taking of Evidence in International Arbitration)是国际仲裁中最常用的规则。当事人可在仲裁协议中约定适用《IBA 利益冲突指引》。

6. 仲裁语言

当事人应当在国际仲裁协议中对仲裁程序和仲裁裁决适用的语言作出约定。尽管有时会被当事人忽视,但这是一个至关重要的问题。仲裁语言可能对仲裁员的选择和仲裁程序特点产生

深远的影响。通常情况下,建议当事人确保仲裁语言和订立合同文本使用的语言一致。约定仲裁语言的示范条款如下:

> 仲裁语言应为________。
> The language of the arbitration shall be ________.

更详细、但可能缺乏灵活性的示范条款如下:

> 仲裁程序应以________语言进行。所有书面材料均应以________语言提交。所有证据,包括所有证人陈述,均应以________语言提交,或者随附________语言的翻译。口头证词应以________语言做出,或者由翻译员同时翻译成________语言。每一方应自行承担翻译费用。
> The arbitration proceedings shall be conducted in the ________ language. All written submissions shall be made in the ________ language. All evidence, including all witness statements, shall be submitted in the ________ language, or with a translation into the ________ language. Oral testimony shall be in the ________ language or shall be simultaneously translated into the ________ language by a translator. Each party shall bear its own translation costs.

在当事人未明确约定仲裁语言的情况下,多数仲裁机构的仲裁规则会明确授权仲裁庭确定一种或多种仲裁语言,参见《ICC仲裁规则》第20条、《UNCITRAL仲裁规则》第19条、《ICDR仲裁规则》第18条。仲裁庭确定的仲裁语言通常是系争合同或仲裁协议所使用的语言,参见《ICC仲裁规则》第20条。尽管如此,仍建议在仲裁协议中约定仲裁语言,因为在当事人没有约定的情况,一些仲裁机构可能会理解为当事人默认选择仲裁机构所在地的语言作为仲裁语言,参见《中国国际经济贸易仲裁委员会仲裁规则》第81条(中文),《俄罗斯联邦工商会国际商事仲裁院仲裁规则》第23条(俄语)。

一些当事人在仲裁条款中约定,仲裁语言应当为一种语言(例如英语),但所有仲裁员均应当能够流利地使用第二种语言

(例如俄语)。在一方当事人希望确保仲裁庭能够理解潜在证人的母语时,通常会使用这种约定。但是,这种条款可能会大大限制或影响仲裁员的选择范围,故应当谨慎使用。

7. 法律适用条款:仲裁协议和仲裁程序适用的法律

国际仲裁会引发法律适用方面的复杂问题。因此,当事人应在所有的仲裁协议中载明法律适用条款,具体约定合同的准据法。法律适用条款的起草将在本书后续章节中讨论。

通常来说,法律适用条款适应当是一个独立的条款,而不是作为仲裁条款或协议管辖条款的一部分。这有助于避免"法律适用条款是否也对仲裁程序适用法作出了选择"的争议。事实上,法律适用条款通常不应被视为对仲裁程序适用法作出了选择。当事人可以(尽管不建议)约定仲裁程序适用仲裁地以外的国家或地区的法律。独立的法律适用条款有助于明确当事人是对实体问题的准据法作出的选择,而非对争议解决程序的适用法作出了选择。

除了当事人间合同准据法外,在国际仲裁中还经常出现有关法律适用的其他问题。

首先,因为大多数国家和地区的法律认为仲裁协议具有独立性(即可独立于当事人间合同),故仲裁协议的适用法律可以与合同的准据法不同,即当事人可以另行约定。因此,当事人在约定的合同准据法外,建议可以加入仲裁协议应适用的法律。规定仲裁协议适用法律的示范条款如下:

本第[X]条应适用________的法律。 This Article [X] shall be governed by the laws of ________.

其次,撤销仲裁裁决、申请仲裁员回避等仲裁程序的适用法几乎总是仲裁地的法律,当事人通常也会如此选择。

尽管非常罕见,但当事人仍可能会选择仲裁地法律之外的法律作为仲裁程序适用法。如果当事人希望如此,那么应在仲裁协议中明确约定。

理论上说,此类条款可以起到阻止外国法院对仲裁进行司法干预的作用。在巴基斯坦、印度尼西亚和坦桑尼亚等一些国家,该国司法部门或其他有权机关允许当地法院就在国外(例如瑞士)进行的仲裁作出审查,其理论依据是仲裁程序的适用法是其本国法律(例如巴基斯坦法律)。法律适用条款明确约定仲裁程序的适用法,可以防范前述风险。约定仲裁程序适用法的示范条款如下:

仲裁协议和仲裁程序应适用________的法律。 The arbitration agreement and the arbitral proceedings shall be governed by the laws of ________.

尽管有其好处,约定仲裁程序适用法的条款可能会引起一些复杂的问题,特别是在当事人选择非仲裁地法律时更是如此。因此,只有在有特殊需要时,才应当采取该种条款——例如,防止印度尼西亚或巴基斯坦法院将该本国法律作为仲裁程序适用法。并且,当事人在起草该种条款时应当非常谨慎并咨询专业意见。当事人应当特别注意,如果约定以某国法律作为仲裁程序适用法,该国法院将因此有权受理撤销仲裁裁决的申请、在临时仲裁中任命仲裁员、对仲裁员的回避事宜作出决定及监督仲裁程序。

8. 形式、能力和效力

确保仲裁协议的形式符合要求至关重要。《纽约公约》第 11 条甲项规定仲裁协议必须是书面的,许多国家的仲裁法也有类似要求,如 1985 年《UNCITRAL 示范法》第 7(2)条、《美国联邦仲裁法》第 2 条、《瑞士国际私法法案》第 178 条。虽然口头形式的仲裁协议在某些法域是有效的,但是仍建议当事人订立书面仲裁协议，否则很可能导致仲裁协议不受《纽约公约》的保护。

除形式上的书面要求之外，不同法域可能存在一些不同的额外形式要求。当适用某个法域的法律仲裁、或考虑在某个法域执行仲裁裁决时，应当遵守相应法律的对仲裁协议形式的规定。若当事人在订立合同时试图通过引用一份文件（例如，另一份合同或一套行业协会规则）而将被引文件中的仲裁条款适用于本合同，应格外谨慎。对于与美国相关的交易，通常应当在仲裁协议中加入“判决登记条款”（entry – of – judgment clause，详见后文讨论）。

确保各方当事人具有签订仲裁协议的权利能力也非常重要。当事人的权利能力问题涉及法律适用问题。通常来说，每一方当事人住所地的法律与仲裁协议的适用法律都可能成为判断当事人的权利能力的准据法。

在大多数发达法律制度中，公司实体一般不会缺乏签订仲裁协议的权利能力。尽管如此，在某些情况下，特定法律可能会有特定的程序要求，例如要求董事会决议批准仲裁协议。当事人必须知晓这些要求，并确保这些要求得到遵守。较为谨慎的做法是在合同中加入陈述和保证条款，并将“具备签订仲裁协议的权利能力”订入其中。

国家相关实体或主权国家签订仲裁协议的权利能力问题则比较复杂，有时候需要就外国法律、行政法规等相关规定的合规寻求专业意见。例如，在一些国家，未经立法机关的特别批准，国家相关实体不能签订国际仲裁协议。

最后，当事人须确认仲裁协议有效、具有约束力。这一问题还是与法律适用问题相关。当事人约定的法律适用条款可以部分解决这一问题，但无法完全解决。根据大多数发达法域的法律规定，仲裁协议的可执行性标准非常低，仅须符合少数普遍适用的、关于合同效力的合同法原则,例如不存在显失公平、欺诈、认识错误等情形。尽管如此,有时候还是应当根据仲裁协议的适用法对其效力进行具体分析。

在一些法域内,一些类型的请求是依法不可仲裁事项。当事人应当考虑,在可能有关的国家中(仲裁地、合同履行地、潜在执行地),哪些类型的潜在争议属于该国法定不可仲裁事项。当事人通常不可能协议约定排除这种关于不可仲裁事项的强制性法律规定,因此需要注意某些争议不可仲裁的相应后果。实务当中,与协议诉讼管辖条款涉及公共政策产生的类似问题相比,仲裁中不可仲裁事项范围更窄、触发的概率更低。

9. 机构仲裁和临时仲裁的示范条款

基于前文的讨论,以下示范条款可供机构仲裁和临时仲裁参考。下述条款包含了国际仲裁协议的关键要素;在特定情况下可能需要的其他要素将在后文进行讨论,但该等要素通常不是必需的。

临时仲裁的示范条款如下:

> 与本合同有关的或因本合同产生的所有争议、请求、矛盾、分歧(包括合同成立、存在、效力、执行、履行或终止),均应适用[《联合国国际贸易法委员会仲裁规则》]进行仲裁予以最终解决。
>
> 仲裁员的人数应为[1人][3人]。指定机构应为________。
>
> 仲裁庭应由3名仲裁员组成。每一方当事人应指定1名边裁。由双方当事人指定的两名边裁指定首席仲裁员。如果任何一方在收到另一方指定仲裁员的书面通知后的[30]天内未能指定其边裁,那么该边裁应由________指定。如果两名边裁未能在第二名边裁被指定之后的[30]天内就首席仲裁员的人选达成一致意见,那么首席仲裁员应由________指定。
>
> 仲裁地应为________。
>
> 仲裁语言应为________。
>
> 本合同适用________法律,因本合同产生的或与本合同[或本合同事项]相关的所有争议的解决程序均应按照________法律。
>
> All disputes, claims, controversies, and disagreements relating to or

arising out of this Agreement (including the formation, existence, validity, enforceability, performance, or termination of this Agreement) or the subject matter of this Agreement shall be finally resolved by arbitration [in accordance with the UNCITRAL Arbitration Rules]. The number of arbitrators shall be [one] [three]. The appointing authority shall be ________. The arbitral tribunal shall be composed of three arbitrators. Each party shall appoint one arbitrator. The two arbitrators so appointed shall appoint the presiding arbitrator. If either party fails to appoint an arbitrator within [30] days of receiving written notice of the appointment of an arbitrator by the other party, such arbitrator shall be appointed by ________. If the two arbitrators to be appointed by the parties fail to agree upon a third arbitrator within [30] days of the appointment of the second arbitrator, the third arbitrator shall be appointed by ________. The seat of the arbitration shall be ________. The language of the arbitration shall be ________. This Agreement will be governed by, and alldisputes relating to or arising in connection with this Agreement [or the subject matter of this Agreement] shall be resolved in accordance with, the laws of ________.

《国际律师协会国际仲裁条款起草准则》(IBA Guidelines for Drafting International Arbitration Clauses)提供的临时仲裁示范条款如下：

因本协议引起的或与之有关的所有争议,包括关于其存在、效力或终止的任何问题,应最终通过仲裁解决。 仲裁地点应为[国家,城市]。 仲裁语言应为[……]。 仲裁应由申请人提出仲裁申请启动,该仲裁申请书应送达被申请人。仲裁申请书应当载明案件性质和救济要求。 仲裁庭应由三名仲裁员组成,一名仲裁员由仲裁申请人在仲裁申请书中选定,第二名仲裁员由被申请人在收到仲裁申请书后[30]日内选定,第三名仲裁员在选定第二名仲裁员后[30]日内由双方选定,该第三名仲裁员应担任首席仲裁员。如有任何一名仲裁员在上述期限内未能选定,[仲裁员指定机构]应任何一方要求作出选定。 如果某一仲裁员席位出现空缺,应按照该仲裁员原选任方式填补该空缺。但如果在对案件实体进行庭审期间或之后某一仲裁员席位出现空缺,其余两名仲裁员可以继续进行仲裁并作出裁决。

仲裁员应保持独立和公正。对仲裁员提出的任何回避请求应由[仲裁员指定机构]决定。

仲裁员应遵循的程序应由当事人商定,如双方没有商定,应由仲裁庭经与当事人协商后决定。

仲裁庭有权就其管辖权自行作出裁定,包括对仲裁协议的存在、效力或有效性提出的任何异议。仲裁庭可以初步决定的方式裁定自己的管辖权;或在其认为适当时,在裁定案件实体问题的仲裁裁决中作出决定。

任何一方未履行义务均不影响仲裁庭作出仲裁裁决。

裁决按照多数仲裁员的意见作出。在仲裁庭不能形成多数意见的情况下,首席仲裁员可如同独任仲裁员一样,单独作出裁决。

如果一方指定的仲裁员未能或拒绝参与仲裁,而另两名仲裁员确定该仲裁员未能或拒绝参与是不合理的,那么该两名仲裁员可以继续进行仲裁并作出裁决。

仲裁庭作出的任何裁决应是最终的且对双方具有约束力。双方承诺毫不延误地履行裁决,并视为已放弃任何可被有效放弃的追索权。仲裁裁决的执行可在任何有管辖权的法院提出。

All disputes arising out of or in connection with this agreement, including any question regarding its existence, validity or termination, shall be finally resolved by arbitration.

The place of arbitration shall be [city, country].

The language of the arbitration shall be [...].

The arbitration shall be commenced by a request for arbitration by the claimant, delivered to the respondent. The request for arbitration shall set out the nature of the claim(s) and the relief requested. The arbitral tribunal shall consist of three arbitrators, one selected by the claimant in the request for arbitration, the second selected by the respondent within [30] days of receipt of the request for arbitration, and the third, who shall act as presiding arbitrator, selected by the two parties within [30] days of the selection of the second arbitrator. If any arbitrators are not selected within these time periods, [the designated appointing authority] shall, upon the request of any party, make the selection(s).

If a vacancy arises, the vacancy shall be filled by the method by which that arbitrator was originally appointed, provided, however, that, if a vacancy arises during or after the hearing on the merits, the remaining two arbitrators may proceed with the arbitration and render an award.

The arbitrators shall be independent and impartial. Any challenge of an arbitrator shall be decided by [the designated appointing authority].

The procedure to be followed during the arbitration shall be agreed by the parties or, failing such agreement, determined by the arbitral tribunal after consultation with the parties.

> The arbitral tribunal shall have the power to rule on its own jurisdiction, including any objections with respect to the existence, validity or effectiveness of the arbitration agreement. The arbitral tribunal may make such ruling in a preliminary decision on jurisdiction or in an award on the merits, as it considers appropriate in the circumstances.
>
> Default by any party shall not prevent the arbitral tribunal from proceeding to render an award.
>
> The arbitral tribunal may make its decisions by a majority. In the event that no majority is possible, the presiding arbitrator may make the decision(s) as if acting as a sole arbitrator.
>
> If the arbitrator appointed by a party fails or refuses to participate, the two other arbitrators may proceed with the arbitration and render an award if they determine that the failure or refusal to participate was unjustified.
>
> Any award of the arbitral tribunal shall be final and binding on the parties. The parties undertake to carry out any award without delay and shall be deemed to have waived their right to any form of recourse insofar as such waiver can validly be made. Enforcement of any award may be sought in any court of competent jurisdiction.

通常来说,同样的原则也适用于机构仲裁协议,并且机构仲裁协议往往比临时仲裁协议更受欢迎。此外,如前所述,建议当事人使用仲裁机构推荐的示范仲裁条款。根据具体案件的需要,一般来说最好的做法是使用领先仲裁机构推荐的示范仲裁条款,具体如下:

> ICC 示范仲裁条款:
>
> 凡产生于本合同或与本合同相关的一切争议,均应按照国际商会仲裁规则,由依据该规则指定的一名或数名仲裁员终局解决。
>
> All disputes arising out of or in connection with the present contract shall be finally settled under the Rules of Arbitration of the International Chamber of Commerce by one or more arbitrators appointed in accordance with the said Rules.

> ICDR 示范仲裁条款:
>
> 因本合同引起的或与本合同有关的任何争议或请求,均应按照《国际争议解决中心国际仲裁规则》提交仲裁予以解决。

仲裁员的人数应为[1人或3人]。

仲裁地应为[国家,城市]。

仲裁语言应为________。

Any controversy or claim arising out of or relating to this contract, or the breach thereof, shall be determined by arbitration administered by the International Centre for Dispute Resolution in accordance with its International Arbitration Rules.

The number of arbitrators shall be [one or three];

The place of arbitration shall be [city, (province or state), country];

The language(s) of the arbitration shall be ________.

SIAC 示范仲裁条款:

凡因本合同引起的或者与本合同相关的任何争议,包括合同的成立、效力或终止问题,均应根据届时有效的《新加坡国际仲裁中心仲裁规则》(简称"新仲规则")提交新加坡国际仲裁中心(简称"新仲")进行仲裁以最终解决,该新仲规则应被视为本仲裁条款的一部分。

仲裁地应为[新加坡][或其他城市,国家]

仲裁庭由[1名][3名]仲裁员组成

仲裁语言采用________。

本合同适用[国家或法域]法律

Any disputes arising out of or in connection with this contract, including any question regarding its existence, validity or termination, shall be referred to and finally resolved by arbitration administered by the Singapore International Arbitration Centre ("SIAC") in accordance with the Arbitration Rules of the Singapore International Arbitration Centre ("SIAC Rules") for the time being in force, which rules are deemed to be incorporated by reference in this clause.

The seat of the arbitration shall be [Singapore] [City, Country].

The Tribunal shall consist of [one] [three] arbitrator(s).

The language of the arbitration shall be ________.

This contract is governed by the laws of [Country or Jurisdiction].

LCIA 示范仲裁条款:

凡因本合同引起的或者与本合同相关的任何争议,包括合同的成立、效力或终止问题,均应根据届时有效的《伦敦国际仲裁院仲裁规则》提交仲裁以最终解决,该仲裁规则应被视为本仲裁条款的一部分。

仲裁庭由[1名/3名]仲裁员组成。

仲裁地为[城市和/或国家]。

> 仲裁语言采用[________]。
> 本合同适用[________]法律。
> Any disputes arising out of or in connection with this contract, including any question regarding its existence, validity or termination, shall be referred to and finally resolved by arbitration under the LCIA Rules, which Rules are deemed to be incorporated by reference into this clause.
> The number of arbitrators shall be [one/three].
> The seat, or legal place, of arbitration shall be [City and/or Country].
> The language to be used in the arbitral proceedings shall be ________.
> The governing law of the contract shall be the substantive law of ________.

如前文所述,在特定的情况下,可能需要对示范仲裁条款进行修改或补充。

二、国际仲裁条款的其他潜在要素

除上述国际仲裁条款的核心要素之外,亦有一些其他要素是值得考虑的,在特定情形下甚至是必须的。相比于机构仲裁,这一点在临时仲裁中体现尤甚。这些要素详述如下。

1. 关于法律费用分配的条款

争议解决中产生的律师费等相关法律费用的承担责任,是许多国际商事纠纷中的一个关键问题。在大部分仲裁条款和仲裁机构的仲裁规则下,当事方应先自行垫付自身的费用,如聘用律师、取证产生的支出及费用等。当事方亦应均摊仲裁员和仲裁机构的费用和支出。

在许多国际仲裁中,当事方预先支付的法律费用通常还受制于随后仲裁庭或仲裁机构的决定。根据大部分仲裁机构的仲裁规则和许多国家的仲裁法之规定,仲裁庭会决定如何分配当事人承担的仲裁庭费用和法律费用,并原则上通常由败诉方承担或部分承担,参见《UNCITRAL 仲裁规则》第 40 条、《ICC 仲裁规则》

第39条、《LCIA仲裁规则》第28条、《ICSID公约》第61(2)条。在前述规则项下,胜诉方通常有权从败诉方处得到法律费用的合理补偿。这一规则与所谓"美国规则"恰恰相反,后者规定当事人通常自行负担其法律费用和支出。根据《ICC仲裁规则》,仲裁庭在决定法律费用分配时,可以考虑其认为相关的情况,包括每方当事人迄今以快捷及具有成本效益的方式进行仲裁的程度[见《ICC仲裁规则》第37(5)条]。

当一方当事人强烈要求或反对仲裁裁决中包括对仲裁费用和法律费用的决定时,应当在仲裁协议中明确约定。当事人可以直接订入相关条款,如果仲裁条款与机构仲裁规则规定不同,通常仲裁条款会被解释为优先适用。为避免歧义,当事方可以明确约定,关于法律费用分配的条款效力应优先于适用的仲裁规则。当事方在起草关于法律服务成本的条款时需特别注意,因为这些条款有可能引起仲裁地法律下的可执行性的问题。

分配法律费用的示范性条款包括:

> 胜诉方有权获得其在仲裁程序中产生的[合理的]支出的补偿,包括机构管理费和支出、仲裁员报酬和支出、律师费和支出。
>
> The prevailing party shall be entitled to recover its [reasonable] costs, including administrative fees and expenses, arbitrators' fees and expenses, and fees and expenses of legal representation, incurred in the arbitration proceedings.

或者:

> 仲裁庭应裁决败诉方补偿胜诉方产生的全部费用和支出(如有)。"费用和支出"意为在裁决出具之前仲裁中发生的全部合理费用,包括仲裁员报酬、机构管理费、差旅费,以及由其垫付的文印费、通讯费、法院费用、证人报酬、律师费等费用。
>
> The arbitral tribunal shall award to the prevailing party, if any, all of its costs and fees. "Costs and fees" means all reasonable pre-award expenses of the arbitration, including the arbitrators' fees, administrative

fees, travel expenses, out－of－pocket expenses such as copying and telephone, court costs, witness fees, and costs of legal representation in the arbitration.

一种将范围扩展到仲裁和司法程序中的表述如下：

胜诉方可得到其在第[X]条项下的任何仲裁、为执行第[X]条或为执行第[X]条下任何司法或仲裁程序中产生的裁判，而发生的律师费及相关支出的合理补偿。

The prevailing party may recover its reasonable fees for legal representation and related costs in any arbitration under this Article [X] and in any action to enforce this Article [X] or any award made under this Article [X] in any judicial or arbitration proceeding.

鉴于许多法律体系中，就能否补偿公司内部法律顾问、专家和管理层花费的时间，存在不确定性，如当事人希望获得此类补偿，应专门约定：

……包括与仲裁相关的公司或内部律师、法律顾问、专家或管理层的全部支出。

...including all costs of in－house or internal lawyers, legal staff, expert, or management in connection with these arbitral proceedings.

或者，也可以使用如下条款排除法律费用之裁决：

即便[国际商会仲裁规则]存在相反规定，各当事方应负担其自身的支出和费用，包括律师费。

Notwithstanding any provision to the contrary in the [ICC Arbitration Rules], each party shall bear its own costs and expenses, including fees for legal representation.

或者：

仲裁员报酬和支出应由各当事方均摊。各当事方应负担其在仲裁过程中的律师费和支出。仲裁庭不得分配仲裁员和当事人代理律师的报酬和支出。

> The fees and expenses of the arbitrators shall be borne in equal shares by the parties. Each party shall bear the fees and expenses of its legal representation in the arbitration. The arbitral tribunal shall not reallocate the fees and expenses of either the arbitrators or the parties' legal representation.

或者:

> 各当事方应负担其自身的支出和费用(包括仲裁中的律师费和支出)并均摊仲裁员报酬与支出、以及仲裁过程中的全部机构管理费和支出。
>
> Each party shall bear its own costs and expenses (including costs and expenses of legal representation in the arbitration) and an equal share of the arbitrators' fees and expenses and all administrative fees and expenses of the arbitration.

这些条款均使用术语"律师费"(legal representation),而非国内程序中的"费用"(costs)、"代理费"(attorneys' fees)等类似或有歧义的术语。

最后,仲裁条款亦可赋予仲裁庭裁决法律费用的自由裁量权,而不限定该权力应如何行使:

> 仲裁员有权作出就仲裁程序费用在当事方之间进行分配的裁决,包括机构管理费和支出、仲裁员报酬和支出、以及律师费和支出。
>
> The arbitrators shall have the power to make an award allocating the costs of the arbitration between the parties, including administrative fees and expenses, arbitrators' fees and expenses, and the fees and expenses of legal representation.

或者,可以授权仲裁庭裁决仲裁程序费用,但不裁决律师费:

> 仲裁庭可以在裁决中分配仲裁程序费用和支出,但不得分配律师费。
>
> The arbitral tribunal may include in any award an allocation of the costs and expenses of the arbitration, but it shall not have the authority to allocate or award costs of legal representation in the arbitration.

ICSID 有一条涉及仲裁庭报酬和机构管理费的示范条款，但未特别提及律师费：

> 在本协议下进行的任何仲裁程序中，仲裁庭成员的报酬和支出及使用本中心设施的费用应[由各当事方均摊]/[由各当事方按照下列方式分担……]。
>
> In any arbitration proceeding conducted pursuant to this agreement, the fees and expenses of the members of the Arbitral Tribunal as well as the charges for the use of the facilities of the Centre shall be [borne equally by the parties hereto]/[divided between the parties hereto as follows:...].

如果当事人不想直接约定这一问题，可以尝试通过选择仲裁规则或仲裁地的方式来影响费用承担。不同的仲裁机构的仲裁规则和国家的法律规定对法律费用采取不同的处理方式。例如，在伦敦进行的 LCIA 仲裁很可能将法律费用补偿给胜诉方，而在宾夕法尼亚州进行的 AAA 仲裁则可能出现相反的结果（如无约定，仲裁庭倾向于适用“美国规则”）。

在仲裁协议并未约定仲裁费用分配时，许多仲裁机构的仲裁规则给予了仲裁庭广泛的权限，例如《LCIA 仲裁规则》第 28.3 条、《ICC 仲裁规则》第 37(4)条、《ICSID 公约》第 61(2)条。如当事人希望进一步确定全部费用可以得到补偿，较为明智的做法是加入明确请求仲裁庭加以裁决的表述，如裁决发生全部的合理费用（可参见上述示范条款）。

2. 关于利息的裁决

有些仲裁协议会约定是否应就裁决支持的损失上产生的利息（包括裁决前后产生的利息）作出裁决的问题。许多国家法律和仲裁机构仲裁规则明确给予仲裁庭对利息作出裁决的自由裁量权（见 1996 年《英格兰仲裁法》第 49 条，《LCIA 仲裁规则》第 26.4 条）。尽管如此，当事人可以在仲裁协议中约定关于利息的

裁决,有时如此约定大有裨益。以下方条款为例:

> 关于给付金钱的裁决应包含自本协议下违约之日起的利息。仲裁庭应设定从违约之日至裁决中的款项付清之日间合适的利率。
>
> Any monetary award shall include interest from the date of any breach or violation of this agreement. The arbitrator(s) shall fix the appropriate rate of interest from the date of the breach or other violation to the date when the award is paid in full.

或者,当事人可以对利息作出更详细的约定:

> 仲裁庭应在裁决中包含自损失发生或违约之日至裁决中的款项付清之日间的金钱给付的利息,利率以[填入银行]位于[填入城市,国家]的主要营业点颁布的[90日大额商业贷款]的最优惠商业贷款利率、以自损失发生或违约之日至裁决作出之日利率平均值为准。
>
> The arbitral tribunal shall include in any award of monetary damages interest from the date of loss or default until the date of payment of the award in full, at the prime commercial lending rate published by the [name of bank] at its principal office in [city, country] for [90 day commercial loans to substantial borrowers] averaged over the period from the date of the loss or the default until the date of the award.

或者:

> 仲裁庭应在裁决中包含自损失发生或违约之日至裁决中的款项付清之日间的金钱给付的赔偿利息(包括复利,如适用)。
>
> The arbitral tribunal shall include in any award of monetary damages interest (including, if appropriate, compound interest) from the date of loss or default until the date of payment of the award.

或者:

> 仲裁庭可以裁决一方支付因裁决的金钱给付的损失而产生的单利或复利,利率以仲裁庭认定的合适利率为准,不受任何国家法院适用的法定利率限制。
>
> The arbitral tribunal may order that simple or compound interest shall be paid by any party on any monetary amounts awarded at such rates as the arbitral tribunal determines to be appropriate without being bound by legal rates of interest applicable in any national courts.

起草上述条款时应特别注意，需确保相关约定符合适用的法律规定。

3. 关于裁决的币种

当事人提前约定判决或裁决的币种是有益的。针对裁决币种的条款可以参考下列方式起草：

> 裁决应以[欧元][美元]支付。
> Any award shall be made payable in [Euros] [U. S. Dollars].

或者：

> 裁决可以[任意币种][任意可自由兑换的币种]作出。
> An award may be expressed in [any currency] [any freely – convertible currency].

或者：

> 在第[X]条下进行的仲裁中，所有金钱给付的裁决应包含裁决前发生的利息[(包括按[日][月][年]计算的复利)]，自引起裁决的行为发生之日起以____%的利率计息。
> Any monetary award in an arbitration initiated under this Article [X] shall include pre – award interest [(including compound interest [compounded [daily] [monthly] [annually]])] at the rate of ____% from the time of the act or acts giving rise to the award.

虽然通行法律原则项下应为如此，但当事方亦可约定仲裁裁决必须全额支付，不得抵销或打折：

> 任何金钱给付之裁决应立即支付，不得抵销、扣税或作其他扣减。
> Any award of monetary relief shall be promptly paid, without any set – off, allowance for tax, or other deduction.

4. 开示和发现

国际仲裁中并无文件等证据的一般性的开示或发现制度。

一方能获得的相对方文件披露程度取决于仲裁员的身份和法律背景、仲裁地、适用法和当事人仲裁协议的具体约定。

仲裁协议可对仲裁程序中的开示制度作出约定。该等约定可以明确约定开示的具体方式、禁止证据发现、约定其他方式替代开示等。仲裁协议可以直接约定,或并入仲裁机构仲裁规则中关于仲裁庭证据开示或发现之权力的条款。

鉴于国际仲裁中缺少证据开示的确切法律依据,如果当事人希望明确某一种开示方式,应当在仲裁协议中作出约定。以下是可以纳入国际仲裁协议的关于开示的条款示例:

> 当事方有权进行合理的证据发现,包括要求对方披露相关证据。[如有证据证明有需要,仲裁庭可要求提供书面证词。]
>
> The parties shall be entitled to engage in reasonable discovery, including requests for the production of relevant documents. [Depositions may be ordered by the arbitrator upon a showing of need.]

或者:

> 当事方有权以[美国《联邦民事诉讼规则》][当事人直接选择适用或加以修改的其他程序法规]规定的方式进行证据发现。
>
> The parties shall be entitled to engage in discovery as provided for by the [U. S. Federal Rules of Civil Procedure] [other procedural rules, with or without modification].

或者:

> 应当事方的要求,仲裁庭有要求当事方开示特定文件的自由裁量权。当事方提出文件开示要求的,应以合理的具体程度指明文件,并证明要求开示的文件与仲裁的关联性。
>
> At the request of a party, the Tribunal shall have the discretion to order the disclosure of specified documents by the parties. Such a request shall identify the document(s) with a reasonable degree of specificity and establish the relevance of the document(s) to the arbitration.

另一种更宽泛的表达如下:

仲裁庭有权要求当事方披露相对方或仲裁庭合理要求的[文件][文件类别]。 The arbitral tribunal shall have the authority to order the parties to produce such [documents] [categories of documents] as are reasonably requested by another party by the arbitral tribunal.

对仲裁庭更有限的授权可约定为：

当事人证明其有正当的开示文件的需求时，仲裁庭有权要求开示与争议中的事项相关且重要的文件。 The arbitral tribunal shall have the authority to order production of documents relevant and material to the issues in dispute, upon the showing by either party of a justifiable need for such document(s).

当事方可通过加入以下条款来约定采取"口头取证"程序(oral depositions)：

仲裁庭有权要求通过对证人[或任何一方的管理层或董事]口头取证的方式进行盘问。一方当事人要求的口头取证不得超过________份。 The arbitral tribunal shall have the authority to order the examination by deposition of any witness [or officer or director of any party]. No party shall request more than ________ depositions.

更详细的约定如下：

选定仲裁员后，当事方应尽早(最迟不晚于最后一名仲裁员选定后[30]天)同仲裁庭商讨决定证据发现事宜。各当事方有权对不超过________位潜在证人进行口头取证，提出不超过________组质询，每组质询不超过________次。仲裁庭有权决定更多的证据发现。除非仲裁庭有合理的理由延长证据发现的期限，全部证据发现工作应于最后一名仲裁员选定后________月内完成。 After the arbitrators are selected, the parties shall confer jointly with the arbitral tribunal at the earliest convenient date (not to exceed [30] days after selection of the last arbitrator) to determine the discovery that shall take place. Each party shall have the right to take no more than ________ depositions of potential witnesses, and each shall have the right

> to serve no more than ________ sets of interrogatories, none of which shall include more than ________ interrogatories. Additional discovery shall be in the discretion of the arbitral tribunal. All discovery shall be completed within ________ months after the selection of the last arbitrator, unless this period of time is extended by the arbitral tribunal for good cause.

另一方面,当事方亦可约定禁止证据开示或发现:

> 当事方不得进行证据发现,仲裁庭亦无权要求发现或开示文件、证人证言或其他材料。
>
> The parties shall not be entitled to discovery, and the arbitrators shall have no power to order discovery or disclosure of documents, oral testimony, or other materials.

证据开示条款的效力和适用可能为几个因素所影响。首先,上述条款可能受到仲裁地法律的影响。一些发达国家法律赋予当事方意定证据开示的范围和方式的权利(见《UNCITRAL 示范法》第 19 条;《瑞士国际私法法案》第 182 条;《德国民事诉讼法》第 1042(3)条)。但是,也有一些司法体系禁止仲裁庭要求证据开示或发现,并要求当事人需向国家法院提出申请。

第二,证据开示或发现的可行性和范围可能会受仲裁机构之仲裁规则的影响。所有主要仲裁机构的仲裁规则中均有证据发现的相关规则,尽管其中的一些(如《UNCITRAL 仲裁规则》第 27(3)条、《ICC 仲裁规则》第 25 条)不如另一些(如《LCIA 仲裁规则》第 22 条、《WIPO 仲裁规则》第 50 条)详尽。一般而言,如果当事方已经就证据开示的具体形式达成了协议,主要的仲裁机构的仲裁规则和国家法律都不会干预这类协议,并规定仲裁庭应当遵循当事方的约定。

第三,实践中,证据开示会受到仲裁员的国籍和法律背景的影响。不论当事方是否在仲裁协议中就证据开示或发现的问题作出了约定,这种影响都是存在的。一般而言,相比于普通法系背景的仲裁员,大陆法系背景的仲裁员要求进行广泛的、经当事人申请的证据发现的可能性更小。当然,如果仲裁协议约定了证据开示或发现,或规定了发现的具体形式,仲裁庭通常会肯定相关约定的效力。即便如此,仲裁员对于证据发现条款的解释也会受到其法律背景的影响,欧洲大陆的仲裁员与普通法背景的仲裁员便可能不同。

第四,一些美国化的仲裁条款引入了口头取证程序。不过,此类证据发现形式在美国之外的国际仲裁中很罕见。大多数仲裁员可能担心口头取证程序难以监督、程序中出现的问题较难解决,从而不愿批准以此形式进行证据发现。并且,只有少数的司法体系规定了类似口头取证的程序(在完整的证据听证之前,当事方的律师可以在宣誓下向对方证人/员工发问)。所以,非美国的仲裁员通常认为该程序是不必要且难以进行的。

第五,证据开示常常涉及电子形式的通讯和文件的开示,这将引发一些特殊的问题。一些实务指南对此作出了规定,包括2008 年 ICDR 的《关于信息交换的仲裁员指引》(Guidelines for Arbitrators Concerning Exchanges of Information)、2008 年英国皇家特许仲裁员协会(Chartered Institute of Arbitrators)《仲裁中电子证据开示规则》(Protocol for E – disclosure in Arbitration)和 2010 年《国际律师协会国际仲裁取证规则》。当事人如有意约定电子证据开示的幅度和方式,可以在仲裁条款中引用上述指南。

最后,如果某当事方拒绝遵守仲裁庭要求的证据开示,救济和处罚的问题便随之而来。仲裁员通常缺少国家法院的权威,自身不能通过处罚(如罚款)以强制执行。但是,根据某些仲裁地的法律规定,仲裁庭(或某当事方)可以向当地法院申请对证据开示令的强制执行。或者,更有现实重要意义的是,仲裁庭可以根据当事方对证据开示和发现要求的不配合,作出对其不利的推定。这是一种有效的救济方式。

5. 国际律师协会国际仲裁取证规则

《国际律师协会国际仲裁取证规则》(以下简称《IBA 取证规则》)是当代国际仲裁中证据开示的实用规范。《IBA 取证规则》融合了大陆法系和普通法系的文件开示尺度,规定了文件或文件类别对争议事项的实质重要标准。该规则还包含了关于书面证人陈述及专家报告、直接询问、交叉盘问和类似取证事项的规定。

《IBA 取证规则》于 2010 年修订,以反映仲裁庭更广泛的案件管理权。修订后的规则下,仲裁庭有义务在仲裁程序早期就需与当事方商讨,以确定取证程序。新规则还扩展了关于保密的规定,且就特权问题和电子证据开示给出了更为细致的指南。当事人可以将《IBA 取证规则》并入仲裁条款中,如未作合并,《IBA 取证规则》并不具有独立的约束力。

国际律师协会推荐使用以下条款以并入《IBA 取证规则》:

> 本合同下的仲裁应同时适用________规则与《国际律师协会国际仲裁取证规则》,如《国际律师协会国际仲裁取证规则》与前述规则不一致,仅就证据的出示和采信事宜而言,应以《国际律师协会国际仲裁取证规则》为准。
>
> The IBA Rules of Evidence shall apply together with the ________ Rules governing any submission to arbitration incorporated in this contract. Where they are inconsistent with the before said ________ Rules, these IBA Rules of Evidence shall prevail but solely as regards the presentation and reception of evidence.

如果当事方希望事先明确约定证据开示或发现、证据出示方式等程序问题,《IBA 取证规则》提供了一个合理、中立的选择。

或者,当事方可能希望仅适用《IBA 取证规则》中的部分程序,如书面证人证言,此时可以参考下列示范条款:

> 在任何依据本协议第[X]条进行的仲裁中,关于事实证人或专家证人的直接证言,都应按照《国际律师协会国际仲裁取证规则》的规定提交书面证人陈述。仲裁庭有权变更《国际律师协会国际仲裁取证规则》中的程序规则。
>
> Direct testimony of fact or expert witnesses shall be submitted in any arbitration pursuant to this Article [X] through written witness statements made in accordance with the procedures set forth in the IBA Rules on the Taking of Evidence in International Arbitration, as such procedures may be varied by the arbitral tribunal.

或者,如不援引《IBA 取证规则》,可以参考如下示范条款:

> 在任何依据本协议第[X]条进行的仲裁中,关于事实证人或专家证人的直接证言,都应按仲裁庭的指示提交书面证人陈述。提交书面证人陈述的当事人,应使证人就按照仲裁庭的指示接受交叉盘问提交相关声明。如果对方要求而证人不能参与交叉盘问,除非证明存在合理事由,应从证据中排除该书面证人陈述。
>
> Direct testimony of fact or expert witnesses shall be submitted in any arbitration pursuant to this Article [X] through written witness statements made in accordance with the procedures directed by the arbitral tribunal. Any party submitting a written witness statement shall make the witness providing any such statement available for cross – examination as directed by the arbitral tribunal. If cross – examination is requested by another party and the witness is not made available, the written witness statement will be excluded from evidence except for good cause shown.

当事人可以约定证人陈述的替代程序:

> 一方当事人可按照仲裁庭的程序指令通过书面证人陈述的形式提交直接证言。提交书面证人陈述的当事人,应使证人就按照仲裁庭的指示接受交叉盘问提交相关声明。如果对方要求而证人不能参与交叉盘问,除非证明存在合理事由,应从证据中排除该书面证人陈述。
>
> Either party may submit direct testimony through written witness statements (in accordance with procedures directed by the arbitral tribunal). Any party submitting a written witness statement shall make the witness providing any such statement available for cross – examination as directed by the arbitral tribunal. If cross – examination is requested by another party and the witness is not made available, the written witness statement shall be excluded from evidence except for good cause shown.

仲裁协议还可以赋予仲裁庭指定专家的权力。即使没有类似约定,仲裁庭通常也有该权力,但下列条款可以排除潜在疑问:

> 仲裁庭有权,[在与当事方协商后,]指定专家就仲裁中的问题向仲裁庭汇报。如果仲裁庭指定了专家,该专家应出具书面专家报告,当事方有权在仲裁庭举行的听证中询问该专家。
>
> The arbitral tribunal shall have the authority, [after consulting the parties,] to appoint experts to advise it with respect to any issue in the arbitration. If the arbitral tribunal appoints an expert, such expert shall render a report in writing, and the parties shall have the right to examine such expert at a hearing before the arbitral tribunal.

通常而言,最好不在仲裁条款中约定上文提及的种种程序细节。未来发生的事件可能会使得当事方之前约定的程序不适宜或有损于当事人一方或双方,因此这些程序细节最好留待仲裁中再解决。

6. 仲裁前通知和/或协商

一些仲裁协议中约定了当事方在提起仲裁前的通知期或协商谈判期。代表性条款如下:

> 与本合同有关的所有纠纷,应由各方当事人的管理层代表协商解决。如各方代表不能在[30]日内协商解决争议,各方均可按照本合同第[X]条将该争议提交仲裁。
>
> All disputes relating to this Agreement shall be referred to management representatives of the parties for resolution. If such representatives are unable to resolve any dispute(s) referred to them within [30] days of referral, either party may submit such dispute(s) to arbitration in accordance with the provisions of Article [X] hereof.

或者:

> 各方应诚实善意地尽最大努力协商解决与本合同及本合同下事项有关的、或因其产生的任何争议、请求、矛盾、分歧("争议")。如任何争议不能在任何一方发出关于争议的书面通知后[45]日内解决,则应通过仲裁解决。

The parties shall endeavor in good faith to resolve any dispute, claim, controversy, or disagreement relating to or arising out of this Agreement, or the subject matter of this Agreement ("Dispute"), by negotiation. Any Dispute which remains unresolved [45] days after either party gives written notice of the existence of such Dispute, shall be finally resolved by arbitration.

该方式的一个变种是引入各方代表"多步骤"的谈判程序。此种安排基于一种理论,即各方谈判人员的等级提升会增加和解的可能性和压力。代表性条款如下:

各方应尽最大努力通过友好协商解决与本协议相关的所有纠纷。如任一当事方向另一方发出发生争议的通知,各方无法在通知后的三十(30)日内解决争议,该争议应当被提交给卖方的[销售副总经理]和买方的[质量控制副总经理]。如果上述高管不能在三十(30)日内解决争议,争议应当被提交给买卖双方的[首席执行官]。如果买卖双方的首席执行官不能在三十(30)日内解决争议,则任何一方均有权依据本协议第[X]条将本争议提交仲裁。 The parties shall use their best efforts to resolve all disputes relating to this Agreement by amicable negotiations. If either party gives notice to the other party that a dispute has arisen, and the parties are unable within thirty (30) days of such notice to resolve the dispute, then it shall be referred to [the Vice – President for Sales] of Seller and [the Vice – President for Quality Control] of Buyer. If these officers are unable within thirty (30) days to resolve the dispute, then it shall be referred to the [Chief Executive Officers] of Seller and Buyer. If the Chief Executive Officers of Seller and Buyer are unable within thirty (30) days to resolve the dispute, then either party may submit the dispute to arbitration in accordance with the provisions of Article [X] hereof.

一个既允许随时提起仲裁,也可以将仲裁推迟到谈判结束后的简单条款是:

各当事方应尝试友好解决与本协议相关的任何争议。本条款不妨害任一当事方[在任何时间][在尝试友好协商解决争议的书面通知后的________日内]依据本协议第[X]条提起仲裁。

> The parties shall attempt to settle any dispute relating to this Agreement amicably. Nothing in this Article shall preclude either party from commencing arbitration in accordance with the provisions of Article [X] hereof [at any time] [within ________ days after written notice that efforts to amicably settle any dispute have commenced].

这类条款可以为当事方提供通过谈判解决争议的动力。同时,这些条款也可能产生程序上的混乱和拖延的机会。是否已经谈判或已穷尽一切努力,和解谈判中是否讨论了相关争议,都可能成为问题。

通常而言,最好避免在仲裁条款中约定仲裁前协商的要求,起草通知条款时亦需小心。如此可以避免潜在程序争议,例如仲裁前必须发出何种通知、通知中须涉及什么争议等等。如果采用仲裁前协商条款,对提请协商的争议内容的描述和随后仲裁的争议内容应当一致。仲裁条款中亦应当明确约定协商开始的时间和仲裁程序开始的时间。

7. 多层次争议解决条款

仲裁条款可以和关于替代性争议解决机制(ADR)的条款合并,此类条款常被称为“多层次争议解决条款”,因为此类条款规定了仲裁开始前的初始阶段采用稍非正式的争议解决方式(如ADR)。

这类条款在美国较为盛行,在一些欧洲和亚洲的法域也正渐流行。此类条款通常约定,各方按照确定的时间表进行多种仲裁前协商,有时还有随后的调解或类似的 ADR 机制。如果前述努力均告失败,则当事人可采取仲裁的方式解决争议。一例 AAA 推荐的示范条款为:

> 各方同意,因本合同或其违约产生的或与之有关的争议,若未能直接协商解决争议,在提交仲裁前,各方应首先提交美国仲裁协会按照其《美国仲裁协会商事调解程序规则》通过调解努力解决争议。因

本合同或其违约产生的或与之有关的未决争议与请求,应当提交美国仲裁协会按照《美国仲裁协会商事仲裁规则》通过仲裁解决,仲裁裁决可由任何有管辖权的法院进行判决登记。如争议各方均同意,可以请求调解程序中的调解员担任仲裁员。

If a dispute arises from or relates to this contract or the breach thereof, and if the dispute cannot be settled through direct discussions, the parties agree to endeavor first to settle the dispute by mediation administered by the American Arbitration Association under its Commercial Mediation Procedures before resorting to arbitration. Any unresolved controversy or claim arising from or relating to this contract or breach thereof shall be settled by arbitration administered by the American Arbitration Association in accordance with its Commercial Arbitration Rules, and judgment on the award rendered by the arbitrator may be entered in any court having jurisdiction thereof. If all parties to the dispute agree, a mediator involved in the parties' mediation may be asked to serve as the arbitrator.

如约定英国有效争议解决中心(Centre for Effective Dispute, CEDR)在伦敦主持调解,可见如下示范条款:

各方同意,与本合同有关的争议应通过调解解决,调解按照《英国有效争议解决中心示范调解程序规则》进行。除非当事人收到争议通知后14日内另行约定,否则调解员由英国有效争议解决中心指定。调解程序开始时,一方须向争议其他方发出书面通知("ADR通知"),表明将争议提交调解。提交调解的通知副本应当发送给英国有效争议解决中心。除非当事人另行约定,调解程序应当于在不晚于ADR通知后的28日内开始。除非当事人已尝试通过调解解决争议,且调解已经终止或一方未参加调解,否则各方不得就因本合同引起的任何争议提起诉讼/仲裁,但各方提起仲裁/诉讼程序的权利不受拖延之影响。

If any dispute arises in connection with this agreement, the parties agree to enter into mediation to settle such a dispute and will do so in accordance with the CEDR Model Mediation Procedure. Unless otherwise agreed between the parties within 14 days of notice of the dispute, the mediator will be nominated by CEDR. To initiate the mediation a party must give notice in writing ("ADR notice") to the other party[ies] to the dispute, referring the dispute to mediation. A copy of the referral should be sent to CEDR. Unless otherwise agreed, the mediation will start not later than [28] days after the date of the ADR notice. No party may commence any court proceedings/arbitration in relation to any dispute arising out of this agreement until it has attempted to settle the dispute by mediation and either the mediation has terminated or the other party has failed to participate in the mediation, provided that the right to issue proceedings is not prejudiced by a delay.

国际冲突防范与解决委员会(CPR)的示范条款如下:

管理层间协商(A):各方应善意努力尽快通过管理层间的协商快速解决因本[协议][合同]引起的或与本[协议][合同]相关的争议,参加协商的管理层应当具备解决该争议的权限,且应比本合同的直接管理责任人级别更高。为开始协商程序,一方应当向另一方发送关于日常经营中未解决的争议之书面通知。前述通知送达后[30]日内,管理层应在双方均可接受的时间和地点会面,并可以其认为合理必要的频率继续会面,以尝试解决该争议。本条款下的所有协商均是保密的,并应当在适用的证据规则项下被视为协商与和解谈判。

调解(B):如果在协商通知送达后[45]日内未能通过前款约定的协商程序解决争议,[或者各方未在[20]日内举行会面,]各方应努力通过调解解决争议,调解应根据[现行有效的或缔约时有效的]《国际冲突防范与解决委员会调解规则》进行,[但如果一方未参加前款约定的协商程序,则另一方可以在协商通知送达后[45]日到期前启动调解程序。]除非另行约定,各方应从国际冲突防范与解决委员会名册中选择一名调解员。

仲裁(C):因本[协议][合同]引起的或与本[协议][合同]相关的争议,包括违约、终止或效力问题,如不能[在调解程序开始后[45]日内][在指定调解员后[30]日内]通过前款约定的调解程序解决,则应当按照[现行有效的或缔约时有效的]《国际冲突防范与解决委员会仲裁规则》(“《仲裁规则》”)仲裁解决,[仲裁庭由独任仲裁员组成][仲裁庭由3名仲裁员组成,当事人各选定1名,第三名仲裁员由当事人选定的仲裁员选定][仲裁庭由根据《仲裁规则》第5.4条规定的指定程序而确定的3名仲裁员组成][仲裁庭由3名仲裁员组成,当事人无权选定];[但如果一方未参加前款约定的协商程序或调解程序,其他方可以在前述约定的时限之前启动仲裁程序。]仲裁裁决可由任何有管辖权的法院进行判决登记。仲裁地应为(城市,国家)。仲裁语言为(语言)。

Negotiation Between Executives (A): The parties shall attempt in good faith to resolve any dispute arising out of or relating to this [Agreement] [Contract] promptly by negotiation between executives who have authority to settle the controversy and who are at a higher level of management than the persons with direct responsibility for administration of this contract. To initiate a negotiation, a party shall give the other party written notice of any dispute not resolved in the normal course of business. Within [30] days after delivery of the notice, the executives of both parties shall meet at a mutually acceptable time and place, and thereafter as often as they reasonably deem necessary, to attempt to resolve the dispute. All negotiations pursuant to this clause are confidential and shall be treated as compromise and settlement negotiations for purposes of applicable rules of evidence.

Mediation (B): If the dispute has not been resolved by negotiation as provided herein within [45] days after delivery of the initial notice of negotiation, [or if the parties failed to meet within [20] days,] the parties shall endeavor to settle the dispute by mediation under the International Institute for Conflict Prevention & Resolution ("CPR") Mediation Procedure [currently in effect OR in effect on the date of this Agreement], [provided, however, that if one party fails to participate in the negotiation as provided herein, the other party can initiate mediation prior to the expiration of the [45] days.] Unless otherwise agreed, the parties will select a mediator from the CPR Panels of Distinguished Neutrals.

Arbitration (C): Any dispute arising out of or relating to this [Agreement] [Contract], including the breach, termination or validity thereof, which has not been resolved by mediation as provided herein [within [45] days after initiation of the mediation procedure] [within [30] days after appointment of a mediator], shall be finally resolved by arbitration in accordance with the International Institute for Conflict Prevention and Resolution ("CPR") Rules for Administered Arbitration of International Disputes [currently in effect OR in effect on the date of this Agreement], by [a sole arbitrator] [three arbitrators, of whom each party shall designate one, with the third arbitrator to be appointed by CPR] [three arbitrators, of whom each party shall designate one, with the third arbitrator to be designated by the two party-appointed arbitrators] [three arbitrators to be appointed in accordance with the screened appointment procedure provided in Rule 5.4] [three arbitrators, none of whom shall be designated by either party]; [provided, however, that if one party fails to participate in either the negotiation or mediation as agreed herein, the other party can commence arbitration prior to the expiration of the time periods set forth above.] Judgment upon the award rendered by the arbitrator(s) may be entered by any court having jurisdiction thereof. The seat of the arbitration shall be (city, country). The Language of the arbitration shall be (language).

国际争议解决中心(ICDR)的示范条款约定了和仲裁平行(而非前置)的调解机制:

> 因本合同及其违约引起的或与之相关的任何争议或请求,应提交国际争议解决中心依照其《国际争议解决中心国际仲裁规则》仲裁解决。当一方申请仲裁后,各方同意尝试通过国际争议解决中心依照其《国际争议解决中心国际调解规则》进行的调解程序解决因本合同及其违约引起的或与之相关的任何争议或请求。调解应当与仲裁同时进行,且不应作为仲裁程序任何阶段的前提条件。
>
> Any controversy or claim arising out of or related to this contract, or a breach thereof, shall be resolved by arbitration administered by the International Centre for Dispute Resolution in accordance with its International Arbitration Rules. Once the demand for arbitration is initiated, the parties agree to attempt to settle any controversy or claim arising out of or relating to this contract or a breach thereof by mediation administered by the International Centre for Dispute Resolution under its International Mediation Rules. Mediation will proceed concurrently with arbitration and shall not be a condition precedent to any stage of the arbitration process.

如下条款在 ICC 的示范条款基础上作出了修改,增加了各方在仲裁前将争议提交 ADR 的义务:

> 如因本合同引起或产生与本合同相关的任何争议,各方应首先将争议按照《国际商会调解规则》的程序调解。如果争议未能在提交调解申请的[45]日内或各方书面同意的其他期限内按照上述规则得到解决,则该争议应当按照《国际商会仲裁规则》由依据该规则指定的一名或数名仲裁员终局解决。
>
> In the event of any dispute arising out of or in connection with the present contract, the parties shall first refer the dispute to proceedings under the ICC Mediation Rules. If the dispute has not been settled pursuant to the said Rules within [45] days following the filing of a Request for Mediation or within such other period as the parties may agree in writing, such dispute shall thereafter be finally settled un - der the Rules of Arbitration of the International Chamber of Commerce by one or more arbitrators appointed in accordance with the said Rules of Arbitration.

起草此类条款时须特别注意避免程序冗长,防止埋下管辖权异议的隐患。当事人亦须谨慎决定,前置的调解程序是强制性的还是选择性的。一些国家的法院判决认为，如果调解条款的表述是强制性的，其便是仲裁的先决条件，所以在约定的调解程序完结之前不得开始仲裁。

此外，多层次仲裁条款还可能存在执行问题。部分国家的法院认为，多层次仲裁条款并非将争议提交仲裁之协议，而是将争议提交其他程序解决、在解决不能时则有可能提交仲裁的协议，故不属于《纽约公约》之适用范围。为将该风险减至最小，当采用多层次仲裁条款时，至关重要的一点是明确各层次的程序，并指明每个阶段结束、下个阶段开始的节点。

ADR 条款通常关注调解与和解。ICC、AAA/ICDR、SIAC、LCIA、CPR、UNCITRAL 等大多数主流仲裁机构都发布了相应规则，建立了无强制约束力的和解或调解机制。在上述规则下，中立的调解员或协调者会进行召集单方或多方会面、游走交涉及类似工作。在一些案件中，仲裁庭可能发布不具有强制约束力的报告或建议书。当事人还须考虑，调解员记录、当事人陈述等等材料可能被申请开示。在各法域，前述文件被开示的风险不同，且通常可以通过保密条款进行处理。

8. 快速仲裁和时限约定

一些仲裁协议约定了“快速仲裁”程序（“fast - track” procedure），或约定了仲裁程序的时限。此类条款可以要求仲裁庭在特定的时限内作出裁决，或订立一个更为详尽的、各程序时限较短的程序时间表。以下为代表性的示例：

> 仲裁庭应当在［被申请人收到申请人发出的仲裁通知］［指定［独任］［首席］仲裁员］之日起________个月内作出最终裁决。
>
> The arbitral tribunal shall make a final award within ________ months from the date of [the respondent's receipt of the claimant's notice of arbitration] [appointment of the [sole] [presiding] arbitrator].

或者:

> 仲裁庭应当在不晚于收到申请人的仲裁请求陈述书之日起的____日内结案。除非各方另行同意,唯一一次开庭(持续不超过____日)应在不晚于仲裁庭收到申请人的仲裁请求陈述书之日起的____日内开始。仲裁庭可以出于案件公正性的需要,将听证和/或结案的日期延长共不超过____日。
>
> The arbitrators shall conclude the arbitration no later than ____ days from the date that the claimant's statement of claim is received by the arbitrators. Unless the parties otherwise agree, a single hearing (lasting no more than ____ days) shall be conducted commencing no later than ____ days from the date that the claimant's statement of claim is received by the arbitrators. If the arbitrators determine that the interests of justice so require, they may extend the dates for the hearing and/or for conclusion of the arbitration by up to a total of ____ days.

尽管快速仲裁可能高效,但可能给仲裁庭和律师施加了不可行或不现实的约束。并且,如果约定的期限未被遵守,仲裁庭作出的裁决的有效性和仲裁协议的效力可能会受到挑战。

另一例的示范条款给予了仲裁庭更大的延长当事人约定时限的自由裁量权:

> 本协议第[X]条下的仲裁之最终裁决应在指定[独任仲裁员][首席仲裁员]后的[180]日内由仲裁庭作出,除非仲裁庭出于案件公正性的需要,决定将上述期限延长[不超过[45]日]。
>
> The final award in any arbitration under this Article [X] shall be made by the arbitral tribunal within [180] days from the appointment of the [sole arbitrator] [presiding arbitrator], unless the arbitral tribunal concludes that the interest of justice requires that such limit beextended [by an additional period not to exceed [45] days].

或者:

> 除无法预见的重大情形之外,各方共同希望并同意,本协议第[X]条下的仲裁之最终裁决应在指定[独任仲裁员][首席仲裁员]后的____日内作出。当事人可通过书面协议的形式延长该时限。如果仲裁庭认为出于案件公正需要,可依其自由裁量权延长该时限。仲裁

庭应尽全力在上述期限内作出最终裁决。但仲裁庭未在该时限内作出最终裁决不得作为拒绝遵守、挑战或拒绝执行该最终裁决之事由。

The parties mutually desire and intend that, barring exceptional and unforeseen circumstances, the final award of any arbitration under this Article [X] shall be made ____ days from the appointment of the [sole arbitrator] [presiding arbitrator]. The parties may extend this time limit by written agreement. The arbitral tribunal may extend this time limit in its discretion if it considers that the interest of justice so requires. The arbitral tribunal shall use its best efforts to issue the final award within such time period. The arbitral tribunal's failure to make a final award within this time limit shall not be a basis for refusing to comply with or for challenging or resisting enforcement of any such award.

澳大利亚国际商事仲裁中心、香港国际仲裁中心、国际争议解决中心、吉隆坡区域仲裁中心、斯德哥尔摩商会仲裁院、新加坡国际仲裁中心、瑞士商会仲裁院和世界知识产权组织等许多仲裁机构都颁布了快速仲裁规则。虽然引发关注,但这些机制的实践作用较为有限。

《SIAC 仲裁规则》的快速程序是一个例外。该程序规定了由独任仲裁员仲裁,独任仲裁员应在被指定后六个月内作出最终裁决(《SIAC 仲裁规则》第 5 条)。SIAC 的快速程序可用于(i)争议金额小于约合 500 万美元;或(ii)异常紧急的案件。SIAC 在过去 6 年里进行了超过 140 件快速程序仲裁。

9. 友好公断人或依公允善良原则裁决

经当事人授权,仲裁庭可以作为"友好公断人"(*amiable compositeur*)或"依公允善良原则"(*ex aequo et bono*)对争议作出决断。一般而言,两种规则都允许仲裁庭不必严格受法律法规限制而化解争议。仲裁机构的仲裁规则和国家仲裁法通常均明确规定,除非当事人特别同意,否则仲裁庭不享有该等权力,参见《ICC 仲裁规则》第 21(3)条、《UNCITRAL 仲裁规则》第 35(2)条、《ICSID 公约》第 42(3)条。如当事人希望授权仲裁庭依公允善良原

则裁决,可以参考以下条款:

> 仲裁庭有权依公允善良原则对争议作出决断。
> The Arbitral Tribunal shall have the power to decide a dispute ex aequo et bono.

在部分国家的法律规定下,“友好公断人”条款和“依公允善良原则”裁决条款的可执行性存在不确定性。因为此类条款授予仲裁庭不受审查的广泛裁量权,大多数专业人士持有较谨慎态度,也属合理。

10. 判决登记条款

美国国内仲裁中,当事人经常约定“判决登记”(entry – of – judgment)或“判决执行”(enforcement – of – judgment)条款。这些条款的目的在于确保仲裁裁决在美国法院的可执行性。参见以下代表性条款:

> 仲裁裁决可由任何有管辖权的州法院或联邦法院进行判决登记。
> Judgment upon any award made by the arbitrator(s) may be entered in any state or federal court having jurisdiction thereof.

美国国内仲裁中,当事人之所以加入判决登记条款,原因是根据《美国联邦仲裁法》第 1 章第 9 条的规定,需有仲裁裁决司法执行的合意。但这一规定可能不适用于国际仲裁条款,因之受《美国联邦仲裁法》第 2 章和第 3 章的规定。

除美国之外,其他发达法系的法律通常并不要求将判决登记作为执行仲裁裁决的前提条件。尽管如此,出于审慎之考虑,在涉美国当事人时、或裁决有可能在美国执行时,仍然建议当事人加入判决登记条款。

11. 多方当事人的合同和仲裁

多方当事人的合同会引发争议解决、程序安排和条款起草上的特殊问题。多数仲裁条款和一些仲裁机构的仲裁规则在起草时考虑的都是两方争议的情况。在争议涉及三方或更多方时，这些条款可能产生麻烦甚至无法适用。例如，常用的“各”方（each side）可选定一名仲裁员的表述，便难以用于三方或更多方利益不同的当事人的合同。

一个多方当事人的仲裁条款，应确保合同各方可以被包含在同一仲裁当中，且仲裁员能被顺利地选定。后者通常可以通过约定由指定机构指定独任仲裁员或三名仲裁员来实现；或者，可以尝试将各方分为两“边”，每一“边”的各方可共同选定一名仲裁员。

多方当事人的仲裁条款亦可以允许一方对任何其他方提出主张，允许被申请人增加更多仲裁当事人，并允许一方有权加入到已开始的仲裁当中（均应受限于程序规定）。该等条款还可允许仲裁员合并当事人相同的两个或更多未决仲裁。如允许上述情况，当事人需要根据具体情况小心起草和调整仲裁条款。

一例约定合并仲裁事宜的相对简单的条款为：

> 当事人同意其可以在涉及本协议其他当事人的仲裁中被追加为仲裁当事人。如果本协议下启动了多起仲裁，且一方当事人认为两个或更多仲裁案件间存在实质关联、相关事宜应在同一程序中审理，这些仲裁程序中最先被指定的仲裁庭有权决定，基于公正和效率考虑，这些仲裁程序是否应被该仲裁庭合并审理。
>
> Each Party agrees that it may be joined as an additional Party to an arbitration involving other Parties under this Agreement. If more than one arbitration is begun under this Agreement and any Party contends that two or more arbitrations are substantially related and that the issues should be heard in one proceeding, the arbitral tribunal appointed in the first – filed of such proceedings shall have the power to determine whether, in the interests of justice and efficiency, the proceedings should be consolidated before that arbitral tribunal.

以下是一个更详尽和复杂的条款（其中“各方”应理解为系争

合同的各方):

> 任何一方可以单独、或与其他方一同,依据本协议第[X]条向全部其他方发送仲裁申请书(request for arbitration)以启动仲裁。在依本协议第[X]条启动的仲裁中,任何当事人可以对其他方提出请求、反请求或交叉请求,不论该其他方是否在仲裁申请书、反请求或交叉请求中被列为被申请人,只要(A)新的请求、反请求或交叉请求与先前提交的仲裁申请书、反请求或交叉请求中的争议、请求、矛盾或分歧实质相关,且(B)新的请求、反请求或交叉请求是在提出方收到相关仲裁申请书、反请求或交叉请求通知后[30]日内以书面通知的形式向其他方提出。
>
> Any Party may, either separately or together with any other Party, initiate arbitration pursuant to this Article [X] by sending a request for arbitration to all other Parties. In any arbitration pursuant to this Article [X], any Party may submit claims, counterclaims, or cross – claims against any other Party, regardless whether such Party was named as a respondent in a request for arbitration, counterclaim, or cross – claim, provided that (A) each such new claim, counterclaim, or cross – claim is substantially related to the dispute, claim, controversy or disagreement in a previously – submitted request for arbitration, counterclaim or cross – claim, and (B) such new claims, counterclaims, or cross – claims are submitted by written notice to all other Parties within [30] days from the receipt by such Party of the relevant request for arbitration, counterclaim, or cross – claim.

或者:

> 任何仲裁请求、反请求或交叉请求的被申请人可对任何当事人提起反请求或交叉请求,只要(A)新的反请求或交叉请求与先前提交的仲裁申请书、反请求和交叉请求中的争议、请求、矛盾或分歧实质相关,且(B)新的反请求或交叉请求是提出方在收到相关仲裁通知、反请求或交叉请求通知后[30]日内以书面通知的形式向其他方提出。
>
> 任何被追加或主动加入仲裁的当事人都受仲裁庭作出的裁决的约束,即使该方选择不参加仲裁程序。
>
> Any Party against whom claims, counterclaims, or cross – claims are submitted may submit counterclaims or cross – claims against any Party, provided that (A) each such new counterclaim or cross – claim is substantially related to the dispute, claim, controversy, or disagreement in a previously – submitted request for arbitration, counterclaim, or cross – claim, and (B) such new counterclaim or cross – claim is submitted by

> written notice to the other Parties within [30] days from the receipt by such Party of the relevant notice of arbitration, counterclaim, or cross-claim.
>
> Any joined or intervening Party shall be bound by any award rendered by the arbitral tribunal even if such Party chooses not to participate in the arbitral proceedings.

该条款可被修改后用于涉及多份合同的情形，下文将详述。

国际商会、国际争议解决中心、新加坡国际仲裁中心、伦敦国际仲裁院、中国国际经济贸易仲裁委员会、香港国际仲裁中心等机构均已修订了其各自的仲裁规则，以涵盖多方当事人仲裁的规定。这些仲裁规则在不同情况下允许合并仲裁、追加当事人及当事人主动加入等。

2012 年版《ICC 仲裁规则》还规定，当存在有多个申请人或被申请人时，其应“共同”选定一名仲裁员（《ICC 仲裁规则》第 12(6)条）；如果多个申请人（或被申请人）无法就仲裁员人选达成一致，ICC 通常将会指定仲裁庭的全部仲裁员（《ICC 仲裁规则》第 12(8)条）。与此相似的是，《LCIA 仲裁规则》也规定，如果一个仲裁涉及三方或更多方，而这些当事人无法就选定仲裁员的程序达成一致，LCIA 会指定仲裁庭的全部仲裁员（《LCIA 仲裁规则》第 8 条）。

12. 未签署仲裁协议的当事人

一个常见的问题是，仲裁协议能否适用于推定的第三方，如关联方、继承人、签约方的受让人等。当事人在起草仲裁条款时，当然可以明确约定约束签约方的关联方、继承人和受让人。但涉及第三方的仲裁条款的可执行性则取决于适用法，且常存在被挑战的可能性。当主协议已经被有效转让或承继时，适用法通常会规定，继承人和受让人等受到主协议中仲裁条款的约束。但不论如何，当事人可能仍希望作出如下约定：

> 本仲裁协议可约束本合同当事人及其继承人、受让人和关联方。
> This agreement to arbitrate shall be binding upon the parties and their successors, assigns, andaffiliates.

或者当事人可以限制仲裁协议的可转让性,参考如下条款:

> 除非本协议签约方另行书面同意,仲裁协议仅约束本协议签约方,不约束其继承人、受让人或关联方。
> This agreement to arbitrate is binding only upon the signatories hereto and not, unless otherwise agreed in writing by the signatories hereto, their successors, assigns, or affiliates.

或者:

> 本协议第[X]条约定的仲裁协议仅约束本协议签约方。
> The arbitration agreement contained in this Article [X] binds only the signatories to this Agreement.

此类条款引发的问题可能比其解决的问题多,应当谨慎使用。

此外,当事人如果想要使仲裁条款约束一个集团中的所有公司,通常需要每个公司都签署,或者至少由一个公司明确代表其全部子公司和关联公司签署。前一种途径更为妥当,后一种途径至少也为集团中的所有公司依代理和关联关系理论受仲裁条款约束提供了论据。

13. 多份合同的仲裁

许多商业交易都涉及多份合同文件,有时合同的主体不同。典型的例子包括项目融资交易、建筑工程、合资企业。对于此类交易安排,设计争议解决机制并起草相应条款的难度较大。

如果就每份合同设置单独的争议解决机制,即便相关争议解决条款文本相同,仍然可能人为地割裂一起争议和争议的当事人,因此这种方式可能并不符合当事人的期待。为多份合同文件设置统一的争议解决机制，一个常用方法是起草一份《争议解决总协议》（Master Dispute Resolution Agreement），或将争议解决条款订入框架协议中，再由每份单独的项目合同引用并入。但另一方面，为所有当事人的协议设计一个统一的争议解决机制，也会遇到条款起草等技术问题。

为了解决多合同引发的问题，最好的方式可能是，根据拟议交易的规模和复杂程度，为每个协议分别起草带有合并条款的仲裁协议。合并条款范例如下：

> 如果在本协议、[第二份协议]和/或[第三份协议]下启动了多个仲裁，且有一方认为两起或更多仲裁间存在实质关联、相关事宜应在同一程序中审理，这些仲裁程序中最先被指定的仲裁庭有权基于公正和效率的考量，决定是否由该仲裁庭合并审理全部仲裁案件。
>
> If more than one arbitration is begun under this Agreement, the [second Agreement], and/or the [third Agreement] and any party contends that two or more arbitrations are substantially related and that the issues should be heard in one proceeding, the arbitral tribunal appointed in the first – filed of such proceedings shall have the power to determine whether, in the interests of justice and efficiency, the proceedings should be consolidated before that arbitral tribunal.

或者：

> 按照本协议第[X]条组成的仲裁庭有权合并审理本协议下的仲裁和[[某相关协议]第[X]条]下的仲裁，只要这些仲裁涉及相同的法律或事实问题。如果本协议第[X]条下或[[某相关协议]第[X]条]下组成的两个或更多仲裁庭发布了合并审理不同仲裁的决定，以最先发布的程序令为准。
>
> An arbitral tribunal constituted pursuant to this Article [X] may consolidate an arbitration hereunder with an arbitration (or arbitrations) under [Article XX of [insert related agreement(s)]], provided that the arbitrations involve common questions of law or fact. If two or more arbitral tribunals constituted under this Article [X] or under [Article XX of [insert related agreement(s)]] issue decisions providing for consolidation of different arbitrations, the order issued first shall prevail.

更为简练的表述为：

> 各方同意将本协议下的争议解决程序与合同事项实质相同的项目合同下的未决争议解决程序合并审理。
>
> The parties shall agree to join any dispute resolution proceeding under this Agreement with any other dispute resolution pending in respect of any other Project Contract relating to substantially the same matter.

AAA 关于合并审理建筑工程纠纷的示范条款如下：

> 业主、总包人和全部分包人、专业承包人、材料供应商、工程师、设计师、建筑师、建筑工程贷款人、担保公司和与该建筑工程相关的其他当事人,各方均受本仲裁条款的约束,只要该方签署了本合同、或签署了并入本合同的任何其他合同、或签署了同意受本仲裁条款约束的其他合同。各方同意其可以在涉及上述协议当事人的仲裁中被追加为仲裁当事人。如果上述协议下开始了多起仲裁,且有当事人认为两起或更多仲裁间存在实质关联、相关事宜应在同一程序中审理,这些仲裁程序中最先被选定的仲裁员应基于公正和效率考量,决定是否合并审理这些仲裁程序。
>
> The owner, the contractor, and all subcontractors, specialty contractors, material suppliers, engineers, designers, architects, construction lenders, bonding companies, and other parties concerned with the construction of the structure are bound, each to each other, by this arbitration clause, provided that they have signed this contract or a contract that incorporates this contract by reference or signed any other agreement to be bound by this arbitration clause. Each such party agrees that it may be joined as an additional party to an arbitration involving other parties under any such agreement. If more than one arbitration is begun under any such agreement and any party contends that two or more arbitrations are substantially related and that the issues should be heard in one proceeding, the arbitrator(s) selected in the first - filed of such proceedings shall determine whether, in the interests of justice and efficiency, the proceedings should be consolidated before that (those) arbitrator(s).

当事人需慎重考虑合并条款在适用法和仲裁机构仲裁规则下的效力。部分国家的法律基于保护当事人参与仲裁庭组庭权利的考量,对此类条款施加了强制性限制。

14. 司法审查的排除

许多国家的仲裁法对国际仲裁裁决撤销程序都规定了非常有限的司法审查。主流仲裁地的规定大体如此，包括瑞士、法国、美国、瑞典、荷兰、比利时、新加坡和中国香港特别行政区。上述国家和地区中，很多将司法审查事项局限在公共政策、仲裁庭管辖权、仲裁协议有效性、仲裁的程序规范。由于法律通常会限制仲裁裁决的司法审查事项，无需当事人在仲裁协议中另行约定。但在其他的一些国家，如英格兰和印度的法律仍规定，仲裁裁决撤销程序中，法院有权对仲裁庭的实体决定进行司法审查（除非当事人约定排除），这就使约定限制司法审查变得非常重要。

大多数仲裁机构的仲裁规则包含了限制对裁决的司法审查的规定，参见《ICC 仲裁规则》第 34(6) 条、《SIAC 仲裁规则》第 32.11 条、《LCIA 仲裁规则》第 26.8 条。此外，当事人还可以在仲裁协议中约定限制或排除仲裁裁决司法审查。起草此类协议时，需注意确保其在仲裁地的仲裁法下的可执行性；在比利时、瑞士和瑞典等国家，至少在仅涉及外国主体时，几乎全部司法审查都是可以被约定排除的。限制司法审查的示范条款如下：

> 仲裁庭作出的裁决是最终的并具有约束力。在法律允许的最大范围内，各方明确排除任何上诉、撤销或以其他方式挑战仲裁裁决的权利。
>
> The arbitrators' award will be final and binding. The parties expressly exclude any and all rights to appeal, set aside, or otherwise challenge any award by the arbitrators, insofar as such exclusion can validly be made.

或者：

> 仲裁庭根据本协议第[X]条作出的裁决是最终的并对各方具有约束力，各方在法律允许的最大范围内放弃其依任何法域的法律可能享有的任何形式的上诉、宣告无效、撤销或废除、附带损害或以其它形式反对或挑战仲裁裁决的权利。

> Any award(s) made by the arbitral tribunal under this Article [X] shall be final and binding on the parties, and each party waives to the fullest extent permitted by law any right it may otherwise have under the laws of any jurisdiction to any form of appeal, annulment, action to set aside or vacate, collateral attack, or any other form of recourse against or challenge to such award(s).

在一些法域,当事人约定排除司法审查时,建议可以明确引用该地法律中关于上诉的法律条文。在英格兰和印度等国家,这更是必要的。所以,约定在英格兰仲裁的当事人可以选择排除1996年《英格兰仲裁法》(English Arbitration Act)第69条规定的对仲裁庭决定的实质审查。以下是一个示范条款:

> 就仲裁过程中出现的和与仲裁裁决相关的一切法律问题,各方明确同意不得行使1996年《英格兰仲裁法》第69条规定的上诉权利。
>
> The parties expressly agree that leave to appeal under section 69 of the English Arbitration Act 1996 shall not be sought with respect to any question of law arising during the course of the arbitration or with respect to any award made.

对约定在英格兰的临时仲裁,仲裁协议中尤其应当加入此类条款,因为无法依靠仲裁机构仲裁规则中对排除司法审查的规定。

15. 加重司法审查

当事人亦可以在仲裁条款中约定加重对仲裁裁决的司法审查。尽管许多国际仲裁从业者都对此类条款持怀疑态度,但此类条款尝试解决了当事人关于仲裁裁决缺乏有效上诉审查的忧虑。此类条款的一个范例如下:

> 仲裁庭作出的裁决是最终的并具有约束力,但任一方均有权向裁决作出地法院申请对裁决进行司法审查,司法审查的标准应为对当地一审法院判决上诉审查的标准。

> The arbitrators' award shall be final and binding, but any party hereto shall have the right to seek judicial review of such award in the courts of the place where the award is made in accordance with the standards of appellate review applicable to decisions of courts of first instance in that place.

值得注意的是,此类条款会产生可执行性问题,因为其可能被认为违反了仲裁裁决司法审查的法定事由。美国法院曾认定此类条款是不可执行的,其他法域也可能观点类似。

当事人还可以通过协议约定由另一个仲裁庭对仲裁裁决作出审查。但此种条款较不常见,且可能引发实践和起草方面的问题。除非有专业人士,否则不建议当事人起草此类条款。也有一些仲裁机构的仲裁规则规定了对仲裁裁决的"内部"审查措施(如"非司法审查")。ICSID 即有此种规则,一些专业贸易仲裁机制也采取类似模式。

16. 约定详尽的程序机制

一些仲裁条款会尝试为将来的仲裁程序约定较为详尽的程序规则。例如,仲裁协议可以约定初始文件提交的时间表、证据发现的形式和时间表、开庭的用时和时间、证人证言的形式等。通常而言,在仲裁协议中为将来的争议约定上述细节,意义有限。精心拟定的程序计划常常并不适用于将来发生的特定争议,还可能束缚仲裁庭的程序裁量权,或使仲裁程序无法进行。

17. 临时措施

仲裁协议可以明确授权仲裁庭裁决临时措施或保全措施。此类条款通常不是必须的,因为许多国家的仲裁法都规定当事人可以在最终裁决作出前向法院或仲裁庭申请临时措施或保全措施(见 1996 年《英格兰仲裁法》,第 38 及 44 条)。此外,多数仲裁机构的仲裁规则亦规定,仲裁庭有权批准临时措施(参见《ICC 仲裁规则》第 28 条、《LCIA 仲裁规则》第 25 条、《UNCITRAL 仲裁规则》第26条)。

当事人可以在仲裁协议中明确约定仲裁庭有权批准临时措施,示范条款如下:

> 仲裁庭有权采取法院有权采取的一切临时措施、中间措施或保全措施。
>
> Any provisional, interim, or conservatory measures which would be available from a court of law shall be available from the arbitral tribunal.

或者:

> 在不影响当事人有权向有管辖权的法院申请临时措施的情况下,仲裁庭有权准许临时措施、中间措施或保全措施,包括但不限于临时禁令救济。各方承诺在接到仲裁庭关于临时措施、中间措施或保全措施的命令后立即遵守,各方亦同意,在不为法律禁止的范围内,上述措施可以在有管辖权的法院被当作最终裁决来执行。
>
> Without prejudice to the parties' right to seek provisional measures from any court of competent jurisdiction, the arbitral tribunal shall have the power to grant provisional, interim, or conservatory measures, including but not limited to provisional injunctive relief. The parties undertake to comply forthwith with any such provisional, interim, or conservatory measures ordered by the arbitral tribunal and agree that such measures may, to the extent not precluded by applicable law, be enforceable as a final award in any court of competent jurisdiction.

上述条款中最后一条的可执行性是存疑的。一些法域将仲裁庭关于中间措施或临时措施的决定视为“非最终”裁决,且不对其适用司法强制执行。在这种情况下,不确定当事人的相反约定是否有用。但不论如何,此类条款仍有可能增加临时措施的可执行性。

当事人也可以对临时措施的范围作出限制:

> 在不影响当事人有权向有管辖权的法院申请临时措施的情况下,仲裁庭有权准许临时措施、中间措施或保全措施,但该类措施的目的仅在于将现状维持,直至最终裁决作出、或争议以其他形式解决。

> Without prejudice to the parties' right to seek provisional measures from any court of competent jurisdiction, the arbitral tribunal shall have the power to grant provisional, interim, or conservatory measures, but only in order to maintain the status quo until either a final award is made by the arbitral tribunal or the dispute is otherwise resolved.

一则范围更广的替代条款为：

> 各方知晓，当本协议未如约履行时，各方均无法获得足够的金钱损失之法定救济，因此各方有权获得特定履行行为的救济及/或临时救济的权利。各方知晓并同意其有权向仲裁庭［或有管辖权的法院］申请保全措施或临时措施。
>
> Each party hereby acknowledges that it would not have an adequate remedy at law for money damages in the event that this Agreement was not performed in accordance with its terms and therefore agrees that each party shall be entitled to specific performance and/or interim relief. The parties hereby acknowledge and agree that they may apply to the arbitral tribunal [or to any court of competent jurisdiction] for conservatory or interim measures.

仲裁条款也可以明确约定当事人保留向法院申请临时措施的权利。一例典型条款是：

> 本条款不影响当事人在仲裁庭组庭前或仲裁组庭后根据仲裁庭的命令而向有管辖权的法院申请保全措施或临时措施，包括但不限于临时保全、临时禁令或其他同类措施。
>
> Nothing in this provision shall prevent any party from seeking conservatory or interim measures, including, but not limited to temporary retaining orders or preliminary injunctions or their equivalent, from any court of competent jurisdiction before the arbitral tribunal is constituted or, thereafter, upon the order of the arbitral tribunal.

一例范围更广的条款如下：

> 本条款不影响当事人在任何时间向有管辖权的法院申请临时措施、中间措施或保全措施。当事人向法院提起前述申请不应被视为违反本协议第［X］条约定的仲裁协议或对仲裁权利的放弃。

> Nothing in this Article [X] shall prevent any party from seeking provisional, interim, or conservatory measures from any court of competent jurisdiction at any time. Any such request by a party to a court for provisional, interim, or conservatory measures shall not be deemed incompatible with the agreement to arbitrate in this Article [X] or a waiver of the right to arbitrate.

根据《ICSID 仲裁规则》第39(6)条,仲裁协议的当事人须在仲裁协议中约定保留向司法机关等有权机关申请临时措施的权利。ICSID 建议,如当事人想约定由法院作出临时措施的裁定,可添加以下条款:

> 在不影响仲裁庭采用临时措施之权力的情况下,任意一方为保护其权益,均有权在仲裁程序开始前或开始后请求司法机关等有权机关作出临时措施或保全措施(包括扣押)的裁定。
>
> Without prejudice to the power of the Arbitral Tribunal to recommend provisional measures, either party hereto may request any judicial or other authority to order any provisional or conservatory measure, including attachment, prior to the institution of the arbitration proceeding, or during the proceeding, for the preservation of its rights and interests.

当需要限制或扩大仲裁地法律或仲裁机构仲裁规则中关于临时措施的规定时,当事人通过协议约定中间措施或临时措施就尤为重要。例如,在一个软件开发合同中,非常重要的一点就是确保有尽可能多的中间措施可以使用,以免一方在裁决作出前侵吞共同开发的技术。

理论上,当事人亦可以排除向仲裁庭、法院或两者申请临时措施的权利。此类条款如下:

> 尽管存在本协议第[X]条或[仲裁机构的仲裁规则]的其他规定,[仲裁庭无权决定采取任何临时措施、中间措施或保全措施],[并且][各方不可撤销地承诺和同意不向任何法院等司法机关申请任何临时措施、中间措施或保全措施]。

> Notwithstanding any other provision of this Article [X] or the [applicable institutional rules], [the arbitral tribunal shall not have the power to order any provisional, interim, or conservatory measures] [and] [the parties irrevocably undertake and agree not to seek any provisional, interim, or conservatory measures from any court or judicial authority].

当事人可以使用此类条款的理由甚少。临时措施是有效的救济,在任何情况下放弃申请此类措施的权利通常都是不明智的。

18. 紧急仲裁员

包括国际商会、国际争议解决中心、新加坡国际仲裁中心、伦敦国际仲裁院和斯德哥尔摩商会仲裁院在内的一些仲裁机构都在近年规定了所谓的“紧急仲裁员”(emergency arbitrator)制度。这些制度旨在提供一种仲裁庭组庭前、且无需求助于法院的申请临时救济之途径。

《ICC 仲裁规则》规定,在案卷向仲裁庭移交前,当事人可向紧急仲裁员申请批准紧急的临时措施或保全措施(见《ICC 仲裁规则》第 29 条及附录五)。尽管当事人被要求遵守紧急仲裁员作出的任何决定,但紧急仲裁员的决定对仲裁庭并没有约束力。除非当事人明确排除,否则均可申请紧急仲裁员程序。排除适用紧急仲裁员规则的条款如下:

> 凡产生于本合同或与本合同相关的一切争议,均应按照国际商会仲裁规则,由依据该规则指定的一名或数名仲裁员终局解决。紧急仲裁员之规定不得适用。
>
> All disputes arising out of or in connection with the present contract shall be finally settled under the Rules of Arbitration of the International Chamber of Commerce by one or more arbitrators appointed in accordance with the said Rules. The EmergencyArbitrator Provisions shall not apply.

大多数仲裁机构仲裁规则现在都规定了紧急仲裁员规则,与 ICC 上述规则类似。在起草仲裁条款、选择仲裁规则时,当事人应考虑是否约定排除紧急仲裁员规则。

19. 电子商务仲裁

互联网的迅猛发展使得更多涉电子商务的跨境争议随之而来。相比于传统国际仲裁,许多此类争议的规模较小,更适合快捷、经济的争议解决方式,如书面审理或线上仲裁。

一些仲裁机构发布了线上争议解决规则,提供了电子形式提交文件和线上会议等规则。例如,世界知识产权组织(WIPO)仲裁与调解中心已经根据其"统一域名争议解决政策"(Uniform Domain Name Dispute Resolution Policy)项下机制处理了超过30,000件域名争议。

20. 对仲裁庭决定救济措施权力的限制

仲裁条款可以明确限制仲裁庭的决定救济措施的权力,例如禁止仲裁庭裁决特定种类的救济措施,如惩罚性损害赔偿和间接性损害赔偿,代表性条款如下:

> 在依本章节启动的仲裁程序中,仲裁庭不得裁决任何间接性损害赔偿。
>
> The arbitrator(s) shall not award consequential damages in any arbitration initiated under this section.

或者:

> 除非依法律规定,否则仲裁庭无权裁决任何惩罚性损害赔偿或其他不以胜诉方的实际损失为计算基础的损害赔偿。
>
> The arbitrator(s) will have no authority to award punitive or otherdamages not measured by the prevailing party's actual damages, except as may be required by statute.

或者,仲裁条款可以限制仲裁庭裁决非金钱给付救济措施的权力:

> 依本条款而启动的仲裁中，裁决事项应限定为金钱给付，不得包含向任何方发出的禁止令或非金钱给付的指令。
>
> Any award in an arbitration initiated under this clause shall be limited to monetary damages and shall include no injunction or direction to any party other than the direction to pay a monetary amount.

21. 高低点仲裁(high – low arbitration)和棒球仲裁(baseball arbitration)

仲裁条款也可以明确约定金钱类裁决的数额范围，并约定仲裁庭只能在该范围内作出关于损害赔偿的裁决。此类仲裁常被称为"高低点仲裁"。"高低点仲裁"示范条款如下：

> 任何支持[X]方但不利于[Y]方的仲裁裁决应至少为[具体金额]，但不超过[具体金额]。[X]方明确放弃超出[具体金额]的请求，并同意其获得的补偿不超过该金额。损失赔偿之裁决应作为[X]方对[Y]方全部请求获得的赔偿。
>
> Any award of the arbitration in favor of [X], but against [Y], shall be at least [specify amount] but shall not exceed [specify amount]. [X] expresslywaives any claim in excess of [specify amount] and agrees that its recovery shall not exceed that amount. Any award of damages shall be in satisfaction of all claims by [X] against [Y].

有时当事人并不向仲裁庭披露双方达成的"高低点仲裁"协议：

> 如仲裁庭未支持仲裁请求、或裁决低于[具体金额]之最低限额，被申请人应向申请人支付该最低限额。如果仲裁庭作出的裁决高于[具体金额]之最高限额，则被申请人仅向申请人支付该最高限额。各方理解，如果仲裁庭作出的裁决金额介于最低限额和最高限额之间，则被申请人应向申请人支付裁决的金额。各方同意，本条为各方内部约定，不得向仲裁庭披露。
>
> In the event the arbitral tribunal denies the claim or awards an amount less than the minimum amount of [specify], then this minimum amount shall be paid to claimant. Should the arbitral tribunal's award exceed the maximum amount of [specify], then only this maximum amount shall be paid to the claimant. It is further understood between the parties

> that if the arbitral tribunal awards an amount between the minimum and the maximum stipulated range, then the exact awarded amount will be paid to the claimant. The parties further agree that this agreement is private between them and will not be disclosed to the arbitral tribunal.

仲裁协议也可以约定当事人应协商最终结果,各方提交一份"最终最佳方案"(last best offer),仲裁庭必须选择一份"最终最佳方案"作为裁决结果,而无权作出在当事人提交的"最终最佳方案"之间、之上或之下的裁决。这种方式被称为"最终最佳方案"或"棒球仲裁"。"棒球仲裁"的示范条款如下:

> 各方应在开庭前向仲裁庭提交并交换各自的最终最佳方案。仲裁庭只能从当事人提交的方案中择一作为裁决。
>
> Each party shall submit to the arbitrator and exchange with each other in advance of their hearing their last best offers. The arbitrator shall be limited to awarding only one or the other of the figures submitted by the parties.

或者:

> 各方同意仲裁庭应采取"棒球仲裁"的方式。各方应在仲裁庭要求的日期向仲裁庭和相对方提交其计算的请求总金额,并提交各分项请求及金额明细。仲裁庭只能从双方提交的金额中选择与仲裁庭计算的请求总金额最接近的金额,以之作为裁决结果。
>
> The parties agree that the arbitration to be employed bythe arbitral tribunal shall be "baseball arbitration." On a date specified by the arbitrators, each party shall submit to the arbitrators and to each other its proposed valuation of all the claims before the arbitrators, as an aggregate amount. The parties shall include any specifics or breakdown of the amounts included within their respective figures, as they may desire. The arbitrators shall be limited to awarding only one or the other of the two proposed aggregate figures, being the amount closest to the arbitrators' own valuation of the aggregate of all submitted claims.

一般而言,如此限制仲裁庭裁决权力的安排,通常并不可取。"高低点仲裁"和"棒球仲裁"背后的意图是在争议中为妥协和协商提供经济动力。然而，事先对仲裁庭裁量权加以限制，可能产生武断和意料之外的后果，还会在一些法域中引发可执行性的问题。

22. 专家决定

当事人有时相比于仲裁更倾向于约定专家决定（expert determination），尤其是在专业门槛高的领域，如收购价格会计核算条款、油气存储量计算、产品质量等。约定专家决定的示范条款如下：

> 如果各方就[具体事宜]不能达成一致，任一方有权要求将该事宜提交给[填入某个人或机构作为专家]或[由国际商会专家中心选定的专家]（“专家”）进行决定。专家应与各方沟通确定专家决定程序中应遵守的程序事项和时间表。如果各方就某事项不能达成一致，专家可依其自由裁量权决定合适的程序事项和时间表，各方均应受其约束。
>
> If the parties are unable to agree on [identify issue(s)], either party may request that the matter be referred for decision to [identify individual or company to serve as expert] OR [the expert selected by the [ICC Centre for Expertise] (the “Expert”). The Expert shall attempt to agree with the parties upon the procedure and timetable to be followed in the expert determination. If and to the extent that any such matters cannot be agreed upon, the Expert may in its sole discretion adopt such procedures and timetables as it shall consider appropriate and these shall be binding on the parties.

或者，一例采用了部分世界知识产权组织（WIPO）示范条款的专家决定条款如下：

> 各方因[拟提交专家决定的事项]引起的争议或分歧应按照《世界知识产权组织专家决定规则》提交专家决定。专家之决定对各方[不]具有约束力。专家决定使用的语言为[语言]。
>
> Any dispute or difference between the parties arising under [describe matter referred to expert determination] shall be referred to expert determination in accordance with the WIPO Expert Determination Rules. The determination made by the expert shall [not] be binding upon the parties.

> The Language to be used in the expert determination shall be [specify language].

当事人应慎重约定的专家决定不具有约束力。在这种情况下,专家决定程序起到了拖延而非推进争议解决的作用;同样地,如果专家决定不具有约束力,当事人则还须约定一种具有约束力的争议解决方式(通过仲裁条款或协议管辖条款)。

一些条款约定专家决定是有约束力的,除非随后提起快速仲裁申请。例如:

> 专家作出的决定对各方具有约束力,除非在当事人收到决定后的[30]日内,任何一方对提交专家决定的事宜按照《世界知识产权组织仲裁规则》[《世界知识产权组织快速仲裁规则》]申请仲裁并提交仲裁申请书。[仲裁庭由[独任仲裁员][三名仲裁员]组成。]仲裁地为[地点]。仲裁程序的语言为[语言]。提交仲裁的争议或分歧应依照[法域]的法律作出裁决。
>
> The determination made by the expert shall be binding upon the parties, unless within [30] days of the communication of the determination to the parties, the matter referred to expert determination is, upon the filing of a Request for Arbitration by either party, referred to arbitration in accordance with the WIPO [Expedited] Arbitration Rules. [The arbitral tribunal shall consist of [a sole arbitrator] [three arbitrators].] The place of arbitration shall be [specify place]. The language to be used in the arbitral proceedings shall be [specify language]. The dispute or difference referred to arbitration shall be decided in accordance with the law of [specify jurisdiction].

如果约定调解不成则进行专家决定,可以使用以下条款:

> 各方因[拟提交专家决定的事项]引起的争议或分歧应按照[《世界知识产权组织调解规则》]进行调解。调解地为[地点]。调解使用的语言为[语言]。
>
> 如果一起争议或分歧在调解开始后[60][90]日内未能通过调解解决,则在任一方提交专家决定申请书后,应按照《世界知识产权组织专家决定规则》提交专家决定。或者,如果在前述[60][90]日到期前有一方当事人未参加或未继续参加调解,则在任一方提交专家决定申

请书后，该争议或分歧应按照《世界知识产权组织专家决定规则》提交专家决定。专家做出的决定对各方[不]具有约束力。专家决定使用的语言为[语言]。

Any dispute or difference between the parties arising under [describe matter referred to expert determination] shall be submitted to mediation in accordance with the [WIPO Mediation Rules]. The place of mediation shall be [specify place]. The language to be used in the mediation shall be [specify language].

If, and to the extent that, any such dispute or difference has not been settled pursuant to the mediation within [60] [90] days of the commencement of the mediation, it shall, upon the filing of a Request for Expert Determination by either party, be referred to expert determination in accordance with the WIPO Expert Determination Rules. Alternatively, if, before the expiration of the said period of [60] [90] days, either party fails to participate or to continue to participate in the mediation, the dispute or difference shall, upon the filing of a Request for Expert Determination by the other party, be referred to expert determination in accordance with the WIPO Expert Determination Rules. The determination made by the expert shall [not] be binding upon the parties. The language to be used in the expert determination shall be [specify language].

与仲裁条款一样，专家决定条款也可以约定法律费用分配。例如：

除非专家另有决定，各方应承担其在专家决定程序中发生的（内部和外部的）全部费用。如果一方未支付其应分摊的专家报酬和支出，其他方可以代拖欠方垫付上述费用，专家决定应继续进行。垫付费用的当事人有权请求专家或按照[本协议第[X]条]组成的仲裁庭裁决拖欠方补偿其垫付的费用。

Each party shall bear all costs (internal and external) that it incurs in the course of the expert determination unless the expert determines otherwise. If any party does not pay its share of the expert's fees and costs, the other part(y)/(ies) may advance such share of the expert's fees and costs on the defaulting party's behalf, and the expert determination shall proceed. The part(y)/(ies) which pay the defaulting party's share of the expert's fees and costs shall have the right to request that the expert or an arbitral tribunal constituted under [Article X of this Agreement] direct the defaulting party to reimburse such fees and costs.

专家决定条款还可以约定一方拒绝遵守专家决定的后果。例如：

专家决定是最终的并对各方具有约束力,各方承诺在专家决定作出后立即遵守。如果有一方未能全面遵守专家决定,另一方可以就该不履行行为按照本协议第[X]条提起仲裁[或,依其选择,向有管辖权的法院申请对专家决定强制执行]。 The expert determination shall be final and binding, and each party undertakes to comply forthwith with such expert determination. If a party does not comply fully with an expert determination, the other party may refer this failure to arbitration under Article [X] of this Agreement [or, at its sole option, seek to enforce its rights under such expert determination in any court of competent jurisdiction].

上述示范条款中,"申请对专家决定强制执行"之选项一般更为可取。就不履行专家决定行为另起仲裁,通常并不是实现当事人权利的最有效途径。

23. 国际商会专家程序管理规则(ICC Rules for the Administration of Expert Proceedings)

ICC 的 ADR 国际中心(International Centre for ADR)可以指定和推荐技术、金融和法律等领域的专家,以进行事实调查和技术调查并作出建议,该中心还提供整个专家程序的管理服务。ADR 国际中心可指定会计、工程、信息技术等等多个领域的专家。出于可执行性方面的考虑,专家可以出具有约束力的报告,或仅提供建议性报告。约定当事人可以选择使用机构管理的专家决定程序的示范条款如下：

在不影响其他程序的情况下,就因[本合同第[X]条]引起的或与[本合同第[X]条]相关的争议,各方可随时按照《国际商会专家程序管理规则》提交专家决定。 The parties may at any time, without prejudice to any other proceedings, agree to submit any dispute arising out of or in connection with [clause X of the present contract] to administered expert proceedings in

> accordance with the Rules for the Administration of Expert Proceedings of the International Chamber of Commerce.

约定当事人必须将争议按照《国际商会专家程序管理规则》提交专家决定的示范条款如下：

> 因［本合同第［X］条］引起或与［本合同第［X］条］相关的任何争议，各方同意将其按照《国际商会专家程序管理规则》提交专家解决。［各方同意专家的决定对各方具有约束力。］
>
> In the event of any dispute arising out of or in connection with [clause X of the present contract], the parties agree to submit the dispute to administered expert proceedings in accordance with the Rules for the Administration of Expert Proceedings of the International Chamber of Commerce. [The parties agree that the findings of the expert shall be contractually binding upon them.]

《国际商会专家规则》（ICC's Expert Rules）可以与《ICC 仲裁规则》一并使用，但并非必须。如果采用了《国际商会专家程序管理规则》，当事人应在协议中明确专家决定是否具有约束力。

24. 仲裁程序的保密性

在一些交易或行业中，当事人希望最大程度保密仲裁程序及各方文件。知识产权相关争议通常如此，因为一方或多方当事人一般会希望避免将商业秘密或技术信息公之于众。

一些仲裁机构仲裁规则中规定了保密义务。例如，世界知识产权组织《WIPO 仲裁规则》保密规则比较详细（见《WIPO 仲裁规则》第 73～76 条）。与其他许多仲裁规则不同的是，《WIPO 仲裁规则》规定了当事人就仲裁程序的正面保密义务，以及对仲裁程序中开示的证据的处理方式，并规定了裁决的保密性。其他仲裁机构的仲裁规则也规定了明确的保密义务，参见伦敦国际仲裁院《LCIA 仲裁规则》第 30 条、瑞士商会仲裁院《SCAI 仲裁规则》第 44 条、德国仲裁院《DIS 仲裁规则》第 43 条、中国国际经济贸易仲裁委员会《CIETAC 仲裁规则》第 38 条。

很多仲裁机构的仲裁规则没有施加一般性的保密义务,当事人只能通过协议或法律规定来保障保密性。例如,1998 年和 2012 年的《ICC 仲裁规则》都没有规定当事人的保密义务。2012 年版《ICC 仲裁规则》第 22(3)条规定,仲裁庭可以在特定案件中发布保密令,作为对当事人保密需求的回应。

当事人可以在仲裁协议中加入保密条款,以对临时仲裁条款和多数仲裁机构仲裁规则作出有效补充。参见下列示范条款:

> 就本协议第[X]条下的仲裁,各方应对仲裁保密,除因仲裁程序需要之外,不得将仲裁的发生、仲裁中提交的信息、相关的文件、任何口头陈述或证言、开庭记录或任何裁决向任何方披露,除非根据法律要求或根据正当法院程序(如承认或执行仲裁裁决)必须披露。
>
> The parties to any arbitration under this Article [X] shall keep the arbitration confidential and shall not disclose to any person, other than those necessary to the proceedings, the existence of the arbitration, any information submitted during the arbitration, any documents submitted in connection with it, any oral submissions or testimony, transcripts, or any award unless disclosure is required by law or is necessary for permissible court proceedings, such as proceedings to recognize or enforce an award.

一例代替性的表述为:

> 当事人同意对本协议第[X]条下进行的仲裁中的全部裁决、提交或交换的材料(包括相对方在仲裁中披露的全部文件和其他材料)保密,除非这些文件已经进入公共领域、或是依法须披露、或为保障或实现某项法律权利、或为在有管辖权的法院等司法机关审理承认、执行或挑战仲裁裁决之程序。
>
> The parties agree to keep confidential all awards in any arbitration conducted under this Article [X], together with all materials submitted or exchanged in any such arbitration (including all documents and other materials produced by another party in such arbitration), except insofar as such documents are already in the public domain or to the extent that disclosure may be required by legal duty, to protect or pursue a legal right, or to recognize, enforce, or challenge an award in legal proceedings before a court or other judicial authority.

一例更为宽泛的条款如下：

> 仲裁员、当事人、证人及任何其他仲裁参加人不得披露、转发或传播(a)仲裁中所作陈述或所做事项,(b)开示或提供的仲裁中文件或与仲裁相关的文件,(c)披露的仲裁中信息或与仲裁相关的信息,和(d)仲裁的发生和结果,包括但不限于仲裁裁决和裁决中的解释和理由。
>
> The arbitrators, any party, any witness, and any other participant in the arbitration shall not disclose, transmit, or disseminate (a) anything said or done in the arbitration, (b) any documents disclosed or provided during or in connection with the arbitration, (c) any information disclosed during or in connection with the arbitration, and (d) the existence or result of the arbitration, including without limitation the arbitration award and any explanations or reasons for the award.

ICDR 的示范保密条款如下：

> 在未经(所有/双方)当事人事先书面同意的情况下,除非为法律所要求,任何当事人及其代理人均不得披露仲裁的发生、内容或结果。
>
> Except as may be required by law, neither a party nor its representatives may disclose the existence, content, or results of any arbitration hereunder without the prior written consent of (all/both) parties.

尽管并不常见,但当事人亦可以约定仲裁是非保密的。相关示范条款如下：

> 在依本协议第[X]条进行的仲裁中,当事人均不负有保密义务,且可自由公开披露仲裁中的任何裁决及提交或交换的任何材料(包括相对方在仲裁中披露的全部文件等材料)。
>
> Neither party shall be under any confidentiality obligations with respect to any arbitration pursuant to this Article [X], and either party shall be free to publicly disclose any award made in any such arbitration and any materials submitted or exchanged in any such arbitration (including all documents and other materials produced by another party in such arbitration).

一例替代条款为：

> 任何主体(包括非本协议签约方和依照本协议第[X]条进行的仲裁的当事人之外的主体)均有权披露仲裁庭依据本协议第[X]条作出的任何裁决。
>
> Any award made by the arbitrators pursuant to this Article [X] may be disclosed by either party (including to non - parties to this Agreement or to any arbitration conducted pursuant to this Article [X]).

25. 通过引用的方式并入仲裁协议

在多数国家的法律项下,原则上当事人可以不在合同中约定一条完整的仲裁协议,而是通过引用的方式将其并入。尽管这种方式可以节省篇幅,但使用时应当小心。法律常常会对这种做法施加种种条件限制,例如要求引用须特定且明确,或有通知要求,等等。通过引用的方式并入仲裁条款节省的篇幅和时间,常常尚不能弥补其可能为后续争议制造的不确定性和诉讼成本。

26. 不对称仲裁条款

如同协议管辖条款,仲裁条款也可以是单边或不对称的,即仅允许一方当事人就当事人之间的争议启动仲裁程序,其他当事人则无权提起仲裁。代表性条款如下:

> 与本协议或本协议事项有关或因之产生的任何争议、请求、矛盾和分歧,均应按照[仲裁规则]通过仲裁终局解决。尽管有上述约定,[甲方]有权依其自身选择寻求司法或非司法救济以执行[约定了金钱给付义务的某条款或某协议]。[甲方]依上述条款提出的司法或非司法救济请求,不构成其对依本协议第[X]条享有的提起仲裁权利或执行本协议第[X]条之仲裁协议之权利的放弃。如果[乙方]在[甲方]选择寻求司法或非司法救济之前或同时已经启动仲裁程序,则[乙方]应采取一切措施终止和终结该仲裁,且在任何情况下不得继续推进该仲裁程序。
>
> All disputes, claims, controversies, and disagreements relating to or arising out of this Agreement, or the subject matter of this Agreement, shall be finally resolved by arbitration in accordance with [institutional arbitration rules]. Notwithstanding the foregoing, [Party A] shall be free at its sole option to seek judicial or non - judicial relief to enforce [specified provisions imposing monetary obligations or specified agreements].

[Party A]'s request for judicial or non – judicial relief pursuant to the foregoing sentence shall not constitute a waiver of its right to arbitrate under this [Article X] or to enforce the arbitration agreement contained in this [Article X]. If an arbitration has been initiated by [Party B] prior to or at the time that [Party A] elects to pursue judicial or non – judicial remedies, then [Party B] shall forthwith take all necessary steps to discontinue and dismiss such arbitration and shall in no event proceed with such arbitral proceedings.

或者：

英格兰法院有权管辖可能因本协议产生的或与本协议有关的任何争议，但[甲方]有权选择将该争议提交仲裁……因本协议或本协议的履行产生的、双方未能一致解决的争议，如[甲方]决定通过仲裁解决，则该争议应被提交仲裁……

The courts of England shall have jurisdiction to settle any disputes which may arise out of orin connection with this Agreement but [Party A] shall have the option of bringing any dispute hereunder to arbitration. ...Any dispute arising from the provisions of this Agreement or its performance which cannot be resolved by mutual agreement which [Party A] determines to resolve by arbitration shall be referred to arbitration. ...

在一些国家的法律下，不对称仲裁条款有严重的可执行性问题，当事人应仅在专业人士指导下使用。

27. 对实体事项的初步决定

人们常说仲裁不如一些国家的法院高效，因为仲裁庭或是无权在仲裁程序的前期就潜在实体事项（dispositive issues）作出决定，或是不愿行使此等权力。实践中，仲裁庭通常愿意并时常就时效抗辩、管辖权异议和形式问题等事项作出初步决定。然而，大多数仲裁员不愿意就实体争议作出初步决定，这与一些法院的法官不同。

以下条款约定了仲裁庭有权就实体事项作出初步决定：

> 仲裁庭有权在仲裁的任何阶段,按照仲裁庭制订的程序,就当事人提出的与仲裁请求或反请求之实体裁决有关的任何事项作出全部或部分决定。仲裁庭有权就上述事项作出部分裁决、最终裁决或其他形式的裁决。
>
> The arbitral tribunal shall have the authority to decide at any stage of the arbitration any issue claimed by a party to be dispositive of any claim or counterclaim, in whole or part, in accordance with such procedures as the arbitral tribunal prescribes. The arbitral tribunal shall have the authority to make a partial, final, or other award with respect to any such issue.

多数情况下,仲裁庭本身就有此类条款中提及的权力;尽管如此,明确约定此项权力可能使得仲裁庭更愿意行使该权力。

28. 对时效等抗辩的决定

在一些法域,仲裁庭是否有权对时效等问题作出决定(例如请求是否在约定或法定的期限内提出),是存在争议的。尽管主流观点是仲裁庭无需特别授权即可决定此类问题,以下条款还是可以起到排除争议的作用:

> 仲裁庭有权决定基于合同约定时效、法定时效、时效取得期间、疏忽延误或类似理由而提出的关于仲裁请求或反请求未被按时提出的任何抗辩。
>
> The arbitral tribunal shall have the authority to decide any defense that any claim or counterclaim is not timely by reason of contractual limitations period, statute of limitations, prescriptive periods, laches, or any similar defense.

相反地,当事人也可以约定由法院来决定时效问题,见以下代表性条款:

> 关于仲裁请求或反请求是否按照本协议约定的或适用的法律规定的时限提出的问题,应由有管辖权的法院而非仲裁庭来决定。当事人不可撤销地同意________享有决定时效问题之排他管辖权。
>
> Any decision of whether a claim or counterclaim is timely under this Agreement or applicable law shall be determined by a court of competent

jurisdiction, and not by the arbitral tribunal. The parties irrevocably consent to the exclusive jurisdiction of ________ for the decision of any such issue of timeliness.

或者：

尽管有[仲裁协议]之约定，争议是否按照本协议约定的或适用的法律规定的时限提出的问题，应由有管辖权的法院而非仲裁庭来决定。

Notwithstanding [the arbitration agreement], determination of whether a dispute is timely under this Agreement or the applicable law shall be determined by a court of competent jurisdiction, and not by the arbitral tribunal.

或者：

如果一项仲裁请求——假如向法院起诉——根据适用的法律诉讼时效已经经过，当事人可以向有管辖权的法院(而非仲裁庭)以时效经过为由申请中止仲裁程序或撤销裁决。

If a claim sought to be arbitrated would be barred by limitation of timehad the claim sought to be arbitrated been asserted in a court under the law applicable to the arbitration, a party may apply to a court of competent jurisdiction - and not to the arbitral tribunal – to stay arbitration or to vacate any award as untimely.

以下条款约定时效问题可以提交给法院或仲裁庭决定：

在提起仲裁请求或载有仲裁意向的通知送达时，如果仲裁请求——假如向法院起诉——根据适用的法律诉讼时效或其他时效已经经过，当事人可以向有管辖权的法院就该仲裁提出时效抗辩的申请。未向法院提出该申请不影响当事人随后向仲裁庭提起此项抗辩。

If, at the time that a demand for arbitration was made or a notice of intention toarbitrate was served, the claim sought to be arbitrated would have been barred by limitation of time or other time bar had it been asserted in a court under the law applicable to the arbitration, a party may assert the limitation as a bar to the arbitration on an application to a court of competent jurisdiction. The failure to make such an application in court shall not preclude a party from subsequently asserting it before an arbitral tribunal.

但此类条款有可能导致产生双重程序和对仲裁程序的拖延，故有经验的商业主体可能不太愿意采用。

29. 关于管辖权的决定

几乎所有发达的法域，包括采用了《UNCITRAL 示范法》的法域，都认可仲裁庭有权审理和决定对其自身管辖权的异议，该决定受限于之后的撤销或承认裁决程序的司法审查。在一些其他法律体系中(尤其是美国)，仲裁庭可以依据授权对仲裁协议有效性的管辖权争议作出最终决定。当事人通常须清晰无误地授权仲裁庭最终地解决管辖权异议。可以参考以下示范条款：

> 仲裁庭有权决定其自身的管辖权，包括对第[X]条约定的仲裁协议的订立、存续、效力和管辖效力的任何异议。仲裁庭对管辖权的决定是最终且有约束力的，当事人同意不向法院或其他司法权力机关申请撤销或拒绝承认上述决定。
>
> The arbitral tribunal shall have the authority to rule upon its own jurisdiction, including any objection to the formation, existence, validity, or effectiveness of thearbitration agreement in this [Article X]. The arbitral tribunal's decision on any such jurisdictional matter shall be final and binding and the parties agree not to apply to any national court or other judicial authority to annul or deny recognition to any such decision.

在一些法域，此类条款的可执行性是存疑的。

或者，当事人可能希望作出相反约定，例如所有管辖权问题均由法院解决，而非仲裁庭：

> 针对仲裁庭管辖权的异议应排他地提交给________法院[通常是仲裁地法院]审理。
>
> Any objection to the jurisdiction of the arbitral tribunal shall be submitted exclusively to the courts of ________[ordinarily the courts of the arbitral seat].

通常而言，约定仲裁庭无权审理其自身的管辖权异议是不明智的。即使当事人不希望授予仲裁庭最终且有约束力地决定管辖权争议的权力，最好也允许仲裁庭有权审理和解决管辖权争议，仲裁庭的决定再受限于之后撤销或承认裁决的程序的司法审查，这也为多数仲裁机构规则和国家法所认可。如果当事人希望约定执行或挑战仲裁条款的具体法院，以下是一例代表性条款：

> 在不影响仲裁庭有权审理对其的管辖权异议之情况下，________法院［通常为仲裁地法院］享有执行或挑战本协议第［X］条之仲裁协议的案件的排他管辖权，各方不可撤销地服从上述法院对上述事项的排他管辖权。［尽管有前述规定，任何一方可以向法院或其他司法机关寻求承认或执行仲裁庭在本协议第［X］条下作出的裁决。］
>
> Without prejudice to the arbitral tribunal's authority to consider challenges to its jurisdiction, the courts of ________［ordinarily the courts of the arbitral seat］shall have exclusive jurisdiction over any judicial action to enforce or challenge the agreement to arbitrate contained in this Article［X］, and each of the parties irrevocably submits to the exclusive jurisdiction of such courts for such purpose.［Notwithstanding the preceding sentence, any party may apply to any court or other judicial authority seeking recognition or enforcement of any award(s) made by the arbitral tribunal under this［Article X］］.

30. 提交仲裁的协议

如上文所述，当事人可以同意将一起已经发生的争议提交仲裁。附录 H 中包含一例提交仲裁的协议之示范条款。或者，当事人可以使用下列更简单的条款：

> 本协议由［甲方］与［乙方］于［日期］签署生效。现各方之间因________发生争议（“本争议”）。各方同意将本争议及相关的全部请求、矛盾、争议或分歧按照本协议提交仲裁最终解决。仲裁地为________。仲裁语言为________。
>
> 仲裁庭由三名仲裁员组成。［甲方］现选定________为仲裁员之一。［乙方］现选定________为第二名仲裁员。上述两名被选定的仲裁员应在本协议生效之日起［30］日内共同书面选定第三名仲裁员，该仲裁员为首席仲裁员。如果上述两名由当事人选定的仲裁员未能在上述期限内共同书面选定首席仲裁员，则应任意一方当事人申请，首席仲裁员应在［30］日内由［填入指定机构］选定。
>
> 仲裁适用的程序应由当事人协议约定，如当事人无法达成协议，

> 则由仲裁庭决定。当事人缺席仲裁程序不影响仲裁庭继续作出裁决的权力。
>
> This agreement is between [Party A] and [Party B] as of [date]. A dispute has arisen between the parties concerning (the "Dispute"). The parties agree to submit such Dispute, and all claims, controversies, disputes, or differences in connection with such Dispute, for final resolution by arbitration in accordance with this Agreement. The seat of the arbitration shall be ________. The language of the arbitration shall be ________.
>
> There shall be three arbitrators. [Party A] hereby designates ________ as one of the arbitrators. [Party B] hereby designates ________ as the second of the arbitrators. The two arbitrators so designated shall, within [30] days of the effective date of this agreement, jointly designate in writing a third arbitrator, who shall be the presiding arbitrator. If the two arbitrators fail jointly to designate in writing the presiding arbitrator within such period, then, on the application of either party, the presiding arbitrator shall be selected within [30] days by [appointing authority].
>
> The procedures to be applied in the arbitration shall be agreed upon by the parties or, failing such agreement, shall be directed by the arbitral tribunal. Default by any party shall not prevent the arbitrators from proceeding to render an award.

和其他仲裁协议一样,提交仲裁的协议也最好并入一套既有的仲裁机构仲裁规则。

31. 放弃集体仲裁

在一些法域中(特别是美国),当事人可以提起"集体仲裁"(class action arbitration)。集体仲裁中,由情况相似的多名申请人提起仲裁请求(如特定时间内某证券的全部买家;在特定时间内某信用卡或某项服务的全部用户),申请人的数量过大而不宜一一列明。集体仲裁或诉讼的申请人由一名代表人代表全体,并由一个律师团队统一代理;仲裁裁决或法院判决效力及于集体中的全部当事人并对其具有约束力。

在美国,消费者相关交易(如信用卡协议、电话等通讯服务、证券交易)中常包含集体仲裁弃权的约定。放弃集体仲裁的示例如下：

> 一切仲裁请求均应单独提起，当事人无权在本协议下主张或提起任何形式的集体仲裁。
>
> All claims shall be arbitrated on an individual basis and no party shall have any right or authority to assert or pursue any claims subject to this agreement to arbitrate as a class action of any sort.

或者：

> 与本合同及本合同事项有关或因之产生的任何请求，须由个人或主体以其名义提出，且各自进行仲裁（不得提起集体仲裁或代表人仲裁）。仲裁员无权，也不得做出支持或针对任何非本合同当事人或仲裁当事人的裁决。如果一个当事人提出任何仲裁请求，当事人或其他人均不得将该仲裁请求发起集体仲裁、共同私人代理人仲裁、或其他形式的代表人仲裁[，也不得在任何法院代表任何人提起请求]。两个及以上个人或主体提起的请求，包括受让的请求，不得被合并仲裁或加入既有仲裁中。
>
> All claims arising out of or relating to this Agreement, or the subject matter of this Agreement ("Claims") must be brought in the name of an individual person or entity and must proceed onan individual (non – class, non – representative) basis. The arbitrator shall not be authorized to, and shall not, award relief for or against anyone who is not a party to this Agreement and to an individual arbitration. If any party requires arbitration of any Claim, no party nor any other person may pursue any such Claims in arbitration as a class action, private attorney general action, or other representative action[, nor may such Claim be pursued on behalf of any party in any court]. Claims, including any assigned Claims, of two or more persons or entities may not be joined or consolidated in the same arbitration.

尽管过去集体仲裁弃权条款的可执行性在美国判例中存疑，但已被美国现行的判例法所明确肯定。

三、与国家订立的仲裁协议

如前文所述，跨国公司经常与外国国家或相关实体订立商业合同。在与商事主体订立国际仲裁协议时应考虑的要素，也同样适用于与国家订立的仲裁协议。同时,还有若干需要特别注意的要素。

与商事主体订立国际仲裁协议相同,在与主权国家签订国际仲裁协议时,也必须选择仲裁机构,当然也可以与主权国家签订临时仲裁协议,但基于同样的原因通常不建议这样选择。在选择仲裁机构时,基于商事主体的不同,当事人在仲裁协议中仲裁机构的选择范围往往不同。

1. ICSID 仲裁

《ICSID 公约》对外国投资者与东道国之间进行的 ICSID 仲裁作出了规定,具体特征如下:

—(仲裁地或其他地方的)法院无权撤销 ICSID 裁决,对 ICSID 裁决的审查只能基于《ICSID 公约》的明确规定,向 ICSID 指定的撤销仲裁裁决临时委员会提起,且审查事由非常有限;

—ICSID 裁决对《ICSID 公约》所有缔约国均具有效力,可视同缔约国法院作出的判决进行强制执行,不能根据《纽约公约》拒绝承认与执行;

—指定、罢免和替换仲裁员是仲裁协议当事人和 ICSID 的责任,(仲裁地或其他地方的)法院不具有权力;

—鉴于 ICSID 是世界银行附属机构,这促进了各国对 ICSID 裁决的自愿承认和执行。

这些规定使得 ICSID 仲裁几乎完全超然于任何国家的法律制度,仅专门受制于《ICSID 公约》规定的特别法律和程序。这些特征让 ICSID 裁决比其他任何国际仲裁裁决都更具执行性,使 ICSID 仲裁独立于各国法律系统。同时,ICSID 仲裁通常比大部分国际商事仲裁更慢,ICSID 的撤销仲裁裁决程序的几乎难以预测,ICSID 对仲裁员的任命有时会受到质疑。因此近年来,相较于 ICSID,很多当事人倾向于选择其他仲裁机构(例如 UNCITRAL、

ICC、LCIA、PCA、SCC、SIAC)。

a. ICSID 仲裁条款

尽管有前述情况,当事人有时仍会选择 ICSID 仲裁,有时出于特定原因甚至倾向于 ICSID 仲裁。ICSID 的示范仲裁条款如下,其可在与国家订立的合同中使用:

> [缔约国]的[政府]/[组成部门或机关](以下简称"东道国")和[投资者](以下简称"投资者")特此同意接受国际投资争端解决中心(以下简称"中心")的管辖,由其根据《解决国家与他国国民间投资争端公约》(以下简称"公约"),通过[调解]/[仲裁][(如选择调解)如果调解委员会未能在规定的期限内解决争议,则通过仲裁]解决由本合同引起或与本合同有关的任何争议。
>
> The [Government]/[name of constituent subdivision or agency] of [name of Contracting State] (hereinafter the "Host State") and [name of investor] (hereinafter the "Investor") hereby consent to submit to the International Centre for Settlement ofInvestment Disputes (hereinafter the "Centre") any dispute arising out of or relating to this agreement for settlement by [conciliation]/ [arbitration]/ [conciliation followed, if the dispute remains unresolved within time limit of the communication of the report of the Conciliation Commission to the parties, by arbitration] pursuant to the Convention on the Settlement of Investment Disputes between States and Nationals of Other States (hereinafter the "Convention").

ICSID 建议当事人在拟定仲裁协议时考虑加入若干其他所需的要素。详见下文。

b. ICSID 管辖权的要求

当事人在考虑选择 ICSID 仲裁时,应注意确保争议符合《ICSID 公约》有关管辖权的要求,包括投资者国籍国与东道国均为缔约国,所涉争议属于投资争端。

i."投资"争端

《ICSID 公约》第 25(1)条要求争议系"直接由于投资"产生。但是,《ICSID 公约》没有对"投资"进行定义。在争议发生后,主权国家往往会抗辩案件中不存在投资。虽然投资者与东道国达成 ICSID 仲裁协议即暗示双方认为相关合同涉及投资,但投资者通常仍希望在合同中予以明确约定,为此目的,ICSID 建议加入如下条款:

> 双方特此约定,本协议所涉交易属于投资。
> It is hereby stipulated that the transaction to which this agreement relates is an investment.

ii.投资者的国籍

《ICSID 公约》项下的仲裁只适于争议一方为 ICSID 的缔约国及其国家相关实体、另一方为拥有 ICSID 缔约国国籍的投资者的情况。ICSID 建议当事人在仲裁协议中明确投资者的国籍(虽然不确定这是否会影响投资者的实际国籍(从管辖权的角度)):

> 双方特此约定,投资者是[另一缔约国的名称]的国民。
> It is hereby stipulated by the parties that the Investor is a national of [name of another Contracting State].

ICSID 还推荐当事人在仲裁协议中明确约定,外国投资者在东道国设立的子公司国籍以母公司为准,以满足 ICSID 对投资者国籍的要求:

> 双方特此同意,尽管投资者是东道国的国民,但其由[其他(一个或多个)缔约国的名称]国民所控制,为公约之目的,应视作[该]/[该等]国家的国民。
> It is hereby agreed that, although the Investor is a national of the Host State, it is controlled by nationals of [name(s) of other Contracting State(s)] and shall be treated as a national of [that]/[those] State[s] for the purposes of the Convention.

iii.东道国实体

根据 ICSID 公约第 25 条的规定,ICSID 的管辖权仅延伸至缔约国向 ICSID 指定的、同意 ICSID 管辖的缔约国相关实体。缔约国必须正式批准同意其国家相关实体接受 ICSID 管辖,或向 ICSID 说明其国家相关实体接受 ICSID 管辖而无须其批准。ICSID 建议,与国家相关实体签订仲裁协议时,应明确约定:

> [组成部门或机构的名称]是东道国政府根据《ICSID 公约》第 25(1)条的规定已向 ICSID 中心指定的该国的[一个组成部门]/[机构]。根据《ICSID 公约》第 25(3)条,东道国[特此批准本协议(如果该东道国政府亦是该协议的当事人)][通过[引用表明批准的文件]已批准本协议]/[已通知 ICSID 中心无需[同意该类协议的]/[同意涉及[组成部门或机构的名称]协议]的批准]。
>
> The [name of constituent subdivision or agency] is [a constituent subdivision]/[an agency] of the Host state, which has been designated to the Centre by the Government of that State in accordance with Article 25(1) of the Convention. In accordance with Article 25(3) of the Convention, the Host State [hereby gives its approval to this consent agreement (if this government is also a party to the agreement)]
>
> [has given its approval to this consent agreement in [citation of instrument in which approval is expressed]]/[has notified the Centre that no approval of [this type of consent agreement]/[of consent agreements by the [name of constituent subdivision or agency] is required]].

在与国家相关实体(而非直接与缔约国)签订的协议中,为解决归责问题,投资者可能还希望加入下列约定:

> 双方同意,为《ICSID 公约》第 25(1)条之目的,[国家相关实体]行为属于国际法委员会"国家责任"相关条款意义上的国家行为,应由[国家]承担相应责任。
>
> The parties agree that, for the purposes of Article 25(1) of the ICSID Convention, the acts of [State entity] are attributable to [the State] within the meaning of the ILC Articles on State Responsibility.

c.其他救济的保留

《ICSID 公约》第 26 条规定,同意 ICSID 仲裁解决争议意味着除非当事人另有约定,ICSID 对争议的管辖是唯一的、排他的。如果投资者(或东道国)出于某些原因希望限制 ICSID 的管辖权,ICSID 建议当事人进行如下约定:

当事人在上文[引用基础条款]中的对 ICSID 管辖权的同意,不排除本协议任何一方采取下列可选救济:[说明其他类型的法律程序]。在该法律程序未决之时,不得根据《ICSID 公约》提起仲裁程序。 The consent to the jurisdiction of the Centre recorded in [citation of basic clause] above shall not preclude either party hereto from resorting to the following alternative remedy: [identification of other type of proceeding]. While such other proceeding is pending, no arbitration proceeding pursuant to the Convention shall be instituted.

d.穷尽本地救济

根据《ICSID 公约》第26条第2款的规定,缔约国可以要求将"投资者穷尽缔约国当地行政救济或司法救济"作为缔约国同意 ICSID 仲裁的前提条件。虽然投资者通常都会反对在与国家签订的合同中加入前述规定,但如果东道国需要,可以参考以下示范条款:

本协议任何一方当事人就特定争端向 ICSID 提起仲裁前,该当事人必须已采取所有必要措施穷尽东道国法律规定的与该争端有关的、可选的[下列][行政][和][司法]救济[请求的各项救济],除非本协议另一方当事人书面放弃本要求。 Before either party hereto institutes an arbitration proceeding under the Convention with respect to a particular dispute, that party must have taken all steps necessary to exhaust the [following] [administrative] [and] [judicial] remedies available under the laws of the Host State with respect to that dispute [list of required remedies], unless the other party hereto waives that requirement in writing.

e.国家豁免的放弃

如前文所述,在与国家或国家相关实体的交易中,有关放弃(管辖、履行、执行方面)国家豁免的条款几乎是必备的。当事人可使用的放弃国家豁免的 ICSID 示范条款如下:

就根据本协议组成的仲裁庭作出的任何裁决,东道国特此放弃其及其财产在前述裁决的履行和执行过程中可能享有的任何国家豁免的权利。

> The Host State hereby waives any right of sovereign immunity as to it and its property in respect of the enforcement and execution of any award rendered by an Arbitral Tribunal constituted pursuant to this agreement.

其他国家豁免的放弃事宜在前文已述。

2. ICSID 仲裁外的其他选择

如果投资者或东道国（及其相关实体）不符合 ICSID 关于管辖权的规定，或不希望将争议提交 ICSID 仲裁，有若干其他其他争议解决机制可供选择。但非 ICSID 仲裁的主要问题在于，相比于根据《ICSID 公约》作出的裁决，根据其他国际仲裁规则作出裁决的执行通常不那么有效。如下文讨论，非 ICSID 裁决将受制于仲裁地的撤销仲裁裁决规则与执行地的《纽约公约》项下不予执行仲裁裁决规则。

a. 联合国国际贸易法委员会仲裁

除了 ICSID 仲裁，当事人还常选择适用联合国国际贸易法委员会（UNCITRAL）的《UNCITRAL 仲裁规则》仲裁。前文中已介绍了适用《UNCITRAL 仲裁规则》仲裁的示范仲裁条款，并对《UNCITRAL 仲裁规则》仲裁的优缺点进行了讨论。如果当事人决定选择适用《UNCITRAL 仲裁规则》仲裁，建议当事人在协议中加入放弃管辖、执行的国家豁免的约定。

b. 国际商会国际仲裁院、国际争议解决中心、新加坡国际仲裁中心和伦敦国际仲裁院仲裁

国际商会国际仲裁院（ICC）、国际争议解决中心（ICDR）、新加坡国际仲裁中心（SIAC）、伦敦国际仲裁院（LCIA）等主要国际商事仲裁机构也常常处理投资者与东道国间的投资争议。根据 ICC 的统计，在其 2015 年管理的案件中，有 13% 的案件涉及国家或国家相关实体。前文中已介绍了各个仲裁机构的示范仲裁条款。尽管这些示范仲裁条款也适用于投资者与东道国间的合同,但再次建议当事人在合同中加入放弃有关管辖、执行的国家豁免的约定。

c.海牙常设仲裁法院

投资者与东道国还可以选择适用海牙常设仲裁法院(PCA)为一方当事人为主权国家颁布的仲裁规则进行仲裁。PCA 的管辖权不限于直接因投资引发的争议。PCA 在任命仲裁员时通常会精心考虑。前文中已经介绍了 PCA 的示范仲裁条款。

PCA 同样推荐当事人在合同中加入有关放弃主权国家豁免的约定:

> 就根据本协议组成的仲裁庭所作出的裁决的执行,本仲裁协议构成本享有执行豁免的一方对其执行主权国家豁免权利的放弃。
>
> This agreement to arbitrate constitutes a waiver of any right to sovereign immunity from execution to which a party might otherwise be entitled with respect to the enforcement of any award rendered by an arbitral tribunal constituted pursuant to this agreement.

其他有关放弃管辖、执行的国家豁免的规定见前文。

d. ICSID 附加便利程序

对于不符合 ICSID 管辖权要求的当事人及相应合同,当事人可以选择适用 ICSID 的“附加便利程序”(Additional Facility)。ICSID 附加便利程序专门适用于解决 ICSID 管辖权范围之外的争议,即解决非直接因投资引发,和/或投资者国籍或东道国不是 ICSID 缔约国的争议。

ICSID 附加便利程序可以使得当事人在不根据《ICSID 公约》规则进行仲裁的情况下,选择 ICSID 作为仲裁机构。但是,ICSID 附加便利程序作出的仲裁裁决可能受制于仲裁地的撤销仲裁裁决的规则与执行地的《纽约公约》项下不予执行仲裁裁决的规则。尽管如此,在特定案件中,适用 ICSID 附加便利程序进行仲裁仍比其他争议解决机制更有吸引力。

任何适用 ICSID 附加便利程序进行的仲裁必须由 ICSID 的秘书长批准。实践中,当事人可以在申请仲裁或调解之前或同时,向 ICSID 申请批准。ICSID 推荐的适用 ICSID 附加便利程序进行仲裁的示范条款如下:

[东道国名称]政府(以下简称东道国)和[国籍国名称](以下简称国籍国)的国民[投资者名称](以下简称投资者),特此同意接受国际投资争端解决中心(以下简称 ICSID)的管辖,由其根据以下规定解决本协议引发或与本协议相关的任何争议:

a. 如果在本协议项下程序提起之时东道国和国籍国均已成为《解决国家与他国国民间投资争端公约》(以下简称《ICSID 公约》)的缔约国,则为《ICSID 公约》,或

b. 如果《ICSID 公约》第 25 条管辖权要求的属人原则在上文(a)项规定的时间仍未满足,则为 ICSID《附加便利仲裁规则》。

The Government of [name of host State] (hereinafter the "Host State") and [name of investor] (hereinafter the "Investor"), a national of [name of home State] (hereinafter the "Home State"), hereby consent to submit to the International Centre for Settlement of Investment Disputes (hereinafter the "Centre") any dispute arising out of or relating to this agreement for settlement by arbitration pursuant to:

a. the Convention on the Settlement of Investment Disputes between States and Nationals of Other States (hereinafter the "Convention") if the Host State and the Home State have both become parties to the Convention at the time when any proceeding hereunder is instituted, or

b. the Arbitration (Additional Facility) Rules of the Centre if the jurisdictional requirements *ratione personae* of Article 25 of the Convention remain unfulfilled at the time specified in (a) above.

至于其他的仲裁条款,当事人应考虑在这些基础条款上,在合同中补充有关程序和其他事项的规定。

四、常规交易中的国际仲裁协议

如前文所述,当事人没有必要为每一个小额、重复交易单独制定一份仲裁协议。某些情况下,当事人可以采用标准化争议解

决机制,例如海事仲裁、商品交易仲裁。如果没有标准化争议解决机制,当事人可以选择一个示范仲裁条款,并约定一个中立、可靠、有法律保障并且便利的地方作为仲裁地(例如伦敦、巴黎、日内瓦、斯德哥尔摩、纽约、迈阿密、新加坡、中国香港特别行政区),再选定一个仲裁语言。当事人应尽量避免增加其他貌似有用的约定,使仲裁条款保持简洁,减少双方可能出现的分歧。

在一些国家,当交易涉及消费者,或交易金额非常小时,仲裁协议可能被认定为无效、不可执行。在美国,前述情况还可能导致"集体仲裁"的发生。

第四章

执行国际协议管辖条款

国际争端解决机制的效用取决于其最终的可执行性。争议发生后，当事人当初选择协议管辖条款或仲裁条款的理由可能发生改变。这可能导致争议解决条款需通过法院诉讼等程序进行执行或解释的问题。

国际协议管辖条款与仲裁条款各自的解释和执行，适用截然不同的法律规则体系。协议管辖条款的解释和执行主要适用国家法律，仅在有限情况下适用区域性条约。在许多情况下，法院很可能会部分或全部否定国际协议管辖条款的效力。国际仲裁条款主要适用于《纽约公约》等多边公约以及一国支持仲裁导向的仲裁立法。这种法律体系通常使仲裁条款比协议管辖条款更容易得到执行。

如前文所述，如果更多国家批准加入海牙《选择法院协议公约》(见附录 B)，那么协议管辖条款在未来可能会得到更广泛的执行。是否有更多国家加入该公约，以及公约的例外是否会损害其效果，还有待观察。至少在可预见的未来，与国际仲裁条款和协议管辖条款相比仍具有显著的可执行性优势。

一、主要贸易国家中协议管辖条款的推定可执行性

与其他合同条款一样,协议管辖条款存在效力和执行两方面的问题。大多数发达国家不是任何与协议管辖条款的执行有关的国际条约或其他条约的缔约国。虽然目前有一些规范国际协议管辖条款的双边和区域条约,例如《卢加诺公约》和《布鲁塞尔公约》(由《布鲁塞尔一号条例》取代并重编排),但在大多数法院,大部分国际协议管辖条款由国内法管辖。

一些国家的法院历史上曾认定协议管辖条款违反公共政策而无法执行。大多数发达的法域已经放弃了这种认定方式,现在普遍认为协议管辖条款推定具有可执行性。不同国家对于协议管辖条款处理仍有重要差异,但众多法域的一般做法已经大致趋同。

1. 欧盟关于协议管辖条款可执行性的认定方法

在欧洲,重编排版《布鲁塞尔一号条例》规定了涉及一个或多个欧洲当事人的国际协议管辖条款的可执行性问题。如上文所述,该规定仅适用于"民商事"事项,不包括自然人法律地位、婚姻、继承和破产等问题。美国或其他非欧盟国家的法院不适用《布鲁塞尔一号条例》。

重编排版《布鲁塞尔一号条例》第 25 条规定,如果协议约定的管辖法院为任何欧盟成员国的法院,则该协议管辖条款应被推定为具有可执行性。这一原则有若干重要例外,下面将进行有针对性的探讨。近期欧盟欧洲法院(European Court of Justice)关于阻止发出禁诉令的判决,也严重削弱了选择欧盟成员国法院的协议管辖条款的可执行性。

2. 美国关于协议管辖条款可执行性的认定方法

美国法院通常适用普通法原则对协议管辖条款作出认定。根据美国联邦最高法院(Supreme Court of the United States)在不

来梅诉扎帕塔近海石油公司案(Bremen v. Zapata Off-Shore Co.)中的经典决定,大多数美国法院认为,复杂的公司实体之间的协议管辖条款是推定可执行的,仅在有限情形下存在例外,包括协议管辖条款的初步效力、约定法院的"合理性"、"强制性法律"或"公共政策"原因等。

一些美国的法域则仍认定协议管辖条款不具有可执行性。某些州的法院会根据该州法律而拒绝认可选择其他州法院的协议管辖条款之可执行性。在另外一小部分美国的法域,法院则适用开放式的"合理性原则"或"不方便法院原则"作出分析认定,协议管辖条款只是其中一个分析因素,而非具有约束力的契约性承诺。尽管如此,在绝大多数情况下,美国法院推定认定协议管辖条款具有可执行性,仅受有限的例外限制。

3. 关于协议管辖条款可执行性的其他认定方法

许多其他国家的法院采取与美国和欧盟大体相似的做法。也就是说,在大多数发达的法域,法院一般推定协议管辖条款可执行,虽有多种但有限的例外。

海牙国际私法会议颁布了《选择法院协议公约》并已由全部会议成员国签署。如果该公约得到更多国家批准,可以某种程度上提高国际协议管辖条款的可执行性。

二、协议管辖条款推定具有可执行性的例外

协议管辖条款推定可执行性的例外,在不同法域规定不同。在大多数情况下,例外及其范围由该国法律规定,因此当事人需要寻求当地律师的建议。尽管如此,我们仍可以归纳出例外的一般类别。例外可以大致分为关于协议管辖条款的初步效力(例如是否构成错误、欺诈、显失公平),协议管辖条款的"合理性"或"公平性",以及是否触发针对特定类型当事人(如消费者、雇员、被保

险人)或特定类型索赔(如不动产法或竞争法项下索赔)的强制性法律或公共政策保护。

1. 协议管辖条款的初步无效

在许多法域,如协议管辖条款被认定为初步无效,则不可执行。初步无效事由概括如下:

—协议管辖条款不成立(即当事人订立的条款中未约定管辖法院)或对某当事方不具有约束力。

—协议管辖条款构成显失公平、欺诈、错误或胁迫。

—有时一方当事人并不了解协议管辖条款的相关约定内容,这有时也会成为拒绝执行的事由。特别是在涉及消费者等类型当事人的情况下,若协议管辖条款以小字体印刷而易被忽略,或经无效引用而未能并入合同,或约定内容不明确,一些法院会因此否认其可执行性。

—"不恰当的影响力"(undue influence)等更为宽泛的抗辩理由,亦可导致协议管辖条款被认定为初步无效。一些法院曾以协议管辖条款并非公平谈判的产物为由否认其效力。

虽然很少有法院处理过这个问题,但协议管辖条款是否初步有效的分析,只能针对协议管辖条款本身,而不能针对当事方的基础合同。这与仲裁条款的处理方式相似,即仲裁条款与基础合同是"可分的"。然而,与仲裁条款不同的是,仲裁条款的可分性通常有一国的仲裁立法和机构仲裁规则的明文规定作为依据,协议管辖条款的可分性则很少由法律予以特别规定。

2. 执行协议管辖条款将导致"不合理的"或"不公正的"结果

一些法域的法院认为,如果执行协议管辖条款将导致"不合理的"或"不公正的"结果,则不应予以执行。构成此种情形的事由包括协议约定的法院不方便开展诉讼、不能给予一方当事人有效救济或不对一方当事人开放。

一些法院也会基于协议约定的法院与双方争议没有任何“合理联系”而拒绝执行协议管辖条款。还有一些法院则只将协议管辖条款作为分析适用“不方便法院原则”的一个考量因素。在这种分析路径下,协议管辖条款不是当事人之间的一份契约,而只是双方当时的一种意思表示,应与方便、公平、司法经济及其他因素一同考量,以确定“合适”的法院。这一分析路径通常不会是多数发达法律体系的主流观点,因为来自不同国家的、经验丰富的两个商事主体之所以选择这一第三国法院,就是为了锁定中立的、能够胜任的法院解决争议。

3. 违反公共政策或法律规定

如果协议管辖条款违反适用的强制性法律规定或法院地的公共政策,法院可能拒绝承认其可执行性。许多国家立法明确规定,某些重要情形下的协议管辖条款无效。例如,有时候,涉及特许经营、雇佣、保险、消费者、证券和不动产交易的协议管辖条款不具有可执行性。

在不同法域可能无法有效约定排他的协议管辖条款的索赔类型如下所示:

—消费者合同——重编排版《布鲁塞尔一号条例》(第 17 ~ 19 条)(消费者可以在其住所地发起法律程序);《瑞士国际私法法案》第 114 条第 1 款(消费者可以在其住所外的法院起诉解除合同)。

—雇员针对雇主的请求——重编排版《布鲁塞尔一号条例》(第 20 ~ 23 条)(雇员可以在其住所地发起法律程序);英国 1996 年《雇佣权利法案》(U. K. Employment Rights Act)。

—涉及不动产的对物之诉——重编排版《布鲁塞尔一号条例》(第 24.1 条);《瑞士国际私法法案》第 98 条。

—包括专利及商标有效性在内的特定知识产权权利——重

编排版《布鲁塞尔一号条例》第24.4条。

—分销或特许经营协议——《密歇根州编纂法律注释》(Michigan Compiled Laws Annotated) § 445.1527(f)(西部出版社1998年版)(“要求在本州外进行仲裁或诉讼的条款”,“如果包含在与特许经营有关的任何文件中”,“无效且无法执行”);《波多黎各法第85号》(Puerto Rican Law 85)(分销协议中选择外国法院的协议管辖条款被禁止执行)。

—对证券投资者的特定保护——《加利福利亚州公司法典》(California Corporation Code) § 25701;《瑞士国际私法法案》第151条第3款(基于证券公开发行产生的请求)。

在许多法域,协议管辖条款除了受到具体的法定限制,也会受限于“公共政策”原则。众所周知,公共政策难以界定,使协议管辖条款的不可执行事由变得宽泛和难以预测。这些不可执行事由因每个国家的不同情况而异,通常取决于当地的传统和关注事项(例如对利息的限制、对当地自然资源的保护)。

三、与协议管辖条款有关的法律适用问题

国际合同中的协议管辖条款与其他条款一样,需要确定关于该条款的效力、执行和解释所适用的法律。可选的法律包括:(a)起诉的法院地法律(理论依据为:管辖法院的选择是一个程序问题,应适用法院地法律);(b)基础合同的适用法律(理论依据为:执行协议管辖条款为实体法问题,与合同的解释及效力等问题没有区别);(c)协议约定法院的法院地法律(理论依据为:当事人默示同意该法院地法律适用于协议管辖条款)。当然,在同一争议的平行诉讼中,就同一协议管辖条款,不同法院对适用的法律可能认定不同。大多数法院都很少关注协议管辖条款的法律适用问题。

某些情况下,法律适用仅是一个学理问题,因为不同发达法域的法院对协议管辖条款的适用规则大体一致。然而,仍有一些国家认为协议管辖条款本身是不可执行的,并不视其如一般的其他合同约定,或者在极为不同的条件下方认为其可执行。因此,特定情况下,法律适用问题虽相关研究较少,却可能具有重要意义。

为了减少法律适用问题的不确定性,一种方法是并入一条明确适用于协议管辖条款的法律适用条款。但由于一些法院认定协议管辖是程序性或补充性约定,按理应适用法院地法,因此无法确定该等法院能否适用当事人选择的法律。此外,法律适用很少影响公共政策或强制性法律的问题。不过,仍然建议当事人起草范围较广的法律适用条款,将协议管辖条款纳入其范围。

第五章

执行国际仲裁协议

在发生争议之后，各方经常就其签署的仲裁协议的解释和可执行性持不同意见，正如有关协议管辖条款的分歧一样。然而，执行国际仲裁协议的规则与执行协议管辖条款的规则在许多重要方面有所不同。

一般而言，国际仲裁协议比协议管辖条款更容易执行，因为其解释规则更加宽泛。这主要是由于国际仲裁协议背后有“支持仲裁”的国际公约和国家法律框架，而协议管辖条款则无此优势。

一、执行国际仲裁协议的法律框架

1.《纽约公约》

国际仲裁协议适用的法律体系之核心是《纽约公约》。《纽约公约》于 1958 年在联合国主持下起草，并已得到 155 个国家的批准，其中包括几乎所有重要的贸易国。附录 A 末尾列有公约缔约国清单。

《纽约公约》旨在加强国际仲裁协议及裁决的可执行性。人们普遍认为，《纽约公约》对近几十年来国际商事仲裁的广泛使用和效果起到了助推作用。《纽约公约》的文本请见本书附录 A。

概括来看,《纽约公约》要求缔约国法院:(a)承认和执行国际仲裁协议,除了某些例外情况(第 11 条甲、丙项);(b)承认和执行外国仲裁裁决,除了某些例外情况(第 3、5 条)。《纽约公约》的这些规定,以及实施这些规定的国家立法,形成了国际仲裁协议和仲裁裁决背后一套“支持执行”的国际法律体系。如下所述,这一专门体系大大增加了国际仲裁协议被缔约国法院承认的可能性。

2. 其他国际仲裁公约

虽然《纽约公约》是商事仲裁领域最重要的国际条约,但其他更为专门的公约也具有重要意义。

a.《ICSID 公约》

《ICSID 公约》于 1965 年在联合国和世界银行的主持下起草,已获得 150 多个国家的批准。

如上所述,《ICSID 公约》为缔约国与另一缔约国的投资者之间的“投资争端”提供了专门的仲裁机制。如果仲裁协议或仲裁裁决受《ICSID 公约》约束,则《ICSID 公约》优先于其他公约(包括《纽约公约》)适用。

如上所述,《ICSID 公约》包含许多较为特殊的规定,包括法律适用的相关规定(在没有相反约定的情况下,适用法为东道国法律和“可能适用的国际法规则”),司法审查和撤销仲裁裁决的内部程序,以及缔约国法院理论上可以不经司法审查直接强制执行 ICSID 仲裁裁决。

b.《巴拿马公约》

1975 年起草的《美洲国际商事仲裁公约》(《巴拿马公约》)已得到美国和 20 个中、南美洲国家的批准。出于对国际仲裁长期以来的不信任,许多南美国家不愿意批准《纽约公约》。在此背景下《巴拿马公约》得以问世,以提供一种更可被接受的区域性安排。

《巴拿马公约》与《纽约公约》之间存在复杂的相互作用。在加入《巴拿马公约》时,美国作出一项保留,即如果仲裁协议或仲裁裁决受《巴拿马公约》和《纽约公约》的约束,且所涉及当事方中大多数为《巴拿马公约》的缔约国公民,则优先适用《巴拿马公约》,但合同另有约定的除外。相比于《巴拿马公约》,《纽约公约》的范围更大、先例更多,因此更受法律专业人士推荐。

《巴拿马公约》处理国际仲裁协议和仲裁裁决的规则与《纽约公约》基本类似。此外,《巴拿马公约》还规定,如果当事人的仲裁协议未包含任何具体的机构仲裁规则,则适用美洲国家商事仲裁委员会(IACAC)的仲裁规则,由 IACAC 担任仲裁员的指定机构。当事方未就指定机构达成协议时,这一规则有助于减少需由当地法院任命仲裁员的风险。

c.《欧洲国际商事仲裁公约》

《欧洲国际商事仲裁公约》(European Convention on International Commercial Arbitration,简称《欧洲公约》)起草于 1961 年,并于 1965 年 10 月生效,现已得到 30 多个国家的批准(其中大多数在欧洲),包括大量东欧国家和苏联。《欧洲公约》规定了缔约国的多种义务,许多与《纽约公约》相同。

d.双边投资协定

作为鼓励和吸引在发展中市场进行资本投资的一种手段,双边投资协定(bilateral investment treaty,BIT)在 20 世纪 80 年代和 90 年代变得普遍。大多数资本输出国(包括美国和许多欧盟国家)已与许多发展中国家签署了多项 BIT。目前有超过 2400 个 BIT 生效,这一数字每年都在增加。

在典型的 BIT 中,东道国承诺对投资给予公平公正的待遇,给予投资者和投资项目视同东道国或任何第三国同等优惠待遇，保障资金和利润转移不受限制，除为了公共目的及迅速、足额、有效的赔偿外不得进行征收。此外，绝大多数 BIT 都规定了某种形式的仲裁。在典型的 BIT 中，东道国通常会向另一缔约国所有国民投资者发出一般性要约（或“持续的仲裁要约”），以将投资争议提交仲裁，即便合同中没有仲裁的约定。ICSID 仲裁颇受欢迎，但也有一些 BIT 允许依据《UNCITRAL 仲裁规则》或与 ICSID 类似的机构仲裁规则进行临时仲裁。

国际商事纠纷中，需要考虑 BIT 下“仲裁无相对性”的可能性。应特别注意特定合同下的争议是否落入特定 BIT 范围内，以及其对争议解决程序可能产生的影响。附录 G 中收录了载有相关 BIT 列表的网站。

3. 国家层面的仲裁立法

几乎普遍适用的《纽约公约》增强了国际仲裁协议和仲裁裁决的执行可能性。但是实际上，在特定情况下仍可能需要通过司法手段执行仲裁协议或仲裁裁决。在某些国家，国际条约可直接在法院适用。但是，在许多国家，《纽约公约》和其他条约不能自动在法院适用，而必须通过国家立法予以实施。

不同国家采取了不同类型的仲裁立法，对仲裁庭管辖权异议、在该国领域内的仲裁裁决进行司法审查以及支持执行的有效程序机制（如扣押）采取不同的标准。这些差异对寻求执行国际仲裁裁决的当事方产生重大的实际后果。

近年来，部分由于《UNCITRAL 示范法》，国家层面的仲裁立法的统一趋势日益明显。这种趋势仍在继续，并在某种程度上减少了不同国家仲裁制度的差异。尽管如此，在不同国家，仲裁的现实情况以及对仲裁的司法回应仍然存在很大差异。这对不同法域就仲裁协议和裁决的执行具有重大影响。

4.《UNCITRAL 示范法》

包涵许多主要贸易国在内的70多个国家和地区颁布了基于《UNCITRAL 示范法》的国家立法,包括澳大利亚、奥地利、巴林、百慕大、加拿大、埃及、英格兰(在某种程度上)、德国、中国香港特别行政区、印度、墨西哥、俄罗斯、新加坡以及西班牙。《UNCITRAL 示范法》于1985年首次发布,载于本书附录C。《UNCITRAL 示范法》的目的是使国际仲裁协议和裁决的执行更容易、更可预测和标准更加统一。《UNCITRAL 示范法》还力求减少司法干预国际仲裁程序。

2006年大量《UNCITRAL 示范法》的条款得到了修订,该修订版本最近才开始得到某些法域的采纳,见附录D。附录D中亦列举了采纳《UNCITRAL 示范法》的国家名单。

《UNCITRAL 示范法》共有36个条文,全面规定了在司法程序中可能与国际仲裁有关的各个方面的问题。《UNCITRAL 示范法》规定了仲裁协议的执行(第7~9条)、仲裁员的任命和挑战(第10~15条)、仲裁庭的管辖权(第16条)、临时措施(第17条)、仲裁程序(包括语言、仲裁地和程序)(第18~26条)、证据取得和发现(第27条)、适用法律(第28条)、裁决(第29~33条)、撤销仲裁裁决(第34条)以及仲裁裁决的承认和执行包括不予承认的理由(第35、36条)。

依据《UNCITRAL 示范法》,书面国际仲裁协议应推定有效并可执行,仅在少数情况下例外。《UNCITRAL 示范法》第8条规定,若存在有效的仲裁协议,无论仲裁地为何,法院的诉讼程序均应驳回或中止审理。《UNCITRAL 示范法》第16条还规定仲裁条款推定具有可分性,并授予仲裁庭决定自身管辖权的权力(*competence-competence*,即仲裁庭自裁管辖权原则)。

《UNCITRAL 示范法》第5条规定了司法不干预仲裁程序的

原则,第19(1)条确认了在仲裁程序方面的当事人意思自治(需满足正当程序要求);第19(2)条规定在双方未约定的情况下,仲裁庭有权决定仲裁程序。《UNCITRAL示范法》对仲裁程序的处理方法,是确定一套基本的程序规则,这些规则受制于公平、正当程序和平等待遇等强制性原则,但各方可以通过协议加以变更。《UNCITRAL示范法》还规定了仲裁程序的数种司法协助措施,包括临时措施、仲裁庭组成和证据取得(第9、11～13、27条)。

《UNCITRAL示范法》第34条规定国际仲裁裁决应推定有效,仅因少数规定事由可在仲裁地撤销仲裁裁决。这些事由与《纽约公约》规定的不予承认仲裁裁决的事由相同,即缺乏或超出管辖权、不符合仲裁协议、违反正当程序、公共政策原因以及争议不可仲裁。《UNCITRAL示范法》第35条和第36条规定承认及执行外国仲裁裁决的条件与《纽约公约》相同。

《UNCITRAL示范法》的2006年修订版只有细微调整,包括对仲裁协议的形式要求的修改(显著降低形式要求,见第7条)、对临时措施的修改(包括规定当事方有权单方面向仲裁庭提出申请,见第17条)以及有限的新增条款(包括表述性调整以及关于《UNCITRAL示范法》解释原则的声明)。

二、国际仲裁协议推定的有效性和可执行性

《纽约公约》的核心目的之一是使国际仲裁协议更容易得到执行。《纽约公约》第2条规定:

> 一、当事人以书面协定承允彼此间所发生或可能发生之一切或任何争议,如关涉可以仲裁解决事项之确定法律关系,不论为契约性质与否,应提交仲裁时,各缔约国应承认此项协定。
>
> …………
>
> 三、当事人就诉讼事项订有本条所称之协定者,缔约国法院受理诉讼时应依当事人一造之请求,命当事人提交仲裁,但前述协定经法院认定无效、失效或不能实行者不在此限。

一些国家仍然存在的使仲裁协议无效或无法执行的规定被《纽约公约》第2条所取代。根据第2条,除非当事方能够证明国际仲裁协议无效、无法执行或无法履行,其应为有效且可执行。

大多数国家的仲裁法都包含与《纽约公约》第2条类似的规定。《UNCITRAL示范法》第8条还特别规定了国际仲裁协议推定的有效性和可执行性。

三、国际仲裁协议的可分性

在许多国家,包括所有主要贸易国在内,仲裁协议具有推定可分性,即独立于基础合同。这一规则通常由仲裁立法明文规定,参见《UNCITRAL示范法》第16条、《瑞士国际私法法案》第178(3)条、《美国联邦仲裁法》第2条、德国《民事诉讼法》第1040(1)条。大多数领先仲裁机构的仲裁规则亦有此等规定,参见《UNCITRAL仲裁规则》第23条、《ICC仲裁规则》第6(9)条、《LCIA仲裁规则》第23(1)条。

推定可分性规则具有重要的实际影响。这意味着对当事人基础合同效力的挑战,通常不会影响或损害当事人“单独”或“意思自治”的仲裁协议。具体而言,如果一方当事人主张基础合同乃以欺诈手段订立或因缺乏对价而无效,仲裁协议的有效性不会因此受到影响,当事人亦无权据此拒绝仲裁。这一规则的理论基础是,仲裁条款是一个单独的、独立的协议,即使基础合同无效,仲裁条款亦有效。

在部分国家法院,仲裁条款的推定可分性规则可能受限于一些例外情况,这在实践中可能很重要。其中一种例外情况是,如果基础合同的成立受到挑战,可能无法根据推定可分性规则主张仲裁协议有效。

推定可分性规则还可能导致仲裁协议与基础合同适用不同

的准据法。法国、美国等国法院据此推出了“国际性”实体规则方法，大大限缩了国际仲裁协议的无效情形。在其他法域，推定可分性规则可能会导致复杂的法律适用问题，但由于各国仲裁立法“支持执行”的导向渐趋一致，这一问题在实践中不那么重要。

四、国际仲裁协议的解释

解释仲裁协议的范围时，许多国家的法院采取“支持仲裁”倾向。例如，美国法院采用将争议解释为属于仲裁协议的范围的强推定。如果仲裁协议的范围及其是否涵盖系争事项存在争议，法院须从有利于仲裁的角度解释。瑞士、英格兰、新加坡等国家或地区的法院对国际仲裁协议范围的解释也相对宽泛。就其他国家而言，法院通过客观确定当事人意思角度解释仲裁协议的范围，但从实务角度，如果一份有效的仲裁协议之范围存在争议，法院多会做出有利于仲裁的决定。

五、国际仲裁协议推定可执行性的例外情形

1. 仲裁协议无效

法院通常从明确“支持仲裁”的立场解释《纽约公约》第 2 条。多数关于仲裁协议效力的问题，同样适用合同效力的一般规则，包括意思表示错误、欺诈、显失公平、胁迫以及缺乏行为能力等。大多数发达国家的法院倾向于不基于前述理由而认定仲裁协议无效，除非触发《纽约公约》规定的无效情形。此外，很少有法院愿意适用一些协议管辖条款的无效情形来认定仲裁协议无效，包括仲裁协议是“不合理的”或“不公正的”，或者仲裁地“不方便”。

通常，当事人如对仲裁协议效力有异议，应首先向仲裁庭提出。这可能是因为当事人不愿承担向法院起诉确认仲裁协议无效的费用或后果，或是当事人担心被仲裁庭疏远，等等。虽然仲

裁庭对管辖权的决定通常受限于最终的司法审查,但仲裁庭的决定实际上仍非常重要;其背后的原因,一方面是许多案件在仲裁裁决司法审查前已经和解,另一方面是司法审查的法院仍可能礼让并尊重仲裁庭的决定。

2. 不可仲裁性的例外

几乎所有国家都规定某些类别的争议不得仲裁——"不可仲裁性"。同样地,《纽约公约》第 2 条第 1 款和第 5 条第 2 款甲项规定,约定并非"可通过仲裁解决的"事项的仲裁协议,可不予执行。

"不可仲裁"的争议类型主要由法律规定,各国法律规定不同。很多国家规定的不可仲裁事项包括劳动关系、知识产权、竞争法或反垄断、不动产、消费者索赔、特许经营纠纷,等等。这些不可仲裁事项大致与不可约定协议管辖条款的事项类似,但范围可能更小。实践中,部分由于争议是否不可仲裁首先由仲裁庭决定,因此不可仲裁事项的范围通常更为限缩。此外,《纽约公约》也限制了当事人仅以公共政策或法律规定为由主张仲裁协议无效的可能。

六、关于国际仲裁协议的延伸阅读

许多专业书籍进一步探讨了国际仲裁协议的有效性、可执行性及解释问题,其中尤为实用的作品及章节如下:

—G. Born, *International Commercial Arbitration* 230 – 36, 367 – 73, 401 – 72, 538 – 59, 635 – 818, 834 – 913, 948 – 49, 1046 – 306, 1320 – 26, 1343 – 82, 1394 – 401, 2076 – 80 (2d ed. 2014)

—G. Born, *International Arbitration: Law and Practice* 48 – 57, 73 – 82, 88 – 93, 221 – 31, 376, 383 – 88, 404 – 05, 417, 420 (2d ed. 2016)

—D. Joseph QC, *Jurisdiction and Arbitration Agreements and their Enforcement* 34, 87 – 96, 110 – 20, 136 – 46,485 – 90,643 – 54 (3d ed. 2015)

—H. Grigera Naón and P. Mason, *International Commercial Arbitration Practice*: 21*st Century Perspectives* §7. 02, §8. 06, §8A.05, §9.08, §10.06, §11.02[6], §11.03[2], §11.04, §11. 05 [2], §11. 06 [2], §12. 03, §13. 03, §14. 03, §§15. 02 – 15. 05, §15. 10, §16. 04, §17. 03, §18. 03 (2010)

第六章

承认与执行外国法院判决

评价一种国际争端解决机制最重要的方面，是其结果的可执行性。无论是法院判决还是仲裁裁决，皆为如此。在许多国际争议中，作出判决或裁决的裁判机构所在地可能不是一方或双方当事人财产所在地。因此，该判决或裁决需要在其他地方承认（以使当事人在其他法律程序中无法提出不一致的主张或抗辩）或执行（以获得金钱给付或其他履行）。

外国法院判决执行的法律规则和外国仲裁裁决执行的法律规则差别很大。外国判决主要受各国立法管辖，或在有限的情况下受《布鲁塞尔一号条例》和《卢加诺公约》等区域性条约管辖。外国裁决首先由《纽约公约》或其他多边公约管辖，其次由各国“支持仲裁”的立法管辖。外国仲裁裁决的执行制度往往使之比外国法院判决更容易得到执行。

一、关于外国法院判决的全球范围公约尚付阙如

目前没有关于承认和执行外国法院判决的全球性国际条约。没有任何法院判决的全球性执行制度可以与《纽约公约》下仲裁

裁决的全球执行制度相提并论。

如前所述,海牙国际私法会议成员国于2005年完成了《选择法院协议公约》的起草,新加坡、墨西哥及大多数欧盟国家最近批准了该公约。然而,该公约是否会得到更多国家批准、是否提供了承认和执行国家法院判决的有效机制,还有待观察。目前而言,外国法院判决的执行仍受双边或区域性条约或国内法的管辖。在这些法律制度下,对于许多案件而言,有效执行外国法院判决仍存在重大障碍。

二、外国法院金钱判决在主要贸易国的推定可执行性

依据很多国家的法律,除去各种例外情况,外国法院的金钱判决推定可执行。这一基本规则已为许多国家采用,包括大多数欧盟国家、美国、亚洲发达国家,等等。例如在美国,普通法和成文法[基于《统一外国金钱裁判承认法》(Uniform Foreign Money Judgments Recognition Act)]都认定外国金钱判决为推定可执行。其他多数国家及双边条约中的适用规则也基本相似。

尽管如此,相当多的国家通常拒绝执行外国法院判决。一些国家的法律拒绝承认任何外国判决,除非该国与判决作出国("判决国")之间存在相互承认和执行判决的条约,这包括以北欧和东欧国家为主的一些欧洲国家。其他国家则明确拒绝承认任何外国判决,或仅仅将外国判决作为支持当事方实体主张的证据,但就此必须重新诉讼。

即使在理论上可以承认和执行外国判决的国家,当事人也很少提出此等申请,最终得到承认和执行的则更为少见。执行的对象是最重要的影响因素,在判决针对本国国民时尤其难以得到承认与执行。

外国判决的执行可能会遇到程序延误等问题的影响,特别是

在法院缺乏此类经办经验的国家。由于相关条约的缺失,针对本国国民的执行可能遇到地方保护的障碍,只有非常有限的外部制衡机制可以对其进行监督。此外,实务中,有效执行金钱判决往往需要快速有效保全资产。在许多法律体系中,这对外国判决的申请执行人特别是在执行被申请人为该国国民时,有效执行的难度更高。

当事人甚至更难从大多数国家法院获得禁令救济或其他非金钱救济,难度比执行金钱判决更甚。在许多国家,即便存在推定外国金钱判决有效的判决先例或法律规定,这也并不适用于衡平法救济、禁令救济等类似命令。

三、外国法院金钱判决推定可执行的例外

即使在规定外国金钱判决推定可执行的国家,也有各种重要的例外情形。这些例外可能会严重阻碍外国法院判决的执行:

—不方便法院——一些国家会拒绝承认不方便法院作出的判决。是否构成不方便法院,通常由执行法院裁量评估,其标准相对而言并不固定。

—判决存在冲突——许多国家拒绝承认与其本国法院判决相冲突的外国判决。无论两项判决的作出先后次序,或是两套诉讼程序开始的先后次序,法院都会拒绝承认和执行冲突的外国判决,日本就有这样的实例。

—程序的规范性——许多国家只会承认符合本国程序公正标准的外国法院判决。世界各国的程序规则存在很大差异,对程序的规范性要求为不承认外国判决提供了充分的理由。

—通知程序缺失——如果判决被执行人没有收到关于该外国诉讼程序的适当通知,该等外国判决在几乎所有法域的法院都会被拒绝承认。不同法律体系的送达规定有所差异,因此这一问

题愈加突出。有些时候,判决被执行人一旦参与了外国诉讼程序,则放弃在后续执行程序中就送达提出异议。

—属人管辖权——几乎所有国家的法院都拒绝承认对判决被执行人缺乏管辖权的法院作出的外国判决。属人管辖权通常根据执行法院的标准,而非判决法院的标准。如果协议管辖条款有效且各方均遵守,那么想要挑战协议约定的管辖权会比较困难。但在其他情况下,属人管辖权通常是判决的境外执行的重大障碍。

—事项管辖权——一些国家规定,许多类型的争议由本国法院专属管辖。例如,在一些国家,如果当事人均为本国国民,此类争议应由本国法院专属管辖,相关外国判决将被拒绝执行。还有一些国家,不动产、劳动关系、特定公司事务等争议亦为本国法院的专属管辖范围。

—强制性法律或公共政策——几乎所有国家都拒绝承认违反本国公共政策或强制性法律的外国判决。相关示例前文已述。在许多国家,对于公共政策的抗辩,法院会接受一些新颖和宽泛的论点,以达成不予执行外国判决的结论。

—互惠原则——如果判决法院所在国拒绝承认另一国家的判决,另一国家则可能也会拒绝该国法院判决。

—税收和刑罚判决——许多法域采取外国"税收"判决和"惩罚性"判决将不予承认的历史规则。这些规则主要针对外国政府和行政实体收到的判决,但也可以扩展到基于准公法领域(如竞争法等)的判决。

这些不予承认与执行的情形累积起来,使得当事人很难有信心去申请执行外国金钱判决或其他判决,特别是在没有双边或区域性条约的情况下。当事人申请境外执行的情况较少,更使得境外执行的不确定性进一步加剧。即使在曾经多次成功执行外国法院判决的发达法域(如瑞士、法国、德国、加拿大、英格兰、美国),由于管辖权、程序规范性和公共政策等问题,执行外国判决仍很困难。当然,如果有相互承认外国判决的双边或区域性安排,如《布鲁塞尔一号条例》和《卢加诺公约》,那么执行就没那么复杂了。

第七章

承认与执行国际仲裁裁决

有时当事人会拒绝主动履行国际仲裁裁决项下义务,不过实践中其比率远低于拒绝履行外国法院判决。如前已述,国际仲裁裁决背后的法律框架与外国法院判决截然不同。总体来说,国际仲裁裁决的执行制度使之比外国法院判决更具可执行性。

一、国际仲裁裁决推定的有效性与可执行性

《纽约公约》的主旨是促进承认及执行外国和非本国仲裁裁决。《纽约公约》第 3 条要求缔约国原则上需承认在其他缔约国作出的仲裁裁决:

> 各缔约国应承认仲裁裁决具有拘束力,并依援引裁决地之程序规则及下列各条所载条件执行之。承认或执行适用本公约之仲裁裁决时,不得较承认或执行内国仲裁裁决附加过苛之条件或征收过多之费用。

《纽约公约》关于执行外国仲裁裁决的规定对 155 个国家具有约束力,其中包括几乎所有主要贸易国(见附录 A)。

尽管如此,国际仲裁裁决的执行通常需要遵守执行地的仲裁

法。许多国家的法律严格落实了《纽约公约》,为执行国外仲裁裁决提供了有利的法定机制。当然具体司法实践可能因国家而异。

大多数发达国家在执行外国仲裁裁决方面具有丰富的司法实践。绝大多数有记录的依据《纽约公约》第 5 条作出的决定中,法院都执行了外国仲裁裁决。相关决定中,法院常常驳回当事人对仲裁裁决公正性或正确性或根据《纽约公约》第 5 条规定的例外提出的抗辩。国际仲裁裁决被拒绝执行的案件也存在,但并非常规,而只是罕见例外。

除了发达国家,其他国家能否有效执行外国仲裁裁决(尤其是针对当地国民的仲裁裁决)相对不确定。有些国家并未制定类似于《UNCITRAL 示范法》的"支持仲裁"之仲裁法,还有一些国家的法律限制外国仲裁裁决的承认。即使没有相关法律,法院也可能不愿意执行针对本国国民的外国仲裁裁决。

尽管如此,在越来越多的发展中国家,当事人越来越可能成功执行外国仲裁裁决。无论在哪个法域,外国仲裁裁决得到执行的概率显然高于外国法院判决。

二、国际仲裁裁决推定有效与可执行的例外

《纽约公约》第 5 条规定了不予承认外国仲裁裁决的有限几条事由,包括:裁决根据无效的仲裁协议作出;败诉方"未接获关于指派仲裁员或仲裁程序之适当通知,或因他故,致未能申辩者";仲裁裁决处理之争议超出当事人仲裁协议范围;仲裁庭的组成或仲裁程序违反了当事人之间的仲裁协议,或者在无协议约定的情况下,违反仲裁地法律;根据执行地法律规定,争议事项不可仲裁;承认或执行裁决将违反执行地的公共政策。一旦裁决的申请执行人根据《纽约公约》第 4 条提供了裁决副本,《纽约公约》第 5 条情形的举证责任就归于被申请执行人。

1. 公共政策与“不可仲裁性”

申请拒绝执行国际仲裁裁决的当事人经常援引《纽约公约》第 5 条第 2 款乙项规定的“公共政策”抗辩。与该抗辩密切相关的是《纽约公约》第 5 条第 2 款甲项规定的因某些争议“不可仲裁”而无须行相关裁决。

大多数国家法院都对“公共政策”和“不可仲裁”作为拒绝执行外国仲裁裁决事由采取了限缩解释。一些法院认为，只有真正属于“国际性的”公共政策才能构成拒绝承认裁决的事由。还有一些法院驳回了各种关于公共政策的主张，理由包括违反公共政策情形不够严重，或者是相关公共政策与仲裁裁决无关。

尽管如此，仍有当事人的律师会颇具创意地提出公共政策或不可仲裁抗辩的角度，从而导致拖延执行。在接触国际仲裁相对较少的国家，这些抗辩可能会给法院留下第一印象，导致法院有一定可能接受拒绝执行的抗辩。大多数国家在“公共政策”方面存在弹性，从而加剧了执行的不确定性。不过，虽然实践中当事人经常提出公共政策或不可仲裁的抗辩，但大多数情况下，二者均不会构成国际仲裁裁决执行的重大障碍。

2. 程序不规范

关于外国仲裁裁决的执行，最常被引用的抗辩是《纽约公约》第 5 条第 1 款乙项，即因缺乏通知和/或程序不规范。《纽约公约》第 5 条第 1 款丁项规定，如仲裁程序不符合当事人约定，或（在当事方未约定的情况下）不符合仲裁地的法律，可不予承认执行仲裁裁决。法院通常对国际仲裁庭的程序性决定给予充分尊重，但仍有一些仲裁裁决因触发《纽约公约》规定的程序不公平问题而遭拒绝执行。不同国家的司法程序存在重大差异，因程序不规范导致仲裁裁决不予执行的风险也相应有所增加。

3. 仲裁庭无管辖权

根据《纽约公约》第5条第1款甲项和丙项,如果争议事项未约定有效的仲裁协议或超出仲裁庭管辖范围,法院可拒绝执行外国仲裁裁决。仲裁司法审查程序可以就仲裁庭的管辖权进行重新审查,除非根据仲裁协议有相反约定、当事人无保留地参与了仲裁中的管辖权异议程序或当事人将管辖权问题提交仲裁庭作出最终决定。对仲裁庭管辖权的挑战,可能涉及仲裁协议的有效性(如合同成立、错误、胁迫、欺诈、行为能力等问题)或提交仲裁的争议内容(如仲裁裁决是否超出了各方提交仲裁的范围)。

第八章

起草和执行法律适用条款

协议管辖条款及仲裁条款通常伴有法律适用条款,以约定适用于当事人之间的合同关系及其他关系的实体法。法律适用条款增强了解释和执行当事人合同义务的可预测性,对国际商事交易甚为关键。法律适用条款通常应该是一个单独的、独立的条款,而不是并入到仲裁条款或协议管辖条款中。本书前文已经讨论过,此举可以最大限度降低法律适用条款的风险,或将因之产生的争议局限于程序性事项。

缔约方有时无法就合同关系和其他关系的准据法达成一致意见。当事人无法就适用的实体法达成一致意见的问题,有时可以通过故意略去法律适用条款解决。如果根据法律冲突规则推导的结论并非确定无疑,将导致准据法产生不确定性。不过,如果推导出可适用的实体法都是中立、成熟的法律,那么这种不确定性仍可接受。相反,如果推导出的选项中包括不那么发达的法律体系,或者交易涉及另一主权国家,或者当事人对确定性或可执行性有特殊需求,则当事人在敲定交易之前,一般需明确约定法律适用条款。

一、计划和起草法律适用条款

1. 法律适用条款的范围

在实践中,法律适用条款的范围常比协议管辖条款或仲裁条款更为限缩。如上所述,协议管辖条款和仲裁条款的范围经常扩大到与当事人的合同关系“有关”或“因之产生”的所有争议,以涵盖非契约性索赔(如侵权索赔)以及契约性索赔。

相比之下,法律适用条款经常按照以下表述方式起草:

> 本协议应按________的法律解释,并受其管辖。
> This agreement shall be interpreted in accordance with, and governed by, the laws of ________.

此种表述可以解释为仅针对当事人的契约性权利义务,而非侵权或其他非契约性权利争议。

或者,可以对法律适用条款进行更为限缩的表述,如:

> 本协议应根据________的法律解释。
> This agreement shall be construed in accordance with the laws of ________.

不建议采取上述表述,因为其可被解释为只适用于合同解释和成立之争议,而不适用于合同效力、执行、拒绝履行抗辩和当事人行为能力之争议,更不适用于侵权或其他非契约性权利的争议。

一般而言,建议将法律适用条款的范围约定为与争议解决条款范围相同。此举可以提高约定的准据法涵盖准契约性争议、侵权或法定索赔等争议的可能性,从而使可预测性得到进一步加强。如下所述,特别当涉及非契约性索赔时,法律适用条款的可执行性可能存疑。但不论如何,法律适用条款和争议解决条款的范围应当统一。

以下为与争议解决条款保持一致的法律适用条款示例：

> 本协议受________法律管辖，所有与本协议（或本协议事项）有关的或因之产生的争议均应依据前述法律解决。
> This Agreement will be governed by, and all disputes relating to or arising in connection with this Agreement [or the subject matter of this Agreement] shall be resolved in accordance with, the laws of ________.

无论采用何种表述，当事人的法律适用条款范围通常应与协议管辖条款或仲裁协议的范围保持相同；这一点非常重要，但实践中很少做到。

2. 反致与全体法律

当事人经常在法律适用条款中约定排除适用“反致”，虽然通常并不必要。这是指法律适用条款明确约定当事人选择的是实体法，而不是其冲突规则。示例如下：

> 本协议受________法律（除了其冲突规则外）管辖，凡与本协议有关的或因之产生的所有争议均应依据前述法律解决。
> This Agreement will be governed by, and all disputes relating to or arising in connection with this Agreement shall be resolved in accordance with, the laws of ________ (to the exclusion of its conflict of laws rules).

许多发达法域的法院对法律适用条款的解释即为仅包含实体法，即便未明确约定禁止反致。

3.“程序性”问题

法律适用条款的范围一般不包括“程序性”问题。一般而言，程序性问题适用协议约定法院地的民事程序规则。例如，大多数法律适用条款的范围不包括起诉状的具体要求、证据发现机制、追加当事人规则等。其他问题可能比较棘手，如诉讼时效、举证责任、法律费用补偿、利息等。前述问题有时被认为属于实体性问题，因此属于法律适用条款的范围内；有时则被认为属于程序性问题,适用法院地的程序规则。

即使当事人将法律适用条款的范围扩大到“程序性”问题,是否可执行仍存疑,特别是在诉讼程序中(仲裁程序则不同)。程序性问题有时被认定为与司法权有关,因此出于地方公共政策要求,应适用法院地法律。此外,就一些程序性问题,例如起诉状的具体要求,当事人如约定适用外国法律,可能是行不通的。

4. 投资协议中的法律适用条款

投资协议中,法律适用条款的范围有时会扩大到同时适用国内法和国际法。ICSID 建议,投资协议中的法律适用条款,可以下方示范条款作为基础:

> 凡依据本协议组成的仲裁庭应适用(填入准据法)(但应作出如下调整:________)
>
> Any Arbitral Tribunal constituted pursuant to this agreement shall apply [specification of system of law] [subject to the following modifications:________].

5. 应当选择何种法律?

关于特定国际商事关系中当事人应该选择何种适用的实体法,没有单一、简单的答案。这个问题的答案受到多种因素的影响,这些因素取决于当事人的身份、交易的性质以及可能适用的国家法律。不过,一些通用的考虑因素仍然有所助益。

a. 发达、稳定、商业上成熟的法律

当事人通常应该协议约定发达、稳定且可处理复杂商事交易的法律。当事人尤其应注意其商法、合同法及公司法是否完善。英格兰、纽约、新加坡、法国和瑞士的法律符合这样标准。其他一些发达法域也有合适的商法等法律。

当事人通常应避免约定新成立国家的法律,或者重要部门法仍缺省的国家的法律,包括许多在 20 世纪 80 年代末和 90 年代建立起市场经济的新兴国家。同样重要的是,当事人应避免选择未来法律秩序可能发生重大变化的法域。激进的变革可能使已有的合同关系产生不可预测性及不良后果。

b.熟知度及是否易于了解

当事人应选择其熟知的法律,或其易于了解其内容的法律。一般这类法律指当事人营业机构所在地法域的法律,或者当事人有可以快速可靠咨询的律师所在法域的法律。当事人必须保证其在所选择的法域内有法律顾问,以便审查交易文件及处理未来问题。当事人应选择将法律规定、司法判决以及相关评论公开的国家的法律,而非仅提供口头或专家意见的国家的法律。

c.可执行性

在选择中立、可预测的法律时,当事人的律师应保证准据法不会与交易可能适用的当地强制性法律发生冲突。举例而言,不动产、公司组织和担保权相关问题的强制性规定,通常不能通过法律适用条款予以排除。公司组织相关事项通常强制适用公司注册地法,在合资企业等股东之间的交易中必须特别注意这个问题。

d."有利的"法律

当事人有时会磋商争取对自身"有利的"法律。这种努力通常没有必要,因为很难事先预测未来会出现什么争议,以及当事人在争议中是原告还是被告。不过,在特定领域的确有必要争取"有利的"法律。纽约、伦敦等金融中心的法律,往往是贷款人或债权人的理想选择。

当事人通常不希望选择对方主要营业地的法律,因为当事人认为该法律有利于对方。实际上情况往往并非如此,尽管对方当事人可能对该法律有足够的了解或在未来更易于了解法律的内容、更容易选聘律师提起法律程序。

在与其他主权国家打交道时,当事人一般会坚持要求适用其他法域的法律,这是正确的。此种约定降低了外国政府通过颁布新法等手段提升其在合同纠纷中地位的风险。

e.文义解释与衡平

一般而言,英格兰和美国多数州的法律倾向于对协议进行文义解释。这与大陆法等法域的法律不同,后者更可能适用诚实信用原则及合理性原则等一般原则。这一观察没有确切的证据证明,但与大多数有经验的国际从业者的实践经验一致。哪种解释方法更适合或对特定方更有利,取决于交易和潜在争议的特征。

f.与争议解决条款的相互作用

当事人应当审慎考虑法律适用条款与争议解决条款的相互作用。双方协议选择解决争议的法院之后,还需考虑法院的审判水平和语言能力。

例如,如果双方协商一致、排他地选择瑞士法院,是否应选择纽约州法律作为准据法?这样选择将要求瑞士法院的法官根据专家法律意见和英文原材料适用纽约州法律。当需要翻译时,会产生额外费用并造成不便。协议约定的法院很有可能从其所熟悉的本地法律之角度来解释当事人选择的适用法。翻译还可能会造成含义丢失或改变。

国际仲裁的一项优势在于,仲裁庭可以由不同法律背景的仲裁员组成,且仲裁庭的法律背景可以与仲裁地的法律不同。也就是说,当事人可以在仲裁地为瑞士的仲裁中选择适用纽约法,并要求一位或多位仲裁员熟悉纽约法且能熟练使用英语。

尽管如此,协议约定的适用法与争议解决所在地的法律一致,可以提升效率,并有其他益处。这样做降低了"实体性"或"程序性"问题产生争议的概率,使适合处理争议的当地仲裁员范围更大,并提升了后续司法程序的可预测性(包括对仲裁裁决的司法审查)。因此,国际交易中一种通行做法是,各方约定中立的法域为争议解决所在地,并选择该地法律为适用法。英格兰、瑞士、纽约、巴黎和新加坡是最常见的选择。

还有一个问题是:在合同谈判中争取有利的法律或有利的争议解决所在地,是否是明智的? 通常,争取有利的争议解决所在地显然更为重要。正如一位经验丰富的法律从业者所说,"约定法国仲裁、适用玻利维亚法律,优于约定玻利维亚仲裁、适用法国法"。

6. 非国家法律体系

当事人有时会遇到选择"一般法律原则"(general principles of law)或非特定国家法律规则等类似提议的法律适用条款。以下为常见例子:一般法律原则;商事习惯法;国际统一私法协会(the International Institute for the Unification of Private Law, "UNIDROIT")的《UNIDROIT 国际商事合同通则》(UNIDROIT Principles of International Commercial Contracts);"甲国与乙国的共同法律原则";"国际法原则";"甲国法律,以不与国际法原则冲突为限"。此类约定的问题很少引发诉讼案件,但曾出现在几起涉及石油开采权的重大仲裁裁决之中。

除特殊情况(通常涉及国家签署的合同)之外,应当避免采用上段中的表述。关于此类条款的含义,有很多学术讨论,但很少有判决先例,并且其可执行程度也存在疑问(如英格兰法院表示过持保留意见)。除非有强有力的相反理由,商事主体应避免被卷入这一学界仍在争论的问题,防止产生不确定性或额外成本。

a. 一般法律原则

当事人有时会在法律适用条款中约定适用"一般法律原则",包括单独适用或是与某些国家法律或国际法律体系结合适用。

这一表述的含义是有争议的,但通常被理解为领先法律体系共同的法律原则,如善意履行合同原则(*严守契约,pacta sunt servanda*)。这些法律原则含义不易界定,难以保证足够的确定性,从而为商业活动提供指导。正因如此,当事人一般应避免将"一般法律原则"作为协议约定的适用法,除非存在涉及国家签署的合同的特殊情况。

b.《UNIDROIT国际商事合同通则》

当事人有时会在法律适用条款中约定适用UNIDROIT发布的《UNIDROIT国际商事合同通则》。《UNIDROIT国际商事合同通则》旨在建立涵盖合同的解释、效力、履行和合同谈判在内的一套中立的、国际化的合同法规则。示范条款如下:

> 本合同应受国际统一私法协会《UNIDROIT国际商事合同通则(2010)》(除________条款外)的约束,并在必要时由(×法域)的法律予以补充。
>
> This contract shall be governed by the UNIDROIT Principles (2010) [except as to Articles ________ supplemented when necessary by the law of [jurisdiction X].

当事人应谨慎考虑仅选择《UNIDROIT国际商事合同通则》作为合同约定的唯一适用法。《UNIDROIT国际商事合同通则》不可避免地在细节上有所欠缺,亦缺乏领先国家法律体系拥有的判决先例。在处理合同效力等问题时,当事人合意选择的法律体系与一般适用的国家法律之间的相互作用,也会产生问题。

c."并存的"法律适用条款

当事人有时会选择约定"并存的"的法律适用条款,即同时约定适用一国国家法律和国际法,涉及国家签署的合同中常见此类约定。示范条款如下:

> 在符合国际法的限度内,适用(某国)的法律。
>
> The laws of [State] will apply, insofar as they are consistent with international law.

采取这样的表述,一方面约定当事国的法律适用于交易,另一方面当该国法律违反国际法时,仍为商事主体提供了一定程度的保护。国际法对国家行为产生何种限制仍然存在争议,但将合同"国际化",仍能为当事人抵制单方面的国家行动提供一定程度的保护措施。

7. 稳定条款

一些交易中,当事人可以约定排除适用法未来修改的影响。当事人可以采取"冻结条款"(freezing clauses)或"稳定条款"(stabilization clauses)的形式。此类条款或是明确约定协议适用指定时点的法律、排除适用后续立法或其他修改,或是禁止法律的后续修改对协议发生效力,或是要求当事人赔偿法律修改导致的损失。因为外国投资者与国家/国家相关实体之间的交易中立法干预的可能性最大,因此这类约定一般仅见于此类交易文件。

比较简单的稳定条款的示例如下:

> 任何可能与本协议条款冲突或与之不相容的新法律、法规、调整或解释均不适用。
>
> No new laws, regulations, modifications or interpretation which could be conflicting or incompatible with the provisions of this Agreement shall be applicable.

某些稳定条款采取"经济平衡条款"(economic equilibrium clauses)的形式,即当事国有义务要么恢复合同订立时双方的经济状态,要么就双方经济状态的变化对当事人造成的任何不利后果予以赔偿。

在能源宪章秘书处(Energy Charter Secretariat)制定的《跨境管道东道国政府示范协议》(Model Host Government Agreement for Cross-Border Pipelines)第37条中,包含了一例混合了冻结条款与经济平衡条款的示范条款。该条款约定如下:

如果任何法律变化具有损害、冲突或干扰项目实施或者限制、削弱或不利影响项目价值或任何由本协议或任何项目协议授予或引起的权利、补偿或保护的效果,或者具有对任何项目投资者(直接或间接)施加任何费用的成本,项目投资者应当,在其合理勤勉能够了解法律变化对项目的上述影响的(一年)内,以书面形式通知东道国政府。在东道国政府收到本通知后的(90 日)内,项目投资者与东道国政府应努力通过友好协商解决争议。如果无法达成这样的结果,东道国政府应在(90 日)期限结束时,采取以下措施:

a. 采取一切可行措施,以扭转法律变更对项目、项目价值或相关权利、补偿或保护的影响。上述义务应包括采取一切适当措施以任何必要方式(包括豁免、颁布法律、发布法令及/或其他有权行为)迅速解决本协议及任何项目协议与(填入国家名)法律之间的任何冲突或异常的义务。

b. 赔偿项目投资者因法律变化而产生的成本。如果相关的项目投资者如此要求,这种赔偿应以可兑换的货币支付,并应由东道国政府选择采取以下形式:

—东道国政府偿还项目投资者因法律变化而产生的成本,在该费用发生时迅速支付;

—东道国政府偿还项目投资者因法律变化而产生的成本,在项目剩余的预期年限内向项目投资者进行年均支付……。

上述与法律变化有关的措施在东道国证明以下事项时不再适用:法律变化反映了在国际层面上(油)(气)行业普遍适用的环境保护、安全、雇佣、训练、社会影响或保险标准的变化。

If any Change of Law has the effect of impairing, conflicting or interfering with the implementation of the Project, or limiting, abridging or adversely affecting the value of the Project or any of the rights, indemnifications or protections granted or arising under this Agreement or any Project Agreement, or of imposing (directly or indirectly) any Costs on any Project Investor, the Project Investor shall, within [one year] of the date when it could with reasonable diligence have become aware of the effect of the Change of Law upon the project as aforesaid, give notice thereof in writing to the Host Government. During the [90 days] following the Host Government's receipt of this notice, the Project Investor and the Host Government shall endeavour to resolve the matter through amicable negotiations. Failing such a resolution, the Host Government shall, by the end of this [90 - day] period, do one of the following:

a. take all actions available to it to reverse the effect of that Change of Law upon the Project, the value of the Project or the relevant rights, indemnifications or protections. The foregoing obligation shall include the obligation to take all appropriate measures to resolve promptly by whatever means may be necessary, including by way of exemption, legislation,

> decree and/or other authoritative acts, any conflict or anomaly between this Agreement and any Project Agreement and [insert name of State] law; or
>
> b. compensate the Project Investor for the Costs incurred by that Project Investor as a result of the Change of Law. Such compensation shall, if the relevant Project Investor so requires, be paid in Convertible Currency and shall, at the option of the Host Government, take the form of:
>
> —reimbursement by the Host Government of the Costs incurred by the Project Investor as a result of the Change of Law, promptly as and when such Costs are incurred;
>
> —reimbursement by the Host Government of the Costs incurred by the Project Investor as a result of the Change of Law, in the form of equal annual payments to the Project Investor during the remaining expected life of the Project…;
>
> provided however that the obligation to take one of the actions referred to above shall not apply in relation to a Change of Law if the Host Government establishes that that Change of Law reflects a change in standards generally applicable in relation to standards ofenvironmental protection, safety, employment, training, social impact or security in the [petroleum] [gas] industry internationally.

稳定条款会引发执行的问题,应谨慎使用。

8.《联合国国际货物销售合同公约》的排除适用

1980年《联合国国际货物销售合同公约》(United Nations Convention on Contracts for the International Sale of Goods,以下简称《CISG公约》)为大量国际货物销售合同所适用。《CISG公约》适用于营业地位于不同缔约国的当事人之间的货物销售合同,或根据一国法律冲突规范应适用《CISG公约》的情形。当事人可以约定排除《CISG公约》第6条之实质性规定,但约定必须明确。

以下条款为约定排除适用《CISG公约》的示范条款:

> 各方当事人同意,本协议以及凡与其有关或因其产生的任何争议、请求、矛盾、分歧,均不受1980年《联合国国际货物销售合同公约》(“《CISG公约》”)的约束,特此排除适用《CISG公约》。本协议以及

与其有关或因其产生的任何争议、请求、矛盾、分歧均受________法律(不含其法律冲突规范,亦不含《CISG 公约》)管辖。 The Parties agree that this Agreement, and any disputes, claims, controversies, or disagreements relating to or arising under this Agreement, shall not be subject to the 1980 United Nations Convention on Contracts for the International Sale of Goods ("CISG Convention") and that the provisions of the CISG Convention are hereby excluded. This Agreement, and any disputes, claims, controversies, or disagreements relating to or arising under this Agreement, shall be governed by the law of ________(without regard to its conflict of laws rules and without regard to the CISG Convention).

仅用一条约定某法域法律的、简单的法律适用条款(如"本协议应受纽约法律管辖。")不足以排除《CISG 公约》的适用,而是必须明确表达排除《CISG 公约》的适用并选择另一法律。

9. 友好公断人和依公允善良原则裁决

本书前文已经讨论过,当事人有时会授权仲裁庭作为友好公断人或依公允善良原则裁决。这种约定允许仲裁庭根据公平原则决定,而不参考或遵守严格的法律原则来处理争议。一般而言,"友好公断人"条款会产生重大风险,因此很少为商事主体所选择。

二、法律适用条款的执行

1. 法律适用条款推定可执行

某些国家历史上曾否认法律适用条款的可执行性。该观点目前基本已被放弃。现在,包括几乎所有的主要贸易国在内的大多数法域均推定法律适用条款有效并且可执行,除在某些重要情况下。当事人意思自治这一基本原则已得到诸如《CISG 公约》和《关于合同之债法律适用的条例》(EC 第 593/2008 号条例)[Regulation (EC) No 593/2008 on the Law Applicable to Contractual Obligations,以下简称《罗马一号条例》]等规定的确认。

2. 法律适用条款推定可执行的例外

依据大多数法域的法律，法律适用条款在若干情况下不可执行。这些例外情况与适用于协议管辖条款的例外情况大致相似。

a. 合理联系要求

一些法院会审查约定的适用法与当事人或交易是否有“合理联系”(reasonable relationship)，如果没有则会拒绝执行法律适用条款。适用于美国大多数州的《统一商法典》(Uniform Commercial Code)(初版)第1－105(1)条规定：“当交易与某州以及其他州或某一国家有合理联系时，当事人可以约定该州或该其他州或该国家的法律适用于其权利和义务。”

在起草包含法律适用条款的交易文件时，律师应考虑合理联系要求，并据此构建交易，起草陈述与保证、鉴于部分和其他条款。

合理联系要求适用的实例不多，却常常受到批评。令人遗憾的是，合理联系要求使得选择中立国家法律的约定的效力产生疑问。然而通常情况下，当事人选择“中立”法域的法律，正是因为该法域与当事人或交易没有任何关系。合理联系要求使法律适用条款的效力存疑，从而阻碍了稳定、可预测的商事关系的形成。

幸运的是，许多国家的法律以及《罗马一号条例》都承认，当事人可以选择与交易没有实质关系的中立国的法律，该选择应为有效。其他法域也正在重新审视或取消合理联系要求，如美国《统一商法典》在2001年的修正案。《统一商法典》修正案的第1－301(c)(2)条规定：“国际交易各方同意，关于其任何或所有权利和义务由本州或其他州或国家的法律决定的约定是有效的，无论该交易是否与约定州或国家有关”，但涉及消费者的交易除外。实际上，与国家法院不同，国际仲裁庭更有可能认定与当事人或交易无实质关系的法律适用条款有效。

b.公共政策或强制性法律

当事人通常无法通过法律适用条款排除适用的公共政策原则或强制性法律。在国际商业环境中,最可能涉及公共政策或强制性法律的情况,包括消费者保护、竞争法与反垄断法、证券、破产、劳动关系以及公司组织相关争议、不动产和担保权益。在具体交易中,当事人应就上述情况是否触发以及产生何种影响,寻求当地专业人士的法律意见。同样,在现实层面,相比国家法院,国际仲裁庭对适用公共政策原则更有可能采取克制态度,并对当事人意思自治给予极高的权重。

附录 A

《联合国承认及执行外国仲裁裁决公约》（《纽约公约》）

1958 年 6 月 10 日，纽约

第一条

一、仲裁裁决，因自然人或法人间之争议而产生且在声请承认及执行地所在国以外之国家领土内作成者，其承认及执行适用本公约。本公约对于仲裁裁决经声请承认及执行地所在国认为非内国裁决者，亦适用之。

二、“仲裁裁决”一词不仅指专案选派之仲裁员所作裁决，亦指当事人提请仲裁之常设仲裁机关所作裁决。

三、任何国家得于签署、批准或加入本公约时，或于本公约第十条通知推广适用时，本交互原则声明该国适用本公约，以承认及执行在另一缔约国领土内作成之裁决为限。任何国家亦得声明，该国唯于争议起于法律关系，不论其为契约性质与否，而依提出声明国家之国内法认为系属商事关系者，始适用本公约。

第二条

一、当事人以书面协定承允彼此间所发生或可能发生之一切或任何争议,如关涉可以仲裁解决事项之确定法律关系,不论为契约性质与否,应提交仲裁时,各缔约国应承认此项协定。

二、称“书面协定”者,谓当事人所签订或在互换函电中所载明之契约仲裁条款或仲裁协定。

三、当事人就诉讼事项订有本条所称之协定者,缔约国法院受理诉讼时应依当事人一造之请求,命当事人提交仲裁,但前述协定经法院认定无效、失效或不能实行者不在此限。

第三条

各缔约国应承认仲裁裁决具有拘束力,并依援引裁决地之程序规则及下列各条所载条件执行之。承认或执行适用本公约之仲裁裁决时,不得较承认或执行内国仲裁裁决附加过苛之条件或征收过多之费用。

第四条

一、声请承认及执行之一造,为取得前条所称之承认及执行,应于声请时提具:

(甲)原裁决之正本或其正式副本;

(乙)第二条所称协定之原本或其正式副本。

二、倘前述裁决或协定所用文字非为援引裁决地所在国之正式文字,声请承认及执行裁决之一造应备具各该文件之此项文字译本。译本应由公设或宣誓之翻译员或外交或领事人员认证之。

第五条

一、裁决唯有于受裁决援用之一造向声请承认及执行地之主管机关提具证据证明有下列情形之一时,始得依该造之请求,拒予承认及执行:

(甲)第二条所称协定之当事人依对其适用之法律有某种无行为能力情形者,或该项协定依当事人作为协定准据之法律系属无效,或未指明以何法律为准时,依裁决地所在国法律系属无

效者;

(乙)受裁决援用之一造未接获关于指派仲裁员或仲裁程序之适当通知,或因他故,致未能申辩者;

(丙)裁决所处理之争议非为交付仲裁之标的或不在其条款之列,或裁决载有关于交付仲裁范围以外事项之决定者,但交付仲裁事项之决定可与未交付仲裁之事项划分时,裁决中关于交付仲裁事项之决定部分得予承认及执行;

(丁)仲裁机关之组成或仲裁程序与各造间之协议不符,或无协议而与仲裁地所在国法律不符者;

(戊)裁决对各造尚无拘束力,或业经裁决地所在国或裁决所依据法律之国家之主管机关撤销或停止执行者。

二、倘声请承认及执行地所在国之主管机关认定有下列情形之一,亦得拒不承认及执行仲裁裁决:

(甲)依该国法律,争议事项系不能以仲裁解决者;

(乙)承认或执行裁决有违该国公共政策者。

第六条

倘裁决业经向第五条第一款(戊)项所称之主管机关声请撤销或停止执行,受理援引裁决案件之机关得于其认为适当时延缓关于执行裁决之决定,并得依请求执行一造之声请,命他造提供妥适之担保。

第七条

一、本公约之规定不影响缔约国间所订关于承认及执行仲裁裁决之多边或双边协定之效力,亦不剥夺任何利害关系人可依援引裁决地所在国之法律或条约所认许之方式,在其许可范围内,援用仲裁裁决之任何权利。

二、1923 年日内瓦仲裁条款议定书及 1927 年日内瓦执行外国仲裁裁决公约在缔约国间,于其受本公约拘束后,在其受拘束之范围内不再生效。

第八条

一、本公约在1958年12月31日以前听由任何联合国会员国及现为或嗣后成为任何联合国专门机关会员国或国际法院规约当事国之任何其他国家,或经联合国大会邀请之任何其他国家签署。

二、本公约应予批准。批准文件应送交联合国秘书长存放。

第九条

一、本公约听由第八条所称各国加入。

二、加入应以加入文件送交联合国秘书长存放为之。

第十条

一、任何国家得于签署、批准或加入时声明将本公约推广适用于由其负责国际关系之一切或任何领土。此项声明于本公约对关系国家生效时发生效力。

二、嗣后关于推广适用之声明应向联合国秘书长提出通知为之,自联合国秘书长收到此项通知之日后第九十日起,或自本公约对关系国家生效之日起发生效力,此两日期以较迟者为准。

三、关于在签署、批准或加入时未经将本公约推广适用之领土,各关系国家应考虑可否采取必要步骤将本公约推广适用于此等领土,但因宪政关系确有必要时,自须征得此等领土政府之同意。

第十一条

下列规定对联邦制或非单一制国家适用之:

(甲)关于本公约内属于联邦机关立法权限之条款,联邦政府之义务在此范围内与非联邦制缔约国之义务同;

(乙)关于本公约内属于组成联邦各州或各省之立法权限之条款,如各州或各省依联邦宪法制度并无采取立法行动之义务,

联邦政府应尽速将此等条款提请各州或各省主管机关注意,并附有利之建议;

(丙)参加本公约之联邦国家遇任何其他缔约国经由联合国秘书长转达请求时,应提供叙述联邦及其组成单位关于本公约特定规定之法律及惯例之情报,说明以立法或其他行动实施此项规定之程度。

第十二条

一、本公约应自第三件批准或加入文件存放之日后第九十日起发生效力。

二、对于第三件批准或加入文件存放后批准或加入本公约之国家,本公约应自各该国存放批准或加入文件后第九十日起发生效力。

第十三条

一、任何缔约国得以书面通知联合国秘书长宣告退出本公约。退约应于秘书长收到通知之日一年后发生效力。

二、依第十条规定提出声明或通知之国家,嗣后得随时通知联合国秘书长声明本公约自秘书长收到通知之日一年后停止适用于关系领土。

三、在退约生效前已进行承认或执行程序之仲裁裁决,应继续适用本公约。

第十四条

缔约国除在本国负有适用本公约义务之范围外,无权对其他缔约国援用本公约。

第十五条

联合国秘书长应将下列事项通知第八条所称各国:

(甲)依第八条所为之签署及批准;

(乙)依第九条所为之加入;

(丙)依第一条、第十条及第十一条所为之声明及通知;

(丁)依第十二条本公约发生效力之日期;

(戊)依第十三条所为之退约及通知。

第十六条

一、本公约应存放联合国档库,其中文、英文、法文、俄文及西班牙文各本同一作准。

二、联合国秘书长应将本公约正式副本分送第八条所称各国。

《纽约公约》缔约方列表

(注:截至2016年7月共有156个缔约方)

国家(或地区)	注	签字日期	批准、加入(*)、核准(†)、接受(‡)或继承(§)	生效日期
阿富汗	(a),(c)		30/11/2004(*)	28/02/2005
阿尔巴尼亚			27/06/2001(*)	25/09/2001
阿尔及利亚	(a),(c)		07/02/1989(*)	08/05/1989
安道尔			19/06/2015(*)	17/09/2015
安提瓜和巴布达	(a),(c)		02/02/1989(*)	03/05/1989
阿根廷	(a),(c)	26/08/1958	14/03/1989	12/06/1989
亚美尼亚	(a),(c)		29/12/1997(*)	29/03/1998
澳大利亚			26/03/1975(*)	24/06/1975
奥地利			02/05/1961(*)	31/07/1961
阿塞拜疆			29/02/2000(*)	29/05/2000
巴哈马			20/12/2006(*)	20/03/2007
巴林	(a),(c)		06/04/1988(*)	05/07/1988
孟加拉国			06/05/1992(*)	04/08/1992

续表

国家（或地区）	注	签字日期	批准、加入(＊)、核准(†)、接受(‡)或继承(§)	生效日期
巴巴多斯	(a),(c)		16/03/1993(＊)	14/06/1993
白俄罗斯	(b)	29/12/1958	15/11/1960	13/02/1961
比利时	(a)	10/06/1958	18/08/1975	16/11/1975
贝宁			16/05/1974(＊)	14/08/1974
不丹	(a),(c)		25/09/2014(＊)	24/12/2014
玻利维亚(多民族国)			28/04/1995(＊)	27/07/1995
波斯尼亚和黑塞哥维那	(a),(c),(i)		01/09/1993(§)	06/03/1992
博茨瓦纳	(a),(c)		20/12/1971(＊)	19/03/1972
巴西			07/06/2002(＊)	05/09/2002
文莱达鲁萨兰国	(a)		25/07/1996(＊)	23/10/1996
保加利亚	(a),(b)	17/12/1958	10/10/1961	08/01/1962
布基纳法索			23/03/1987(＊)	21/06/1987
布隆迪	(c)		23/06/2014(＊)	21/09/2014
柬埔寨			05/01/1960(＊)	04/04/1960
喀麦隆			19/02/1988(＊)	19/05/1988
加拿大	(d)		12/05/1986(＊)	10/08/1986
中非共和国	(a),(c)		15/10/1962(＊)	13/01/1963
智利			04/09/1975(＊)	03/12/1975
中国	(a),(c),(h)		22/01/1987(＊)	22/04/1987
哥伦比亚			25/09/1979(＊)	24/12/1979
科摩罗			28/04/2015(＊)	27/07/2015
库克群岛			12/01/2009(＊)	12/04/2009

续表

国家(或地区)	注	签字日期	批准、加入(*)、核准(†)、接受(‡)或继承(§)	生效日期
哥斯达黎加		10/06/1958	26/10/1987	24/01/1988
科特迪瓦			01/02/1991(*)	02/05/1991
克罗地亚	(a),(c),(i)		26/07/1993(§)	08/10/1991
古巴	(a),(c)		30/12/1974(*)	30/03/1975
塞浦路斯	(a),(c)		29/12/1980(*)	29/03/1981
捷克	(a),(b)		30/09/1993(§)	01/01/1993
刚果民主共和国			05/11/2014(*)	03/02/2015
丹麦	(a),(c),(f)		22/12/1972(*)	22/03/1973
吉布提	(a),(c)		14/06/1983(§)	27/06/1977
多米尼克			28/10/1988(*)	26/01/1989
多米尼加			11/04/2002(*)	10/07/2002
厄瓜多尔	(a),(c)	17/12/1958	03/01/1962	03/04/1962
埃及			09/03/1959(*)	07/06/1959
萨尔瓦多		10/06/1958	26/02/1998	27/05/1998
爱沙尼亚			30/08/1993(*)	28/11/1993
斐济			27/09/2010(*)	26/12/2010
芬兰		29/12/1958	19/01/1962	19/04/1962
法国	(a)	25/11/1958	26/06/1959	24/09/1959
加蓬			15/12/2006(*)	15/03/2007
格鲁吉亚			02/06/1994(*)	31/08/1994
德国		10/06/1958	30/06/1961	28/09/1961
加纳			09/04/1968(*)	08/07/1968
希腊	(a),(c)		16/07/1962(*)	14/10/1962

续表

国家(或地区)	注	签字日期	批准、加入(*)、核准(†)、接受(‡)或继承(§)	生效日期
危地马拉	(a),(c)		21/03/1984(*)	19/06/1984
几内亚			23/01/1991(*)	23/04/1991
圭亚那			25/09/2014(*)	24/12/2014
海地			05/12/1983(*)	04/03/1984
教廷	(a),(c)		14/05/1975(*)	12/08/1975
洪都拉斯	(a),(c)		03/10/2000(*)	01/01/2001
匈牙利	(a),(c)		05/03/1962(*)	03/06/1962
冰岛			24/01/2002(*)	24/04/2002
印度	(a),(c)	10/06/1958	13/07/1960	11/10/1960
印度尼西亚	(a),(c)		07/10/1981(*)	05/01/1982
伊朗(伊斯兰共和国)	(a),(c)		15/10/2001(*)	13/01/2002
爱尔兰	(a)		12/05/1981(*)	10/08/1981
以色列		10/06/1958	05/01/1959	07/06/1959
意大利			31/01/1969(*)	01/05/1969
牙买加	(a),(c)		10/07/2002(*)	08/10/2002
日本	(a)		20/06/1961(*)	18/09/1961
约旦		10/06/1958	15/11/1979	13/02/1980
哈萨克斯坦			20/11/1995(*)	18/02/1996
肯尼亚	(a)		10/02/1989(*)	11/05/1989
科威特	(a)		28/04/1978(*)	27/07/1978
吉尔吉斯斯坦			18/12/1996(*)	18/03/1997
老挝人民民主共和国			17/06/1998(*)	15/09/1998

续表

国家(或地区)	注	签字日期	批准、加入(*)、核准(†)、接受(‡)或继承(§)	生效日期
拉脱维亚			14/04/1992(*)	13/07/1992
黎巴嫩	(a)		11/08/1998(*)	09/11/1998
莱索托			13/06/1989(*)	11/09/1989
利比里亚			16/09/2005(*)	15/12/2005
列支敦士登	(a)		07/07/2011(*)	05/10/2011
立陶宛	(b)		14/03/1995(*)	12/06/1995
卢森堡	(a)	11/11/1958	09/09/1983	08/12/1983
马达加斯加	(a),(c)		16/07/1962(*)	14/10/1962
马来西亚	(a),(c)		05/11/1985(*)	03/02/1986
马里			08/09/1994(*)	07/12/1994
马耳他	(a),(i)		22/06/2000(*)	20/09/2000
马绍尔群岛			21/12/2006(*)	21/03/2007
毛里塔尼亚			30/01/1997(*)	30/04/1997
毛里求斯			19/06/1996(*)	17/09/1996
墨西哥			14/04/1971(*)	13/07/1971
摩纳哥	(a),(c)	31/12/1958	02/06/1982	31/08/1982
蒙古	(a),(c)		24/10/1994(*)	22/01/1995
黑山	(a),(c),(i)		23/10/2006(§)	03/06/2006
摩洛哥	(a)		12/02/1959(*)	07/06/1959
莫桑比克	(a)		11/06/1998(*)	09/09/1998
缅甸			16/04/2013(*)	15/07/2013
尼泊尔	(a),(c)		04/03/1998(*)	02/06/1998
荷兰	(a),(e)	10/06/1958	24/04/1964	23/07/1964
新西兰	(a)		06/01/1983(*)	06/04/1983

续表

国家(或地区)	注	签字日期	批准、加入(＊)、核准(†)、接受(‡)或继承(§)	生效日期
尼加拉瓜			24/09/2003(＊)	23/12/2003
尼日尔			14/10/1964(＊)	12/01/1965
尼日利亚	(a),(c)		17/03/1970(＊)	15/06/1970
挪威	(a),(j)		14/03/1961(＊)	12/06/1961
阿曼			25/02/1999(＊)	26/05/1999
巴基斯坦	(a)	30/12/1958	14/07/2005	12/10/2005
巴拿马			10/10/1984(＊)	08/01/1985
巴拉圭			08/10/1997(＊)	06/01/1998
秘鲁			07/07/1988(＊)	05/10/1988
菲律宾	(a),(c)	10/06/1958	06/07/1967	04/10/1967
波兰	(a),(c)	10/06/1958	03/10/1961	01/01/1962
葡萄牙	(a)		18/10/1994(＊)	16/01/1995
卡塔尔			30/12/2002(＊)	30/03/2003
大韩民国	(a),(c)		08/02/1973(＊)	09/05/1973
摩尔多瓦共和国	(a),(i)		18/09/1998(＊)	17/12/1998
罗马尼亚	(a),(b),(c)		13/09/1961(＊)	12/12/1961
俄罗斯联邦	(b)	29/12/1958	24/08/1960	22/11/1960
卢旺达			31/10/2008(＊)	29/01/2009
圣文森特和格林纳丁斯	(a),(c)		12/09/2000(＊)	11/12/2000
圣马力诺			17/05/1979(＊)	15/08/1979
圣多美和普林西比			20/11/2012(＊)	18/02/2013
沙特阿拉伯	(a)		19/04/1994(＊)	18/07/1994

续表

国家(或地区)	注	签字日期	批准、加入(＊)、核准(†)、接受(‡)或继承(§)	生效日期
塞内加尔			17/10/1994(＊)	15/01/1995
塞尔维亚	(a),(c),(i)		12/03/2001(§)	27/04/1992
新加坡	(a)		21/08/1986(＊)	19/11/1986
斯洛伐克	(a),(b)		28/05/1993(§)	01/01/1993
斯洛文尼亚	(i)		06/07/1992(§)	25/06/1991
南非			03/05/1976(＊)	01/08/1976
西班牙			12/05/1977(＊)	10/08/1977
斯里兰卡		30/12/1958	09/04/1962	08/07/1962
巴勒斯坦国			02/01/2015(＊)	02/04/2015
瑞典		23/12/1958	28/01/1972	27/04/1972
瑞士		29/12/1958	01/06/1965	30/08/1965
阿拉伯叙利亚共和国			09/03/1959(＊)	07/06/1959
塔吉克斯坦	(a),(i),(j)		14/08/2012(＊)	12/11/2012
泰国			21/12/1959(＊)	20/03/1960
前南斯拉夫的马其顿共和国	(c),(i)		10/03/1994(§)	17/11/1991
特立尼达和多巴哥	(a),(c)		14/02/1966(＊)	15/05/1966
突尼斯	(a),(c)		17/07/1967(＊)	15/10/1967
土耳其	(a),(c)		02/07/1992(＊)	30/09/1992
乌干达	(a)		12/02/1992(＊)	12/05/1992
乌克兰	(b)	29/12/1958	10/10/1960	08/01/1961

续表

国家(或地区)	注	签字日期	批准、加入(*)、核准(†)、接受(‡)或继承(§)	生效日期
阿拉伯联合酋长国			21/08/2006(*)	19/11/2006
大不列颠及北爱尔兰联合王国	(a),(g)		24/09/1975(*)	23/12/1975
坦桑尼亚联合共和国	(a)		13/10/1964(*)	11/01/1965
美利坚合众国	(a),(c)		30/09/1970(*)	29/12/1970
乌拉圭			30/03/1983(*)	28/06/1983
乌兹别克斯坦			07/02/1996(*)	07/05/1996
委内瑞拉(玻利瓦尔共和国)	(a),(c)		08/02/1995(*)	09/05/1995
越南	(a),(b),(c)		12/09/1995(*)	11/12/1995
赞比亚			14/03/2002(*)	12/06/2002
津巴布韦			29/09/1994(*)	28/12/1994

根据《纽约公约》第一条第三款和第十条第一款作出的声明或发出的其他通知

(a)本国适用《纽约公约》,仅为承认与执行在另一缔约方领土上作出的裁决。

(b)对非缔约方领土上作出的裁决,本国仅对提供互惠待遇的国家适用《纽约公约》。

(c)本国适用《纽约公约》,仅限于根据本国法律规定属于因契约性或非契约性法律关系产生的商业性争议。

(d)加拿大声明,加拿大适用《纽约公约》,仅限于根据加拿大法律规定属于因契约性或非契约性法律关系产生的商业性争议,但魁北克省除外,该省无此法律限制。

(e)1964 年 4 月 24 日,荷兰声明将《纽约公约》适用于荷属安的列斯群岛。

(f)1976 年 2 月 10 日,丹麦声明将《纽约公约》适用于法罗群岛和格陵兰岛。

(g)2014 年 2 月 24 日,英国提交一项通知,将《纽约公约》适用于英属维尔京群岛。关于下述领地,英国提交了适用《纽约公约》的通知,并声明《纽约公约》只应适用于承认和执行在另一缔约方领土作出的裁决:直布罗陀(1975 年 9 月 24 日)、马恩岛(1979 年 2 月 22 日)、百慕大(1979 年 11 月 14 日)、开曼群岛(1980 年 11 月 26 日)、格恩西岛(1985 年 4 月 19 日)、泽西辖区(2002 年 5 月 28 日)。

(h)中国于 1997 年 7 月 1 日将《纽约公约》适用于中国香港特别行政区,于 2005 年 7 月 19 日将《纽约公约》适用于中国澳门特别行政区。

保留或其他通知

(i)本国保留《纽约公约》的追溯适用。

(j)该国在涉及不动产的案件中保留适用《纽约公约》。

关于《纽约公约》缔约方列表的更新信息,请访问:http://www.uncitral.org/uncitral/zh/uncitral_texts/arbitration/NYConvention_status.html。

附录 B

2005 年 6 月 30 日《选择法院协议公约》（海牙《选择法院协议公约》）

注:未对初校版本作修改,此处省略

附录C

《联合国国际贸易法委员会国际商事仲裁示范法》(1985年)

1985年6月21日联合国国际贸易法委员会通过

第一章　总　　则

第1条　适用范围*

(1)本法适用于国际商事**仲裁,但须服从在本国与其他任何一国或多国之间有效力的任何协定。

(2)本法之规定,除第8、9、35及36条外,只适用于仲裁地点在本国领土内的情况。

(3)仲裁如有下列情况即为国际仲裁:

(a)仲裁协议的当事各方在缔结该协议时,他们的营业地点位于不同的国家。

(b)下列地点之一位于当事各方营业地点所在国以外:

(一)仲裁协议中确定的或根据仲裁协议而确定的仲裁地点;

(二)履行商事关系的大部分义务的任何地点或与争议标的关系最密切的地点。

(c)当事各方明确地同意,仲裁协议的标的与一个以上的国家有关。

(4)为了第 3 款的目的:

(a)如当事一方有一个以上的营业地点,营业地点为与仲裁协议关系最密切的营业地点;

(b)如当事一方没有营业地点,则以其惯常住所为准。

(5)本法不得影响规定某些争议不可以交付仲裁或只有根据非本法的规定才可以交付仲裁的本国其他任何法律。

第 2 条　定义及解释规则

为了本法的目的:

(a)“仲裁”是指无论是否由常设仲裁机构进行的任何仲裁;

(b)“仲裁庭”是指一名独任仲裁员或一组仲裁员;

(c)“法院”是指一国司法系统的一个机构或机关;

(d)本法的规定,除第 28 条外,允许当事各方自由确定某一问题时,这种自由包括当事各方授权第三者(包括机构)作出这种确定的权利;

(e)本法的规定提到当事各方已达成协议或可能达成协议的事实时,或在任何其他情况下提到当事各方的一项协议时,这种协议包括该协议内所提到的任何仲裁规则;

(f)本法的规定,除第 25 条(a)项和第 32 条第 2 款(a)项外,提到申诉时也适用于反诉,提到答辩时也适用于对这种反诉的答辩。

第 3 条　收到书面信件

(1)除非当事各方另有协议:

(a)任何书面信件,如经当面递交收件人,或投递到收件人的营业地点、惯常住所或通信地址,或经合理查询仍不能找到上述任一地点而以挂号信或能提供作过投递企图的记录的其他任何手段投递到收件人最后一个为人所知的营业地点、惯常住所或通

信地址,即应视为已经收到;

(b)信件应被视为已于以上述方式投递之日收到。

(2)本条各项规定不适用于法院诉讼程序中的信件。

第4条　放弃提出异议的权利

当事一方如知道本法中当事各方可以背离的任何规定或仲裁协议规定的任何要求未得到遵守,但仍继续进行仲裁而没有不过分迟延地或在为此订有时限的情况下没有在此时限以内对此种不遵守事情提出异议,则应视为已放弃其提出异议的权利。

第5条　法院干预的限度

由本法管辖的事情,任何法院均不得干预,除非本法有此规定。

第6条　履行协助和监督仲裁的某种职责的法院或其他机构

第11条第3和第4款、第13条第3款、第14条、第16条第3款和第34条第2款所指的职责应由……(实施本示范法的每个国家具体指明履行这些职责的一个法院或一个以上的法院或其他有权力的机构)履行。

第二章　仲裁协议

第7条　仲裁协议的定义和形式

(1)"仲裁协议"是指当事各方同意将在他们之间确定的不论是契约性或非契约性的法律关系上已经发生或可能发生的一切或某些争议提交仲裁的协议。仲裁协议可以采取合同中的仲裁条款形式或单独的协议形式。

(2)仲裁协议应是书面的。协议如载于当事各方签字的文件中,或载于往来的书信、电传、电报或提供协议记录的其他电讯手段中,或在申诉书和答辩书的交换中当事一方声称有协议而当事他方不否认,即为书面协议。在合同中提出参照载有仲裁条款的一项文件即构成仲裁协议,如果该合同是书面的而且这种参照足以使该仲裁条款构成该合同的一部分的话。

第 8 条　仲裁协议和向法院提出的实质性申诉

(1)向法院提起仲裁协议标的的诉讼时,如当事一方在不迟于其就争议实质提出第一次申诉的时候要求仲裁,法院应让当事各方付诸仲裁,除非法院发现仲裁协议无效、不能实行或不能履行。

(2)本条第 1 款提及的诉讼已提起时,仍然可以开始或继续进行仲裁程序,并可作出裁决,同时等待法院对该问题的判决。

第 9 条　仲裁协议和法院的临时措施

在仲裁程序开始前或进行期间内,当事一方请求法院采取临时保护措施和法院准予采取这种措施,均与仲裁协议不相抵触。

第三章　仲裁庭的组成

第 10 条　仲裁员人数

(1)当事各方可以自由确定仲裁员的人数。

(2)如未作此确定,则仲裁员的人数应为三名。

第 11 条　仲裁员的指定

(1)除非当事各方另有协议,否则不应以所属国籍为理由排除任何人作为仲裁员。

(2)当事各方可以自由地就指定一名或数名仲裁员的程序达成协议,但须服从本条第 4 或第 5 款的规定。

(3)如未达成此种协议

(a)在仲裁员为三名的仲裁中,当事每一方均应指定一名仲裁员,这样指定的两名仲裁员应指定第三名仲裁员;如当事一方未在收到当事他方提出这样做的要求三十日内指定仲裁员或两名仲裁员在被指定后三十日内未就第三名仲裁员达成协议,则经当事一方请求,应由第 6 条规定的法院或其他机构指定。

(b)在独任仲裁员的仲裁中,如当事各方不能就仲裁员达成协议,则经当事一方请求,应由第 6 条规定的法院或其他机构指定。

(4)如果,根据当事各方协议的指定程序,有下列情形之一,则当事任何一方均可请求第 6 条规定的法院或其他机构采取必要措施,除非指定程序的协议订有确保能指定仲裁员的其他方法:

(a)当事一方未按这种程序规定的要求行事;

(b)当事各方或两名仲裁员未能根据这种程序达成预期的协议;

(c)第三者,包括机构,未履行根据这种程序交托给它的任何职责。

(5)就本条第 3 或第 4 交托给第 6 条规定的法院或其他机构的事情所作出的决定,不容上诉。该法院或其他机构在指定仲裁员时应适当顾及当事各方协议的仲裁员需要具备的任何资格,并适当顾及可能确保能指定独立和公正的仲裁员的种种考虑;而且在指定独任仲裁员或第三名仲裁员时,还应考虑到指定一名所属国籍与当事各方均不相同的仲裁员的可取性。

第 12 条　提出异议的理由

(1)某人被询有关他可能被指定为仲裁员的事情时,他应将可能会对他的公正性或独立性引起正当的怀疑的任何情况说清楚。仲裁员从被指定之时起以至在整个仲裁程序进行期间,应不迟延地向当事各方说清楚任何这类情况,除非他已将这类情况告知当事各方。

(2)只有存在对仲裁员的公正性或独立性引起正当的怀疑的

情况或他不具备当事各方商定的资格时,才可以对仲裁员提出异议。当事一方只有根据作出指定之后才得知的理由才可以对他所指定的或他参加指定的仲裁员提出异议。

第13条　提出异议的程序

(1)当事各方可以自由地就对仲裁员提出异议的程序达成协议,但须服从本条第3款的规定。

(2)如未达成这种协议,拟对仲裁员提出异议的当事一方,应在他得知仲裁庭组成或得知第12条第2款所指的任何情况后十五日内,向仲裁庭提出书面陈述,说明提出异议的理由。除非被提出异议的仲裁员辞职或当事他方同意所提出的异议,否则仲裁庭应就所提出的异议作出决定。

(3)如根据当事各方协议的任何程序或本条第2款的程序提出的异议未能成立,提出异议的当事一方可以在收到驳回所提出的异议的决定的通知后三十日内请求第6条规定的法院或其他机构就该异议作出决定,该决定不容上诉;在等待对该请求作出决定的同时,仲裁庭包括被提出异议的仲裁员可以继续进行仲裁程序和作出裁决。

第14条　未行事或不能行事

(1)如果仲裁员在法律上或事实上不能履行他的职责或由于其他原因未能不过分迟延地行事,他的任命即告终止,如果他辞职或当事各方就终止他的任命达成协议的话。但如对上述任何原因仍有争论,当事任何一方均可以请求第6条规定的法院或其他机构就终止其任命一事作出决定,该决定不容上诉。

(2)如果按照本条或第13条第2款的规定,一名仲裁员辞职或当事一方同意终止对一名仲裁员的任命,这并不暗示接受本条或第12条第2款所指的任何理由的有效性。

第 15 条　指定替代仲裁员

因根据第 13 条或第 14 条的规定或因仲裁员由于任何其他原因而辞职或因当事各方协议解除仲裁员的任命而终止仲裁员的任命或在任何其他情况下终止仲裁员的任命时,应按照原来适用于指定被替换的仲裁员的规则指定替代仲裁员。

第四章　仲裁庭的管辖权

第 16 条　仲裁庭对自己的管辖权作出裁定的权力

(1)仲裁庭可以对它自己的管辖权包括对仲裁协议的存在或效力的任何异议,作出裁定。为此目的,构成合同的一部分的仲裁条款应视为独立于其他合同条款以外的一项协议。仲裁庭作出的关于合同无效的决定,不应在法律上导致仲裁条款的无效。

(2)有关仲裁庭无权管辖的抗辩不得在提出答辩书之后提出。当事一方已指定或参与指定仲裁员的事实,不得阻止该当事一方提出这种抗辩。有关仲裁庭超越其权力范围的抗辩,应在仲裁程序过程中提出越权的事情后立即提出。在这两种情况下,仲裁庭如认为推迟提出抗辩有正当理由,均可准许待后提出抗辩。

(3)仲裁庭可以根据案情将本条第 2 款所指定的抗辩作为一个初步问题裁定或在裁决中裁定。如果仲裁庭作为一个初步问题裁定它有管辖权,当事任何一方均可以在收到裁定通知后三十日内要求第 6 条规定的法院对这一问题作出决定,该决定不容上诉;在等待对这种要求作出决定的同时,仲裁庭可以继续进行仲裁程序和作出裁决。

第 17 条　仲裁庭命令采取临时措施的权力

除非当事各方另有协议,仲裁庭经当事一方请求,可以命令当事任何一方就争议的标的采取仲裁庭可能认为有必要的任何临时性保全措施。仲裁庭可以要求当事任何一方提供有关此种措施的适当的担保。

第五章　仲裁程序的进行

第18条　对当事各方平等相待

应对当事各方平等相待,应给予当事每一方充分的机会陈述其案情。

第19条　程序规则的确定

(1)以服从本法的规定为准,当事各方可以自由地就仲裁庭进行仲裁所应遵循的程序达成协议。

(2)如未达成这种协议,仲裁庭可以在本法规定的限制下,按照它认为适当的方式进行仲裁。授予仲裁庭的权力包括确定任何证据的可采性、相关性、实质性和重要性的权力。

第20条　仲裁地点

(1)当事各方可以自由地就仲裁地点达成协议。如未达成这种协议,仲裁地点应由仲裁庭确定,要照顾到案件的情况,包括当事各方的方便。

(2)虽有本条第(1)款的规定,除非当事各方另有协议,仲裁庭可以在它认为适当的任何地点聚会,以便在它的成员间进行磋商,听取证人、专家或当事各方的意见或检查货物、其他财产或文件。

第21条　仲裁程序的开始

除非当事各方另有协议,特定争议的仲裁程序,于应诉人收到将该争议提交仲裁的请求之日开始。

第22条　语文

(1)当事各方可以自由地就仲裁程序中要使用的一种或数种语文达成协议。如未达成这种协议,仲裁庭应确定仲裁程序中要使用的一种或数种语文。除非其中另有规定,这种协议或确定应适用于当事一方的任何书面陈述、仲裁庭的任何开庭、任何裁决、决定或其他信件。

(2)仲裁庭可以命令任何文件证据附具当事各方协议的或仲裁庭确定的一种或数种语文的译本。

第23条　申诉书和答辩书

(1)在当事各方协议的或仲裁庭确定的期间内,申诉人应申述支持其申诉的种种事实、争议之点以及所寻求的救济或补救,应诉人应逐项作出答辩,除非当事各方对这种申述和答辩所要求的项目另有协议。当事各方可以随同他们的申诉书和答辩书提交他们认为有关的一切文件,也可以附注说明他们将要提交的文件或其他证据。

(2)除非当事各方另有协议,在仲裁程序进行中,当事任何一方可以修改或补充其申诉书或答辩书,除非仲裁庭考虑到提出已迟而认为不宜允许提出这种改动。

第24条　开庭和书面审理程序

(1)除当事各方有任何相反协议外,仲裁庭应决定是否进行口头审理,以便提出证据或进行口头辩论,或者是否应以文件和其他材料为基础进行仲裁程序。然而,除非当事各方商定不开庭,仲裁庭应在进行仲裁程序的适当阶段开庭审理,如果当事一方如此要求的话。

(2)任何开庭和仲裁庭为了检查货物、其他财产或文件而举行的任何会议,均应充分提前通知当事各方。

(3)当事一方向仲裁庭提供的一切陈述书、文件或其他资料均应送交当事他方。仲裁庭可能据以作出决定的任何专家报告或证据性文件也应送交当事各方。

第25条　当事一方不履行责任

除非当事各方另有协议,如在不提出充分理由的情况下,

(a)申请人不按照第 23 条第(1)款的规定提交申诉书,仲裁庭应终止程序;

(b)应诉人不按照第 23 条第(1)款的规定提交答辩书,仲裁庭应继续进行仲裁程序,但不把这种不提交答辩书的行动本身视为是认可了申诉人的申诉;

(c)当事任何一方不出庭或不提供文件证据,仲裁庭可以继续进行仲裁程序并根据它所收到的证据作出裁决。

第 26 条 仲裁庭指定的专家

(1)除非当事各方另有协议,仲裁庭:

(a)可以指定一名或一名以上的专家就仲裁庭要确定的具体问题向仲裁庭提出报告;

(b)可以要求当事人一方向专家提供任何有关的资料,或出示或让他接触任何有关的文件、货物或其他财产,供他检验。

(2)除非当事各方另有协议,如当事一方有此要求或仲裁庭认为有必要,专家在提出他的书面或口头报告后,应参加开庭,使当事各方有机会向他提出问题并派出专家证人就争议之点作证。

第 27 条 在获取证据方面的法院协助

仲裁庭或当事一方在仲裁庭同意之下,可以请求本国主管法院协助获取证据。该法院可以在其权限范围内并按照其获取证据的规则的规定执行上述请求。

第六章 裁决的作出和程序的终止

第 28 条 适用于争议实体的规则

(1)仲裁庭应按照当事各方选定的适用于争议实体的法律规则对争议作出决定。除非另有表明,否则规定适用某一国的法律或法律制度应认为是直接指该国的实体法而不是该国的法律冲突规则。

(2)如当事各方没有任何规定,仲裁庭应适用它认为可以适用的法律冲突规则所确定的法律。

(3)仲裁庭只有在当事各方明确授权的情况下,才应按照公平合理的原则或作为友好调解人作出决定。

(4)在一切情形下,仲裁庭均应按照合同的条款作出决定,并应考虑到适用于该项交易的贸易习惯。

第 29 条 一组仲裁员作出的决定

在有一名以上仲裁员的仲裁程序中,除非当事各方另有协议,仲裁庭的任何决定,均应由其全体成员的多数作出。但是,如果有当事各方或仲裁庭全体成员的授权,首席仲裁员可以就程序问题作出决定。

第 30 条 和解

(1)如果在仲裁程序中当事各方和解解决争议,仲裁庭应终止仲裁程序,而且如果当事各方提出请求而仲裁庭并无异议,则应按和解的条件以仲裁裁决书的形式记录此和解。

(2)根据和解的条件作出的裁决应按照第 31 条的规定作出,并应说明它是一项裁决。这种裁决应与根据案情作出的任何其他裁决具有同等的地位和效力。

第 31 条 裁决的形式和内容

(1)裁决应以书面作出,并应由一名或数名仲裁员签字。在有一名以上仲裁员的仲裁程序中,仲裁庭全体成员的多数签字即可,但须对任何省去的签字说明原因。

(2)裁决应说明它所根据的理由,除非当事各方协议不要说明理由或该裁决是根据第 30 条的规定按和解条件作出的裁决。

(3)裁决应写明某日期和按照第 20 条第(1)款的规定所确定的仲裁地点。该裁决应视为是在该地点作出的。

(4)裁决作出后,经各仲裁员按照本条第(1)款的规定签字的裁决书应送给当事各方各一份。

第 32 条　程序的终止

(1)仲裁程序依终局裁决或依仲裁庭按照本条第(2)款发出的命令予以终止。

(2)仲裁庭在下列情况下应发出终止仲裁程序的命令:

(a)申诉人撤回其申诉,除非应诉人对此表示反对而且仲裁庭承认彻底解决争议对他来说是有正当的利益的;

(b)当事各方同意终止程序;

(c)仲裁庭认定仲裁程序在任何其他理由之下均无必要或不可能继续进行。

(3)仲裁庭的任务随着仲裁程序的终止而结束,但须服从第 33 条和第 34 条第(4)款的规定。

第 33 条　裁决的改正和解释;追加裁决

(1)除非当事各方已就另一期限达成协议,在收到裁决书后三十天内:

(a)当事一方可以在通知当事另一方后请求仲裁庭改正裁决书中的任何计算错误、任何抄写或排印错误或任何类似性质的错误;

(b)如果当事各方有此协议,当事一方可以在通知当事另一方后请求仲裁庭对裁决书的具体一点或一部分做出解释。

仲裁庭如果认为此种请求合理,它应在收到请求后三十天内作出改正或加以解释。解释应构成裁决的一部分。

(2)仲裁庭可以在作出裁决之日起三十天内主动改正本条第(1)款(a)项所指的类型的任何错误。

(3)除非当事各方另有协议,当事一方在收到裁决书后三十天内可以在通知当事他方后请求仲裁庭对已在仲裁程序中提出但在裁决书中遗漏的申诉事项作出追加裁决。如果仲裁庭认为其请求合理,仲裁庭应在六十天内作出追加裁决。

(4)如果必要,仲裁庭可以将根据本条第(1)或第(3)款作出的改正、解释或追加裁决的期限,予以延长。

(5)第31条的规定应适用于裁决的改正或解释并适用于追加裁决。

第七章　对裁决的追诉

第34条　申请撤销作为对仲裁裁决的唯一的追诉

(1)只有按照本条第(2)和第(3)款的规定申请撤销,才可以对仲裁裁决向法院追诉。

(2)仲裁裁决只有在下列情况下才可以被第6条规定的法院撤销:

(a)提出申请的当事一方提出证据证明:

(一)第7条所指的仲裁协议的当事一方欠缺行为能力;或根据当事各方所同意遵守的法律,或未订明有任何这种法律,则根据本国法律,上述协议是无效的;或

(二)未将有关指定仲裁员或仲裁程序的事情适当地通知提出申请的当事一方,或该方因其他理由未能陈述其案情;或

(三)裁决处理了不是提交仲裁的条款所考虑的或不是其范围以内的争议,或裁决包括有对提交仲裁以外的事项作出的决定,但如果对提交仲裁的事项所作的决定与对未提交仲裁的事项所作出的决定能分开的话,只可以撤销包括有对未提交仲裁的事项作出决定的那一部分裁决;或

(四)仲裁庭的组成或仲裁程序与当事各方的协议不一致,除非这种协议与当事各方不能背离的本法规定相抵触,或当事各方并无此种协议,则与本法不符;或

(b)法院认定:

(一)根据本国的法律,争议的标的不能通过仲裁解决;或

(二)该裁决与本国的公共政策相抵触。

(3)提出申请的当事一方自收到裁决书之日起,三个月后不得申请撤销,如根据第33条提出了请求,则从该请求被仲裁庭处理完毕之日起三个月后不得申请撤销。

(4)法院被请求撤销裁决时,如果适当而且当事一方也要求暂时停止进行撤销程序,则可以在法院确定的一段期间内暂时停止进行,以便给予仲裁庭一个机会重新进行仲裁程序或采取仲裁庭认为能够消除请求撤销裁决的理由的其他行动。

第八章 裁决的承认和执行

第35条 承认和执行

(1)仲裁裁决不论在何国境内作出,均应承认具有约束力,而且经向主管法院提出书面申请,即应予以执行,但须服从本条和第36条的规定。

(2)援用裁决或申请予以执行的当事一方,应提供正式认证的裁决书正本或经正式认证的裁决书副本以及第7条所指的仲裁协议的正本或经正式认证的仲裁协议副本。如果裁决或协议不是用本国的正式语文作成,则申请执行该裁决的当事一方应提供这些文件译成本国正式语文的经正式认证的文本。***

第36条 拒绝承认或执行的理由

(1)只有在下列情况下才可拒绝承认或执行不论在何国作出的仲裁裁决:

(a)经根据裁决被提出要求的当事一方请求,如果该当事一方向被要求承认或执行裁决的主管法院提出证据证明:

(一)第7条所指的仲裁协议的当事一方欠缺行为能力,或根据当事各方所同意遵守的法律,或未订明有任何这种法律,则根

据作出裁决的国家的法律,上述协议是无效的;或

(二)未将有关指定仲裁员或仲裁程序的事情适当地通知依据裁决被提出要求的当事一方,或该方因其他理由未能陈述其案情;或

(三)裁决处理了不是提交仲裁的条款所考虑的或不是其范围以内的争议,或裁决包括有对提交仲裁以外的事项作出的决定,但如果对提交仲裁的事项所作出的决定与对未提交仲裁的事项所作出的决定能分开的话,可以承认并执行包括有就提交仲裁的事项作决定的那一部分裁决;或

(四)仲裁庭的组成或仲裁程序与当事各方的协议不一致,或并无这种协议,则与仲裁所在国的法律不符;或

(五)裁决尚未对当事各方具有约束力,或作出裁决的国家的法院,或根据其法律作出裁决的国家的法院已将裁决撤销或中止;或

(b)如经法院认定:

(一)根据本国的法律,该争议的标的不能通过仲裁解决;或

(二)承认或执行该裁决与本国的公共政策相抵触。

(2)如已向本条第(1)款(a)项(五)目所指的法院申请撤销或中止裁决,被请求承认或执行的法院如认为适当,可以暂停作出决定,而且如经要求承认或执行裁决的当事一方提出申请,还可以命令当事他方提供适当的担保。

* 文标题仅供索引,不作解释条文之用。

** 对"商事"一词应作广义解释,使其包括不论是契约性或非契约性的一切商事性质的关系所引起的种种事情。商事性质的关系包括但不限于下列交易:供应或交换货物或服务的任何贸易交易;销售协议;商事代表或代理;代理;租赁;建造工厂;咨询;工程;许可证;投资;筹资;银行;

保险;开发协议或特许;合营和其他形式的工业或商业合作;货物或旅客的天空、海上、铁路或公路的载运。

*** 本款所列的条件是想订出一个最高标准。因此,如果一国保留了即使是更为简单的条件,也不致于与示范法所要取得的协调一致相对抗。

附录 D

《联合国国际贸易法委员会国际商事仲裁示范法》(2006 年修订)(节选)

2006 年 7 月 7 日联合国国际贸易法委员会修订

第一章　总　　则

第 1 条　适用范围*

(1)本法适用于国际商事** 仲裁,但须服从在本国与其他任何一国或多国之间有效力的任何协定。

(2)本法之规定,除第 8、9、17H、17I、17J、35 及 36 条外,只适用于仲裁地点在本国领土内的情况。

(第 1(2)条经由委员会 2006 年第三十九届会议修订)

……

第 2A 条　国际渊源和一般原则

(经由委员会 2006 年第三十九届会议通过)

(1)在解释本法时,应考虑到其国际渊源和促进其统一适用及遵循诚信原则的必要性。

(2)与本法所管辖的事项有关的问题,在本法中未予明确解决的,应依照本法所基于的一般原则加以解决。

第二章 仲 裁 协 议

备选案文一

第7条 仲裁协议的定义和形式

(经由委员会2006年第三十九届会议通过)

(1)“仲裁协议”是指当事人同意将他们之间一项确定的契约性或非契约性的法律关系中已经发生或可能发生的一切争议或某些争议交付仲裁的协议。仲裁协议可以采取合同中的仲裁条款形式或单独的协议形式。

(2)仲裁协议应为书面形式。

(3)仲裁协议的内容以任何形式记录下来的,即为书面形式,无论该仲裁协议或合同是以口头方式、行为方式还是其他方式订立的。

(4)电子通信所含信息可以调取以备日后查用的,即满足了仲裁协议的书面形式要求;“电子通信”是指当事人以数据电文方式发出的任何通信;“数据电文”是指经由电子手段、磁化手段、光学手段或类似手段生成、发送、接收或储存的信息,这些手段包括但不限于电子数据交换、电子邮件、电报、电传或传真。

(5)另外,仲裁协议如载于相互往来的索赔声明和抗辩声明中,且一方当事人声称有协议而另一方当事人不予否认的,即为书面协议。

(6)在合同中提及载有仲裁条款的任何文件的,只要此种提及可使该仲裁条款成为该合同一部分,即构成书面形式的仲裁协议。

备选案文二

第7条 仲裁协议的定义

(经由委员会2006年第三十九届会议通过)

“仲裁协议”是指当事人同意将其之间一项确定的契约性或

非契约性的法律关系中已经发生或可能发生的一切争议或某些争议交付仲裁的协议。

第四A章 临时措施和初步命令

(经由委员会2006年第三十九届会议通过)

第1节 临时措施

第17条 仲裁庭下令采取临时措施的权力

(1)除非当事人另有约定,仲裁庭经一方当事人请求,可以准予采取临时措施。

(2)临时措施是以裁决书为形式的或另一种形式的任何短期措施,仲裁庭在发出最后裁定争议的裁决书之前任何时候,以这种措施责令一方当事人实施以下任何行为:

(a)在争议得以裁定之前维持现状或恢复原状;

(b)采取行动防止目前或即将对仲裁程序发生的危害或损害,或不采取可能造成这种危害或损害的行动;

(c)提供一种保全资产以执行后继裁决的手段;或

(d)保全对解决争议可能具有相关性和重要性的证据。

第17A条 准予采取临时措施的条件

(1)一方当事人请求采取第17(2)(a)、(b)和(c)条所规定的临时措施的,应当使仲裁庭确信:

(a)不下令采取这种措施可能造成损害,这种损害无法通过判给损害赔偿金而充分补偿,而且远远大于准予采取这种措施而可能对其所针对的当事人造成的损害;以及

(b)根据索赔请求所依据的案情,请求方当事人相当有可能胜诉。对这种可能性的判定不影响仲裁庭此后作出任何裁定的自由裁量权。

(2)关于对第 17(2)(d)条所规定的临时措施的请求,本条 1(a)和(b)款的要求仅在仲裁庭认为适当的情况下适用。

第 2 节　初步命令

第 17B 条　初步命令的申请和下达初步命令的条件

(1)除非各方当事人另有约定,一方当事人可以不通知其他任何当事人而提出临时措施请求,同时一并申请下达初步命令,指令一方当事人不得阻挠所请求的临时措施的目的。

(2)当仲裁庭认为事先向临时措施所针对的当事人披露临时措施请求有可能阻挠这种措施目的时,仲裁庭可以下达初步命令。

(3)第 17A 条中规定的条件适用于任何初步命令,条件是根据第 17A(1)(a)条估测的损害是下达命令或不下达命令而有可能造成的损害。

第 17C 条　初步命令的具体制度

(1)仲裁庭就初步命令申请作出判定之后,应当立即通知所有当事人,使之了解临时措施请求、初步命令申请、任何已下达的初步命令以及任何一方当事人与仲裁庭之间与此有关的所有其他通信,包括指明任何口头通信的内容。

(2)同时,仲裁庭应当在实际可行的最早时间内给予初步命令所针对的当事人陈述案情的机会。

(3)仲裁庭应当迅速就任何针对初步命令的异议作出裁定。

(4)初步命令自仲裁庭下达该命令之日起二十天后失效。但在向初步命令所针对的当事人发出通知并为其提供陈述案情的机会之后,仲裁庭可以下达对初步命令加以采纳或修改的临时措施。

(5)初步命令对当事人具有约束力,但不由法院执行。这种初步命令不构成仲裁裁决。

第3节　适用于临时措施和初步命令的条文

第17D条　修改、中止和终结

仲裁庭可以在任何一方当事人提出申请时修改、中止或终结其已准予采取的临时措施或已下达的初步命令,在非常情况下并事先通知各方当事人后,亦可自行修改、中止或终结其已准予采取的临时措施或已下达的初步命令。

第17E条　提供担保

(1)仲裁庭可以要求请求临时措施的一方当事人提供与这种措施有关的适当担保。

(2)仲裁庭应当要求申请初步命令的一方当事人提供与这种命令有关的担保,除非仲裁庭认为这样做不妥当或者没有必要。

第17F条　披露

(1)仲裁庭可以要求任何当事人迅速披露在请求或者准予采取临时措施时而依据的情形所发生的任何重大变化。

(2)申请初步命令的一方当事人应当向仲裁庭披露一切可能与仲裁庭判定是否下达或维持该命令有关的情形,这种义务应当持续到该命令所针对的当事人有机会陈述案情之时。在此之后,应当适用本条第(1)款。

第17G条　费用与损害赔偿

如果仲裁庭之后裁定根据情形本不应当准予采取临时措施或下达初步命令,则请求临时措施或申请初步命令的一方当事人应当就该措施或命令对其所针对的当事人造成的任何费用和损害承担赔偿责任。仲裁庭可以在仲裁程序的任何时候判给这种费用和损害赔偿金。

第 4 节 临时措施的承认和执行

第 17H 条 承认和执行

(1)仲裁庭发出的临时措施应当被确认为具有约束力,并且除非仲裁庭另有规定,应当在遵从第 17I 条各项规定的前提下,经向有管辖权的法院提出申请后加以执行,不论该措施是在哪一国发出的。

(2)正在寻求或已经获得对某一项临时措施的承认或执行的当事人,应当将该临时措施的任何终结、中止或修改迅速通知法院。

(3)受理承认或执行请求的国家的法院如果认为情况适当,在仲裁庭尚未就担保作出决定的情况下,或者在这种决定对于保护第三人的权利是必要的情况下,可以命令请求方当事人提供适当担保。

第 17I 条 拒绝承认或执行的理由***

(1)只有在下列任何情形下,才能拒绝承认或执行临时措施:

(a)应临时措施所针对的当事人的请求,法院确信:

(i)这种拒绝因第 36(1)(a)(i)、(ii)、(iii)或(iv)条中所述的理由而是正当的;或

(ii)未遵守仲裁庭关于与仲裁庭发出的临时措施有关的提供担保的决定的;或

(iii)该临时措施已被仲裁庭终结或中止,或被已获此项权限的仲裁发生地国法院或依据本国法律准予采取临时措施的国家的法院所终结或中止的;或

(b)法院认定:

(i)临时措施不符合法律赋予法院的权力,除非法院决定对临时措施作必要的重新拟订,使之为了执行该临时措施的目的而

适应自己的权力和程序,但并不修改临时措施的实质内容的;或

(ii)第36(1)(b)(i)或(ii)条中所述任何理由适用于对临时措施的承认和执行的。

(2)法院根据本条第(1)款中所述任何理由作出的任何裁定,效力范围仅限于为了申请承认和执行临时措施。受理承认或执行请求的法院不应在作出这一裁定时对临时措施的实质内容进行审查。

第5节　法院下令采取的临时措施

第17J条　法院下令采取的临时措施

法院发布与仲裁程序有关的临时措施的权力应当与法院在法院诉讼程序方面的权力相同,不论仲裁程序的进行地是否在本国境内。法院应当根据自己的程序,在考虑到国际仲裁的具体特征的情况下行使这一权力。

第八章　裁决的承认和执行

第35条　承认和执行

(第35(2)条经由委员会2006年第三十九届会议修订)

(1)……

(2)援用裁决或申请对其予以执行的一方当事人,应当提供裁决书正本或其副本。裁决书如不是以本国一种正式语文做成的,法院可以要求该方当事人出具该文件译成这种文字的译本。****

* 条文标题仅供索引,不作解释条文之用。

** 对“商事”一词应作广义解释,使其包括不论是契约性或非契约性的一切商事性质的关系所引起的事项。商事性质的关系包括但不限于

下列交易:供应或交换货物或服务的任何贸易交易;销售协议;商事代表或代理;保理;租赁,建造工厂;咨询;工程;使用许可;投资;筹资;银行;保险;开发协议或特许;合营和其他形式的工业或商业合作;空中、海上、铁路或公路的客货载运。

*** 第17I条所载条件的目的是为了限制法院可拒绝执行临时措施的情形。如果一国将采用的可拒绝执行的情形少些,与这些示范条文力求达到的统一程度无相悖之处。

**** 本款所列的条件是意图订出一个最高标准。因而一国如果保留了即使是更为简单的条件,也不至于与示范法所要取得的协调一致相抵触。

采纳《联合国国际贸易法委员会国际商事仲裁示范法》的法域列表

截至2016年7月,72个国家或地区共在102个法域通过了以《联合国国际贸易法委员会国际商事仲裁示范法》为基础的立法。

国家(或地区)	立法年份	注
亚美尼亚	2006	
澳大利亚	2010	(a),(c)
—新南威尔士	2010	(a)
—北部地方	2011	(a)
—昆士兰州	2013	(a)
—南澳大利亚	2011	(a)
—塔斯马尼亚	2011	(a)
—维多利亚	2011	(a)
—西澳大利亚	2012	(a)
奥地利	2006	

续表

国家(或地区)	立法年份	注
阿塞拜疆	1999	
巴林	2015	(a),(c)
孟加拉国	2001	
白俄罗斯	1999	
比利时	2013	(a)
不丹	2013	(a)
文莱达鲁萨兰国	2009	(a)
保加利亚	2002	(c)
柬埔寨	2006	
加拿大	1986	
—艾伯塔	1986	
—不列颠哥伦比亚	1986	
—马尼托巴	1986	
—新不伦瑞克	1986	
—纽芬兰和拉布拉多	1986	
—西北地区	1986	
—新斯科舍	1986	
—努纳武特地区	1999	
—安大略	1987	
—爱德华王子岛	1986	
—魁北克	1986	
—萨斯喀彻温	1988	
—育空	1986	
智利	2004	
中国		

续表

国家(或地区)	立法年份	注
—中国香港特别行政区	2010	(a),(c)
—中国澳门特别行政区	1998	
哥斯达黎加	2011	(a)
克罗地亚	2001	
塞浦路斯	1987	
丹麦	2005	
多米尼加	2008	
埃及	1994	
爱沙尼亚	2006	
格鲁吉亚	2009	(a)
德国	1998	
希腊	1999	
危地马拉	1995	
洪都拉斯	2000	
匈牙利	1994	
印度	1996	
伊朗(伊斯兰共和国)	1997	
爱尔兰	2010	(a),(c)
日本	2003	
约旦	2001	
肯尼亚	1995	
列支敦士登	2010	
立陶宛	2012	(a),(c)
马达加斯加	1998	
马来西亚	2005	

续表

国家(或地区)	立法年份	注
马尔代夫	2013	
马耳他	1996	
毛里求斯	2008	(a)
墨西哥	1993	
黑山	2015	
缅甸	2016	
新西兰	2007	(a),(c)
尼加拉瓜	2005	
尼日利亚	1990	
挪威	2004	
阿曼	1997	
巴拉圭	2002	
秘鲁	2008	(a),(c)
菲律宾	2004	
波兰	2005	
大韩民国	2016	(a),(c)
俄罗斯联邦	1993	
卢旺达	2008	(a)
塞尔维亚	2006	
新加坡	1994	(d)
斯洛伐克	2014	
斯洛文尼亚	2008	(a)
西班牙	2003	
斯里兰卡	1995	
泰国	2002	

续表

国家(或地区)	立法年份	注
前南斯拉夫的马其顿共和国	2006	
突尼斯	1993	
土耳其	2001	
乌干达	2000	
乌克兰	1994	
大不列颠及北爱尔兰联合王国		
—百慕大	1993	(b)
—英属维尔京群岛	2013	(a),(b)
—苏格兰	1990	
美利坚合众国		
—加利福尼亚	1988	
—康涅狄格	1989	
—佛罗里达	2010	(a)
—佐治亚	2012	
—伊利诺伊	1998	
—路易斯安那	2006	
—俄勒冈	1991	
—德克萨斯	1989	
委内瑞拉(玻利瓦尔共和国)	1998	
赞比亚	2000	
津巴布韦	1996	

注:

(a)表示以2006年通过的修订后的《联合国国际贸易法委员会国际商事仲裁示范法》案文为基础的立法。

(b)大不列颠及北爱尔兰联合王国海外领地。

(c)表示根据《联合国国际贸易法委员会国际商事仲裁示范法》修改了此前立法。

(d)相关立法在2001年、2003年、2005年、2009年和2012年再次修订。

采纳《联合国国际贸易法委员会国际商事仲裁示范法》法域列表的更新信息,请参见 http://www.uncitral.org/uncitral/en/uncitral_texts/arbitration/1985Model_arbitration_status.html

附录 E

《联合国国际贸易法委员会仲裁规则》（2010 年修订）

大会决议 65/22

第一章　绪　　则

适用范围[*]

第 1 条

1. 凡各方当事人同意，一项确定的法律关系不论是合同性还是非合同性的，彼此之间与此有关的争议应根据《联合国国际贸易法委员会仲裁规则》提交仲裁的，此类争议均应按照本《规则》进行解决，但须服从各方当事人可能协议对本《规则》作出的修改。

2. 除非各方当事人约定适用本《规则》某一版本，否则应推定双方当事人于 2010 年 8 月 15 日之后订立的仲裁协议适用仲裁程序开始之日现行有效的本《规则》。在 2010 年 8 月 15 日之后通过接受该日之前所作要约而订立仲裁协议的，此推定不适用。

3. 仲裁应按照本《规则》进行，但本《规则》任一条款与仲裁所适用的某项法律规定相抵触，且各方当事人又不得背离该法律规定的,以该法律规定为准。

通知和期间计算

第2条

1. 通知包括通知书、函件或建议,可通过任何能够提供或容许传输记录的通信手段进行传输。

2. 凡一方当事人已为此目的专门指定某一地址,或者仲裁庭已为此目的同意指定某一地址的,均应按照按该地址将任何通知送达该当事人;照此方式递送的,视为收到通知。使用传真或电子邮件等电子方式的,只能将通知递送到按上述方式指定或同意指定的地址。

3. 没有指定地址或没有同意指定地址的:

(a)通知直接交给收件人,即为收到;或者

(b)通知递送到收件人的营业地、惯常住所或通讯地址,即视为收到。

4. 经合理努力仍无法根据第2款或第3款递送通知的,用挂号信或以能够提供递送记录或试图递送记录的方式,将通知递送到收件人最后一个为人所知的营业地、惯常住所或通讯地址,即应视为已收到通知。

5. 根据第2款、第3款或第4款送达通知的日期,或者根据第4款试图递送通知的日期,应视为已收到通知的日期。以电子方式传递通知的,通知发出的日期视为已收到通知的日期,但以电子方式传递的仲裁通知除外,仲裁通知视为已收到的日期,只能是其抵达收件人电子地址的日期。

6. 本《规则》规定的期间,应自收到通知之日的次日起算。期间的最后一天是收件人住所或营业地法定假日或非营业日的,期间顺延至其后第一个营业日。期间持续阶段的法定假日或非营业日应计入期间。

仲裁通知

第3条

1. 提起仲裁的一方或多方当事人(以下称"申请人")应给予另一方或多方当事人(以下称"被申请人")一项仲裁通知。

2. 仲裁程序应视为自被申请人收到仲裁通知之日起开始。

3. 仲裁通知应包括下列各项:

(a)将争议提交仲裁的要求;

(b)各方当事人的名称和联系方式;

(c)指明所援引的仲裁协议;

(d)指明引起争议的或与争议有关的任何合同或其他法律文书,无此类合同或文书的,简单说明相关关系;

(e)对仲裁请求作简单说明,涉及金额的,指明其数额;

(f)寻求的救济或损害赔偿;

(g)各方当事人事先未就仲裁员人数、仲裁语言和仲裁地达成协议的,提出这方面的建议。

4. 仲裁通知还可包括:

(a)第6条第1款中述及的关于指派指定机构的建议;

(b)第8条第1款中述及的关于指定一名独任仲裁员的建议;

(c)第9条或第10条中述及的指定一名仲裁员的通知书。

5. 任何关于仲裁通知充分性的争议不得妨碍仲裁庭的组成,最终应由仲裁庭解决。

对仲裁通知的答复

第4条

1. 被申请人应在收到仲裁通知30天内向申请人递送对仲裁通知的答复,其中应包括:

(a)每一被申请人的名称和联系方式;

(b)对仲裁通知中根据第 3 条第 3 款(c)项至(g)项所载信息内容的答复。

2. 对仲裁通知的答复还可包括:

(a)任何关于根据本《规则》组成的仲裁庭缺乏管辖权的抗辩;

(b)第 6 条第 1 款中述及的关于指派指定机构的建议;

(c)第 8 条第 1 款中述及的关于指定一名独任仲裁员的建议;

(d)第 9 条或第 10 条中述及的指定一名仲裁员的通知书;

(e)提出反请求或为抵消目的提出请求的,对其作简单说明,包括在有关情况下指明所涉金额以及所寻求的救济或损害赔偿;

(f)被申请人对不是申请人的仲裁协议当事人提出仲裁请求的,第 3 条规定的仲裁通知。

3. 任何关于被申请人未递送对仲裁通知的答复或者关于对仲裁通知的不完整答复或迟延答复的争议,均不得妨碍仲裁庭的组成,最终均应由仲裁庭解决。

代表和协助

第 5 条

每一方当事人可由其选定的人员出任代表或给予协助。此类人员的姓名和地址必须通知各方当事人和仲裁庭。此种通知必须说明所作指定是为了代表目的还是为了协助目的。一人担任一方当事人代表的,仲裁庭可自行或应任何方当事人的请求,随时要求按照仲裁庭决定的方式提供关于赋予该代表权限的证据。

指派和指定机构

第 6 条

1. 除非各方当事人已就选择指定机构达成约定,否则一方当事人可随时提名一个或数个机构或个人,包括海牙常设仲裁法院(以下称“常设仲裁院”)秘书长,由其中之一担任指定机构。

2. 在其他各方当事人收到根据第 1 款的提名后 30 天内,如果各方当事人未能就选择指定机构达成约定,任何一方当事人均可请求常设仲裁院秘书长指派指定机构。

3. 本《规则》规定一方当事人必须在一期限内将某一事项提交指定机构处理而指定机构尚未约定或指派的,该期限自一方当事人启动对指定机构的约定或指派程序之日起暂停计算,直至达成此种约定或指派之日。

4. 指定机构拒不作为,或者指定机构收到一方当事人请求指定仲裁员的申请后 30 天内未指定一名仲裁员、在本《规则》规定的其他任何期限内不作为,或者在收到一方当事人要求一名仲裁员回避的申请后的合理时间内未就该申请作出决定的,任何一方当事人均可请求常设仲裁院秘书长指派替代指定机构,但第 41 条第 4 款述及的情形除外。

5. 指定机构和常设仲裁院秘书长行使本《规则》对其规定的职责,可要求任何一方当事人和仲裁员向指定机构和常设仲裁院秘书长提供其认为必需的信息,并以其认为适当的方式给予各方当事人以及在可能情况下给予仲裁员陈述意见的机会。与指定机构和常设仲裁院秘书长的所有此种往来函件也应由发件人提供给其他各方当事人。

6. 请求指定机构依照第 8 条、第 9 条、第 10 条或第 14 条指定一名仲裁员的,提出请求的当事人应向指定机构发送仲裁通知副本,对仲裁通知已作答复的,还应发送该答复副本。

7. 指定机构应注意到任何有可能保证指定独立、公正仲裁员的考虑,并应考虑到指定一名与各方当事人国籍不同的仲裁员的可取性。

第二章 仲裁庭的组成

仲裁员人数

第7条

1. 各方当事人未事先约定仲裁员人数,并且在被申请人收到仲裁通知后30天内各方当事人未就只应指定一名仲裁员达成约定的,应指定三名仲裁员。

2. 虽有第1款规定,一方当事人提出指定独任仲裁员的提议而其他各方当事人未在第1款规定的时限内对此作出答复,并且有关的一方或多方当事人未根据第9条或第10条指定第二名仲裁员的,指定机构可根据第8条第2款规定的程序,经一方当事人请求,指定独任仲裁员,但指定机构须根据案情确定这样做更适当。

仲裁员的指定(第8条至第10条)

第8条

1. 各方当事人已约定将指定独任仲裁员,而在其他各方当事人收到指定独任仲裁员的建议后30天内各方当事人未就选择独任仲裁员达成约定的,经一方当事人请求,应由指定机构指定独任仲裁员。

2. 指定机构应尽速指定独任仲裁员。在进行指定时,除非当事人约定不使用名单法,或指定机构依其裁量权决定该案件不宜使用名单法,否则指定机构应使用下述名单法:

(a)指定机构应将至少列有三个人名的相同名单分送每一方当事人;

(b)收到名单后15天内,每一方当事人可删除其反对的一个或数个人名并将名单上剩余的人名按其选择顺序排列之后,将名单送还指定机构;

(c)上述期限届满后,指定机构应从送还名单上经认可的人

名中,按各方当事人所标明的选择顺序指定一人为独任仲裁员;

(d)由于任何原因,无法按这一程序进行指定的,指定机构可行使其裁量权指定独任仲裁员。

第9条

1. 指定三名仲裁员的,每一方当事人应各指定一名仲裁员。第三名仲裁员应由已被指定的两名仲裁员选定,担任仲裁员首席仲裁员。

2. 一方当事人收到另一方当事人指定一名仲裁员的通知书后,未在30天内将其所指定的仲裁员通知另一方当事人的,该另一方当事人可请求指定机构指定第二名仲裁员。

3. 指定第二名仲裁员后30天内,两名仲裁员未就首席仲裁员人选达成约定的,应由指定机构按照第8条规定的指定独任仲裁员的方式,指定首席仲裁员。

第10条

1. 为第9条第1款之目的,在须指定三名仲裁员且申请人或被申请人为多方当事人的情况下,除非各方当事人约定采用其他方法指定仲裁员,否则多方当事人应分别作为共同申请人或共同被申请人,各指定一名仲裁员。

2. 各方当事人约定组成仲裁庭的仲裁员人数不是一名或三名的,应按照各方当事人约定的方法指定仲裁员。

3. 未能根据本《规则》组成仲裁庭的,经任何一方当事人请求,指定机构应组成仲裁庭,并可为此撤销任何已作出的指定,然后指定或重新指定每一名仲裁员,并指定其中一人担任首席仲裁员。

仲裁员披露情况和回避**(第11条至13条)**

第11条

可能被指定为仲裁员的人,应在与此指定有关的洽谈中披露可能对其公正性和独立性产生有正当理由怀疑的任何情况。仲裁员应自其被指定之时起,并在整个仲裁程序期间,毫无延迟地向各方当事人以及其他仲裁员披露任何此种情况,除非此种情况已由其告知各方当事人。

第12条

1. 如果存在可能对任何仲裁员的公正性或独立性产生有正当理由怀疑的情况,均可要求该仲裁员回避。

2. 一方当事人只能根据其指定仲裁员之后才得知的理由,对其所指定的仲裁员要求回避。

3. 仲裁员不作为,或者仲裁员因法律上或事实上的原因无法履行其职责的,应适用第13条中规定的程序申请仲裁员回避。

第13条

1. 一方当事人意图对一名仲裁员提出回避,应在被要求回避的仲裁员的任命通知书发给该当事人后15天内,或在该当事人得知第11条和第12条所提及的情况后15天内,发出其回避通知。

2. 回避通知应发给其他所有当事人、被要求回避的仲裁员以及其他仲裁员。回避通知应说明提出回避的理由。

3. 一方当事人对一名仲裁员提出回避,其他所有当事人可以附议。该仲裁员也可在回避提出后辞职。无论是其中哪一种情况,均不表示提出回避的理由成立。

4. 自回避通知发出之日起15天内,如果其他当事人不同意该回避,或者被要求回避的仲裁员不辞职,提出回避的当事人可以坚持要求回避。在这种情况下,该当事人应自回避通知发出之日起30天内,请求指定机构就回避申请作出决定。

替换仲裁员

第14条

1. 在不违反第2款的情况下,如果仲裁程序进行期间有必要替换仲裁员,应适用第8条至第11条规定的指定或选定被替换仲裁员的程序,指定或选定一名替代仲裁员。在指定拟被替换仲裁员的过程中,即使一方当事人未行使其指定或参与指定的权利,该程序仍应适用。

2. 经一方当事人请求,如果指定机构确定,鉴于案情特殊,有理由取消一方当事人指定替代仲裁员的权利,在给予各方当事人和其余仲裁员发表意见的机会之后,指定机构可以:(a)指定替代仲裁员;或(b)在审理终结后,授权其他仲裁员继续进行仲裁并作出决定或裁决。

在替换仲裁员的情况下继续进行审理

第 15 条

如果一名仲裁员被替换,应从被替换的仲裁员停止履行职责时所处的阶段继续进行程序,除非仲裁庭另有决定。

免责

第 16 条

除蓄意不当行为外,在适用法律允许的最大限度内,各方当事人放弃以与本仲裁有关的作为或不作为为由,向仲裁员、指定机构以及仲裁庭指定的任何人提出任何索赔。

第三章 仲裁程序

通则

第 17 条

1. 在不违反本《规则》的情况下,仲裁庭可以其认为适当的方式进行仲裁,但须平等对待各方当事人,并在仲裁程序适当阶段给予每一方当事人陈述案情的合理机会。仲裁庭行使裁量权时,程序的进行应避免不必要延迟和费用,并为解决当事人争议提供公平有效的程序。

2. 仲裁庭一经组成,在请各方当事人发表意见后,仲裁庭即应根据实际情况尽快确定仲裁临时时间表。任何期间,不论是本《规则》规定的还是当事人约定的,仲裁庭均可在请各方当事人发表意见后随时予以延长或缩短。

3. 如有任何一方当事人在仲裁程序的适当阶段请求开庭审理,仲裁庭应开庭审理,由证人包括专家证人出示证据或进行口头辩论。未提出此种请求的,仲裁庭应决定是进行开庭审理,还是根据书面文件和其他资料进行程序。

4. 一方当事人应将其提交仲裁庭的所有函件发送其他各方当事人。除仲裁庭可以根据适用法另外允许的情形外,所有此类函件应同时发送。

5. 仲裁庭可根据任何一方当事人的请求,允许将一个或多个第三人作为一方当事人并入仲裁程序,前提是此种人是仲裁协议的一方当事人,除非仲裁庭在给予各方当事人,包括拟被并入仲裁程序的一人或多人陈述意见的机会后认定,由于并入仲裁程序会对其中任何一方当事人造成损害而不应准许此种并入。对于仲裁程序如此涉及到的所有当事人,仲裁庭可作出单项裁决,也可作出若干项裁决。

仲裁地

第 18 条

1. 各方当事人未事先约定仲裁地的,仲裁庭应根据案情确定仲裁地。裁决应视为在仲裁地作出。

2. 仲裁庭可在其认为适当的任何地点进行合议。除非各方当事人另有约定,仲裁庭还可在其认为适当的任何地点为其他任何目的举行会议,包括进行开庭审理。

语言

第 19 条

1. 在不违反各方当事人约定的情况下,仲裁庭应在其被指定后迅速确定仲裁程序中所使用的一种或数种语言。此决定应适用于仲裁申请书、答辩书和任何进一步书面陈述;进行开庭审理的,亦适用于开庭审理中将使用的一种或数种语言。

2. 仲裁庭可下达指令,任何附于仲裁申请书或答辩书的文件,以及任何在仲裁程序进行过程中提交的补充文件或物证,凡是用其原语文提交的,均应附具各方当事人所约定的或仲裁庭所确定的一种或数种语言的译文。

仲裁申请书

第20条

1. 申请人应在仲裁庭确定的期间内,以书面形式将仲裁申请书传递给被申请人和每一名仲裁员。申请人可选择将第3条述及的仲裁通知当作仲裁申请书对待,只要该仲裁通知同样符合本条第2款至第4款的要求。

2. 申请书应包括以下各项:

(a)各方当事人名称和联系方式;

(b)支持本仲裁请求的事实陈述;

(c)争议点;

(d)寻求的救济或损害赔偿;

(e)支持本仲裁请求的法律依据或观点。

3. 引起争议或与争议有关的任何合同或其他法律文书副本,以及仲裁协议副本,应附于申请书之后。

4. 申请书应尽可能附具申请人所依据的所有文件和其他证据,或注明这些文件和证据的来源出处。

答辩书

第21条

1. 被申请人应在仲裁庭确定的期间内,以书面形式将答辩书传递给申请人和每一名仲裁员。被申请人可选择将其对第4条述及的仲裁通知的答复当作答辩书对待,只要对该仲裁通知的答复同样符合本条第2款的要求。

2. 答辩书应对仲裁申请书中(b)项至(e)项(第20条第2款规定)的特定内容作出答复。答辩书应尽可能附具被申请人所依据的所有文件和其他证据,或注明这些文件和证据的来源出处。

3. 被申请人可在其答辩书中提出反请求或基于一项仲裁请求而提出抵消要求,仲裁庭根据情况决定延迟是正当的,被申请人还可在仲裁程序的稍后阶段提出反请求或基于一项仲裁请求而提出抵消要求,只要仲裁庭对此拥有管辖权。

4. 第20条第2款至第4款的规定应适用于反请求、根据第4条第2款(f)项提出的仲裁请求,以及为抵消目的而提出的请求。

对仲裁请求或答辩的变更

第22条

在仲裁程序进行过程中,当事人可更改或补充其仲裁请求或答辩,包括更改或补充反请求或为抵消目的而提出的请求,除非仲裁庭考虑到所提出的更改或补充过迟或对其他当事人造成损害,或者考虑到其他任何情况而认为不宜允许此种更改或补充。但是,对仲裁请求或答辩提出更改或补充,包括对反请求或为抵消目的而提出的请求提出更改或补充,不得使更改后或补充后的仲裁请求或答辩超出仲裁庭的管辖权。

对仲裁庭管辖权的抗辩

第23条

1. 仲裁庭有权力对其自身管辖权作出裁定,包括对与仲裁协议的存在或效力有关的任何异议作出裁定。为此目的,构成合同一部分的仲裁条款,应视为独立于合同中其他条款的一项协议。仲裁庭作出合同无效的裁定,不应自动造成仲裁条款无效。

2. 对仲裁庭无管辖权的抗辩,至迟应在答辩书中提出,涉及反请求或为抵消目的而提出的请求的,至迟应在对反请求或对为抵消目的而提出的请求的答复中提出。一方当事人已指定或参与指定一名仲裁员,不妨碍其提出此种抗辩。对仲裁庭超出其职权范围的抗辩,应在所指称的超出仲裁庭职权范围的事项在仲裁程序期间出现后尽快提出。仲裁庭认为延迟是正当的,可在上述任一情形中准许延迟提出抗辩。

3. 对于第2款述及的抗辩,仲裁庭既可作为先决问题作出裁定,也可在实体裁决书中作出裁定。即使法院审理对其仲裁庭管辖权的任何异议待决,仲裁庭仍可继续进行仲裁程序并作出仲裁裁决。

进一步书面陈述

第24条

仲裁庭应决定,除仲裁申请书和答辩书之外,还应要求各方当事人提交何种进一步书面陈述,或者各方当事人可提交何种进一步书面陈述,并应确定传递这些书面陈述的期间。

期间

第25条

仲裁庭确定的传递书面陈述(包括仲裁申请书和答辩书)的期间不得超过45天。但是,仲裁庭认为延长期间正当的,可以延长该期间。

临时措施

第26条

1. 经一方当事人请求,仲裁庭可准予临时措施。

2. 临时措施是仲裁庭在下达决定争议的终局裁决之前的任何时候下令一方当事人采取的任何临时性措施,比如且不限于:

(a)争议未决之前维持或恢复现状;

(b)采取行动防止,或者避免采取行动造成:(i)当前或即将

发生的损害,或(ii)对仲裁过程本身的妨碍;

(c)为其后使用资产执行仲裁裁决提供一种资产保全手段;或者

(d)保全与解决争议可能有关的实质性证据。

3. 当事人请求采取根据第2款(a)项至(c)项采取临时措施,应使仲裁庭确信:

(a)如果不下令采取此种措施,所造成的损害可能无法通过损害赔偿裁决加以充分补偿,而且此种损害大大超出如果准予采取此种措施可能给该措施所针对的一方当事人造成的损害;并且

(b)请求方当事人有在仲裁请求实体上获胜的合理可能性。对此种可能性的判定,不得影响仲裁庭以后作出任何裁定的裁量权。

4. 对于根据第2款(d)项请求采取的临时措施,第3款(a)项和(b)项的要求只应在仲裁庭认为适当的范围内适用。

5. 经任何一方当事人申请,仲裁庭可修改、中止或终结其准予的临时措施,或者在特殊情况下经事先通知各方当事人,仲裁庭可自行主动修改、中止或终结其准予的临时措施。

6. 一方当事人提出临时措施请求,仲裁庭可要求其为该措施提供适当担保。

7. 请求或准予临时措施所依据的情况发生任何重大变化的,仲裁庭可要求任何一方当事人迅速披露此种情况。

8. 如果仲裁庭事后确定,在当时的情况下本不应准予临时措施,则提出临时措施请求的一方当事人可能须对此种措施给任何当事人造成的任何费用和损失承担赔偿责任。仲裁庭可在程序进行期间随时就此种费用和损失作出裁决。

9. 任何一方当事人向司法当局提出临时措施请求,不得视为与仲裁协议不符,或视为放弃仲裁协议。

证据

第 27 条

1. 每一方当事人应对其仲裁请求或答辩所依据的事实负举证责任。

2. 当事人提出的就任何事实问题或专业问题向仲裁庭作证的证人,包括专家证人可以是任何个人,无论其是否为仲裁的一方当事人或是否与一方当事人有任何关系。除非仲裁庭另有指示,证人的陈述,包括专家证人的陈述,可以书面形式呈递,并由其本人签署。

3. 在仲裁程序进行期间的任何时候,仲裁庭均可要求各方当事人在应由仲裁庭决定的期限内出示文件、证物或其他证据。

4. 仲裁庭应就所出示证据的可采性、关联性、实质性和重要性作出决定。

开庭审理

第 28 条

1. 进行开庭审理的,仲裁庭应将开庭日期、时间和地点充分提前通知各方当事人。

2. 对证人包括对专家证人的听讯,可按照仲裁庭确定的条件和方式进行。

3. 各方当事人未另外约定的,审理不公开进行。仲裁庭可在任何证人包括专家证人作证时,要求其他证人包括其他专家证人退庭,但证人包括专家证人为仲裁一方当事人的,原则上不应要求其退庭。

4. 对证人包括对专家证人的讯问,仲裁庭可指示采用电信方式(例如视频会议)进行,不要求其亲自到庭。

仲裁庭指定的专家

第29条

1. 经与各方当事人协商后,仲裁庭可指定独立专家一人或数人以书面形式就仲裁庭需决定的特定问题向仲裁庭提出报告。仲裁庭确定的专家职责范围应分送各方当事人。

2. 原则上,专家应在接受任命之前向仲裁庭和各方当事人提交一份本人资质说明以及本人公正性和独立性声明。各方当事人应在仲裁庭规定的时间内,向仲裁庭说明其对专家资质、公正性或独立性是否持有任何反对意见。仲裁庭应迅速决定是否接受任何此种反对意见。专家任命之后,一方当事人对专家的资质、公正性或独立性提出反对意见,只能依据该当事人在专家任命作出之后才意识到的原因。仲裁庭应迅速决定将采取何种可能的行动。

3. 各方当事人应向专家提供任何有关资料,或出示专家可能要求其出示的任何有关文件或物件供专家检查。一方当事人与专家之间关于提供所要求的资料和出示文件或物件的必要性的任何争议,应交由仲裁庭决定。

4. 仲裁庭应在收到专家报告时将报告副本分送各方当事人,并应给予各方当事人以书面形式提出其对该报告的意见的机会。当事人应有权查阅专家在其报告中引以为据的任何文件。

5. 专家报告提交后,经任何一方当事人请求,专家可在开庭时听询,各方当事人应有机会出庭并质询专家。任何一方当事人均可在此次开庭时委派专家证人出庭,就争议点作证。本程序应适用第28条的规定。

缺席审理

第30条

1. 在本《规则》或仲裁庭确定的期间内:

(a)申请人未递交仲裁申请书,不表明充分理由的,仲裁庭应下令终止仲裁程序,除非尚有未决事项可能需作出决定,且仲裁庭认为就未决事项作出决定是适当的;

(b)被申请人未递交对仲裁通知的答复或答辩书,不表明充分理由的,仲裁庭应下令继续进行仲裁程序,不递交答复或答辩书之事本身不应视为承认申请人的主张;申请人未就反请求或为抵消目的提出的请求提交答辩书的,也适用本项规定。

2. 一方当事人经根据本《规则》适当通知后仍未出庭,不就此表明充分理由的,仲裁庭可继续进行仲裁程序。

3. 一方当事人经仲裁庭适当请求仍未在规定期限内出示文件、证物或其他证据,不就此表明充分理由的,仲裁庭可依据已提交给仲裁庭的证据作出裁决。

开庭终结

第 31 条

1. 仲裁庭可询问各方当事人是否有任何进一步证据要提出、是否有其他证人要听讯或者是否有其他材料要提交,没有的,仲裁庭即可宣布开庭终结。

2. 仲裁庭认为因特殊情形有必要的,可自行决定或经一方当事人申请后决定,在作出裁决之前的任何时候重新进行开庭审理。

放弃异议权

第 32 条

任何一方当事人未能迅速对不遵守本《规则》或仲裁协议任何要求的任何情形提出异议,应视为该当事人放弃提出此种异议的权利,除非该当事人能够证明,其在当时情况下未提出异议有正当理由。

第四章　裁　　决

决定

第33条

1. 仲裁员不止一名的,仲裁庭的任何裁决或其他决定均应以仲裁员的多数作出。

2. 出现程序问题时,达不到多数的,或者经仲裁庭授权,首席仲裁员可单独作出决定,但仲裁庭可作出任何必要修订。

裁决的形式和效力

第34条

1. 仲裁庭可在不同时间对不同问题分别作出裁决。

2. 所有仲裁裁决均应以书面形式作出,仲裁裁决是终局的,对各方当事人均具有拘束力。各方当事人应毫不延迟地履行所有仲裁裁决。

3. 仲裁庭应说明裁决所依据的理由,除非各方当事人约定无须说明理由。

4. 裁决书应由仲裁员签名,并应载明作出裁决的日期和指明仲裁地。仲裁员不止一名而其中有任何一名仲裁员未签名的,裁决书应说明未签名的理由。

5. 裁决可经各方当事人同意之后予以公布,为了保护或实施一项法定权利,或者涉及法院或其他主管机关法律程序的,也可在法定义务要求一方当事人披露的情况下和限度内予以公布。

6. 仲裁庭应将经仲裁员签名的裁决书发送各方当事人。

适用法律,友好和解人

第35条

1. 仲裁庭应适用各方当事人指定适用于实体争议的法律规则。各方当事人未作此项指定的,仲裁庭应适用其认为适当的法律。

2. 只有在各方当事人明确授权仲裁庭的情况下,仲裁庭才应作为友好和解人或按照公平合理原则作出裁决。

3. 所有案件中,仲裁庭均应按照所订立的合同条款作出裁决,并应考虑到适用于有关交易的任何商业惯例。

和解或其他终止程序的理由

第36条

1. 裁决作出之前,各方当事人就争议达成和解协议的,仲裁庭应下令终止仲裁程序,或者经各方当事人请求并经仲裁庭接受,应记录此项和解协议并按照和解协议条款作出仲裁裁决。仲裁庭无须对此项裁决说明理由。

2. 裁决作出之前,仲裁程序不是由于第1款提及的原因而不必继续或不可能继续的,仲裁庭应将其下达程序终止令的意图通知各方当事人。仲裁庭有权力下达此项命令,除非尚有未决事项可能需作出决定,且仲裁庭认为就未决事项作出决定是适当的。

3. 仲裁程序终止令或按照和解协议条款作出的仲裁裁决书,经仲裁员签名后,应由仲裁庭发送各方当事人。按照和解协议条款作出仲裁裁决书的,应适用第34条第2款、第4款和第5款的规定。

裁决书的解释

第37条

1. 一方当事人可在收到裁决书后30天内,在通知其他各方当事人后,请求仲裁庭对裁决书作出解释。

2. 裁决书解释应在收到请求后45天内以书面形式作出。裁决书解释应构成裁决书的一部分,并应适用第34条第2款至第6款的规定。

裁决书的更正

第38条

1. 一方当事人可在收到裁决书后30天内,在通知其他各方当事人后,请求仲裁庭更正裁决书中的任何计算错误、任何笔误或排印错误,或任何类似性质的错误或遗漏。仲裁庭认为此项请求有正当理由的,应在收到请求后45天内作出更正。

2. 仲裁庭可在发送裁决书后30天内,自行主动作出此种更正。

3. 此种更正应以书面形式作出,并应构成裁决书的一部分。应适用第34条第2款至第6款的规定。

补充裁决

第39条

1. 一方当事人可在收到终止令或裁决书后30天内,在通知其他各方当事人后,请求仲裁庭就仲裁程序中提出而仲裁庭未作决定的请求作出裁决或补充裁决。

2. 仲裁庭认为裁决或补充裁决请求有正当理由的,应在收到请求后60天内作出裁决或补充完成裁决。如有必要,仲裁庭可延长其作出裁决的期限。

3. 作出此种裁决或补充裁决时,应适用第34条第2款至第6款的规定。

费用定义

第40条

1. 仲裁庭应在最终裁决书中并在其认为适当的其他任何决定中确定仲裁费用。

2. "费用"一词仅包括:

(a)按每一仲裁员分别开列并由仲裁庭根据第41条自行确定的仲裁庭收费;

(b)仲裁员所花费的合理旅费和其他开支;

(c)仲裁庭征询专家意见的合理费用和所需其他协助的合理费用;

(d)证人的合理旅费和其他开支,以仲裁庭核准的开支额度为限;

(e)各方当事人与仲裁有关的法律费用和其他费用,以仲裁庭确定的此种费用的合理数额为限;

(f)指定机构的任何收费和开支,以及常设仲裁院秘书长的收费和开支。

3. 对于第 37 条至第 39 条述及的任何裁决书的解释、更正或补充完成,仲裁庭可收取第 2 款(b)项至(f)项述及的费用,但不得额外收费。

仲裁员的收费和开支

第 41 条

1. 仲裁员的收费和开支数额应合理,需考虑到争议金额、案件复杂程度、仲裁员花费的时间以及案件的其他任何有关情况。

2. 有指定机构,且该指定机构对确定国际案件仲裁员收费适用或已声明将适用某一收费表或特定方法的,仲裁庭确定其收费时,应在仲裁庭认为适合案件情况的额度内,考虑到该收费表或方法。

3. 仲裁庭组成后,仲裁庭应将其如何确定收费和开支的提议,包括仲裁庭打算适用的任何费率,迅速通知各方当事人。收到该提议后 15 天内,任何一方当事人均可将该提议提请指定机构审查。收到审查请求后 45 天内,如果指定机构认为仲裁庭的提议与第 1 款不一致,指定机构应对该提议作出任何必要调整,该调整对仲裁庭具有约束力。

4.

(a)向各方当事人通知根据第40条第2款(a)项和(b)项确定的仲裁员收费和开支时,仲裁庭还应解释相应金额的计算方式。

(b)收到仲裁庭收费和开支确定方法后15天内,任何一方当事人均可将此种确定方法提请指定机构审查。未约定或未指派指定机构的,或者指定机构在本《规则》列明的期限内不作为的,应由常设仲裁院秘书长审查。

(c)如果指定机构或常设仲裁院秘书长认为仲裁庭确定的费用和开支与仲裁庭根据第3款提议的费用和开支(及其任何调整)不一致,或者明显过高,指定机构或常设仲裁院秘书长应在收到审查请求后45天内,对仲裁庭的确定方法作出任何必要调整,使之符合第1款的标准。任何此种调整对仲裁庭具有约束力。

(d)仲裁庭应将任何此种调整写入裁决书,裁决书已下达的,应适用第38条第3款规定的程序对裁决书作出更正,完成此种调整。

5. 在根据第3款或第4款进行的整个程序中,仲裁庭应根据第17条第1款继续进行仲裁程序。

6. 根据第4款提请的审查,不得影响裁决书中除仲裁庭收费和开支之外的其他任何事项的裁决,也不得延迟除收费和开支的确定之外裁决书中所有部分的承认和执行。

费用分担

第42条

1. 仲裁费用原则上应由败诉一方或败诉各方负担。但是,仲裁庭考虑到案件具体情况,认为分摊费用合理的,仲裁庭可裁决在当事人之间分摊每一项此种费用。

2. 仲裁庭应在最终裁决书中,或者在其认为适当的其他任何裁决中,裁决一方当事人须根据费用分摊决定向另一方当事人支付的任何数额。

费用交存

第 43 条

1. 仲裁庭可在其成立时要求各方当事人交存相等数额款项,以此作为第 40 条第 2 款(a)项至(c)项述及费用的预付金。

2. 仲裁程序进行期间,仲裁庭可要求各方当事人交存补充费用预付金。

3. 已约定或指派指定机构的,在一方当事人请求且指定机构也同意履行职责时,仲裁庭应同指定机构协商后方能确定任何交存款或补充交存款的数额,指定机构可就此项交存款或补充交存款的数额向仲裁庭提出其认为适当的任何意见。

4. 要求交存的款项未在接到付款要求后 30 天内缴齐的,仲裁庭应将此事通知各方当事人,以便一方或多方当事人可缴付要求交付的款项。不缴付此款项的,仲裁庭可下令暂停或终止仲裁程序。

5. 仲裁庭应在下达终止令或作出最终裁决后,将所收交存款账单送交各方当事人,并将任何未用余额退还各方当事人。

* 合同中的示范仲裁条款载于本《规则》附件。

** 第 11 条规定的独立性声明范文载于本《规则》附件。

附件

合同中的示范仲裁条款

任何争议、争执或请求,凡由于本合同而引起的或与之有关的,或由于本合同的违反、终止或无效而引起的或与之有关的,均应按照《联合国国际贸易法委员会仲裁规则》仲裁解决。

注 —各方当事人应当考虑增列:

(a)指定机构应为……(机构名称或人名);

(b)仲裁员人数应为……(一名或三名);

(c)仲裁地应为……(城市和国家);

(d)仲裁程序中使用的语言应为……。

可考虑增列的放弃声明

注 —如果当事人希望排除可能根据适用法律对仲裁裁决提出的追诉,可以考虑加上一则条文,大意如下文所提议,但须考虑到此种排除条文的效力和条件取决于适用法律。

放弃

各方当事人放弃其就一项裁决向任何法院或其他主管机构提起任何形式追诉的权利,但根据适用法律放弃无效的除外。

根据《规则》第 11 条作出的独立性声明范文

无情况披露

本人公正不偏,独立于每一方当事人,今后亦将如此行事。尽本人所知,过去、现在均不存在会对本人公正性或独立性产生有正当理由怀疑的任何情形。本案仲裁期间随后一旦出现可能引起本人注意的任何此种情形,本人当迅速通知各方当事人和其他仲裁员。

有情况披露

本人公正不偏,独立于每一方当事人,今后亦将如此行事。根据《联合国国际贸易法委员会仲裁规则》第 11 条,谨此附上有关以下方面的声明:(a)本人过去、现在与各方当事人在专业、业务和其他方面的关系,和(b)其他任何有关情形。[列入声明]本人确认,这些情形不影响本人的独立性和公正性。本案仲裁期间随后一旦出现可能引起本人注意的任何此种进一步关系或情形，本人当迅速通知各方当事人和其他仲裁员。

注 —任何一方当事人均可考虑要求仲裁员对独立性声明作出如下补充：

本人确认，根据本人目前掌握的情况，本人可以投入必要时间，按照本《规则》确定的时限，勤勉、高效地进行本案仲裁。

附录 F

国际仲裁机构

领先的国际仲裁机构

美国仲裁协会（AAA）/国际争议解决中心（ICDR）

1633 Broadway, 10th Floor

New York, NY 10019 - 6708

USA

Telephone：+1（212）716 5800

Fax：+1（212）716 5905

Website：<http://www.adr.org>

国际投资争端解决中心（ICSID）

1818 High Street NW MSN U3 - 301 Washington, D. C. 20433 USA

Telephone：+1（202）458 1534

Fax：+1（202）522 2615

Website：<http://www.worldbank.org/icsid/>

国际商会（ICC）

38, Cours Albert ler

FR – 75008 Paris

France

Telephone：+33（1）49 53 29 05

Fax：+33（1）49 53 29 33

Website：< http://www. iccwbo. org >

伦敦国际仲裁院（LCIA）

70 Fleet Street

London EC4Y 1EU

United Kingdom

Telephone：+44（0）20 7936 6200

Fax：+44（0）20 7936 6211

Website：< http://www. lcia. org >

海牙常设仲裁法院（PCA）

Peace Palace

Carnegieplein 2

2517 KJ The Hague

Netherlands

Telephone：+31 70 302 4165

Fax：+31 70 302 4167

Website：< http://www. pca – cpa. org >

新加坡国际仲裁中心（SIAC）

32 Maxwell Road

#02 – 01，Maxwell Chambers

Singapore 069115

Telephone：+65 6221 8833

Fax：+65 6224 1882

Website：< http://www. siac. org. sg >

联合国国际贸易法委员会(UNCITRAL)

Vienna International Centre

P. O. Box 500

A – 1400 Vienna

Austria

Telephone： +43 1 26060 4060/4061

Fax： +43 1 26060 5813

Website： < http://www. uncitral. org >

世界知识产权组织(WIPO)

34 Chemin des Colombettes

CH – 1211 Geneva 20

Switzerland

Telephone： +41 22 338 9111

Fax： +41 22 733 5428

Website： < http://www. wipo. int >

区域性、专门及其他国际仲裁机构

专家协会(Academy of Experts,前英国专家协会,British Academy of Experts)

3 Gray's Inn Square

London WC1R 5 AH

United Kingdom

Telephone： +44 (0)20 7430 0333

Fax： +44 (0)20 7430 0666

Website： < http://www. academy – experts. org >

澳大利亚国际商事仲裁中心(ACICA)

Level 16, 1 Castlereagh Street

Sydney NSW 2000

Australia

Telephone：+61 (0)2 9223 1099

Fax：+61 (0)2 9223 7053

Website：< http://www. acica. org. au >

巴塞罗那仲裁院（Barcelona Arbitral Tribunal，TAB）

c. Pau Claris，165，7° piso

08037 Barcelona

Spain

Telephone：+34 93 319 8117

Fax：+34 93 315 2418

Website：< http://www. tab. es >

巴西 – 加拿大国际商会仲裁与调解中心（CAM – CCBC）

Rua do Rócio，220 – 12° andar – cj. 121

São Paulo，SP 04552 – 000

Brazil

Telephone：+55 11 4058 – 0413

Website：< www. ccbc. org. br >

不列颠哥伦比亚国际商事仲裁中心（British Columbia International Commercial Arbitration Centre，BCICAC）

348 – 1275 West 6th Avenue

Vancouver，BC V6H 1A6

Canada

Telephone：+1 (604) 684 2821

Fax：+1 (604) 736 9233

Website：< http://www. bcicac. com >

开罗地区国际商事仲裁中心（CRCICA）

1，Al – Saleh Ayoub Street

Zamalek, Cairo 11211

Egypt

Telephone: +202 2735 1333/1335

Fax: +202 2735 1336

Website: <http://www.crcica.org.eg>

英国有效争议解决中心(CEDR)

International Dispute Resolution Centre

70 Fleet Street

London EC4Y 1EU

United Kingdom

Telephone: +44 (0)20 7536 6000

Fax: +44 (0)20 7536 6001

Website: <http://www.cedr.com>

英国皇家特许仲裁员协会

International Arbitration Centre

12 Bloomsbury Square

London WC1A 2LP

United Kingdom

Telephone: +44 (0)20 7421 7444

Fax: +44 (0)20 7404 4023

Website: <http://www.ciarb.org>

中国国际经济贸易仲裁委员会(CIETAC)

6/F, CCOIC Building, No. 2

Huapichang Hutong

Xicheng District

Beijing, 100035

China

Telephone: +86 10 6464 6688

Fax: +86 10 8221 7766

Website: <http://www.cietac.org>

国际体育仲裁院(Court of Arbitration for Sports, CAS)

Château de Béthusy

Avenue de Beaumont 2

CH - 1012 Lausanne

Switzerland

Tel: +4121 613 50 00

Fax: +41 21 613 50 01

Website: <http://www.tas-cas.org>

捷克农商会仲裁院(Czech Republic Court of Arbitration at the Economic Chamber and Agricultural Chamber)

Dlouha 13

11000 Prague 1

Czech Republic

Telephone: +420 222 333 340

Fax: +420 222 333 341

Website: <http://www.arbcourt.cz>

迪拜国际金融中心-伦敦国际仲裁院(DIFC-LCIA)

Ground Level, Building 4, The Gate District

PO Box 211724

Dubai International Financial Centre

Telephone: +971 4 427 3376

Fax: +971 4 427 3380

Website: <http://www.difc-lcia.org>

迪拜国际仲裁中心(DIAC)

Dubai Chamber of Commerce & Industry

Baniyas Road, Deira

P. O. Box 1457

Dubai, United Arab Emirates

Telephone： +971 (0)4 202 8343

Fax： +971 (0)4 202 8668/669

Website： <http://www. diac. ae/>

欧洲－阿拉伯仲裁体系(Euro – Arab Arbitration System)

c/o The Arab – British Chamber of Commerce

43 Upper Grosvenor Street

London W1K 2NJ

United Kingdom

Telephone： +44 (0)171 235 43 63

Fax： +44 (0)171 245 66 88

Website： <http://www. abcc. org. uk>

法国－阿拉伯商会(Franco – Arab Chamber of Commerce)

250 bis, boulevard Saint – Germain

75007 Paris

France

Telephone： +33 1 45 53 2012

Fax： +33 1 47 55 0959

Website： <http://www. ccfranco – arabe. org>

德国仲裁院(DIS)

Beethovenstraße 5 – 13

50674 Köln

Germany

Telephone： +49 (0)221 28 55 20

Fax：+49 (0)221 28 55 2222

Website：< http://www. dis - arb. de >

香港国际仲裁中心(HKIAC)

38th Floor, Two Exchange Square

Connaught Place, Central

Hong Kong, S. A. R.

China

Telephone：+852 2525 2381

Fax：+852 2524 2171

Website：< http://www. hkiac. org >

匈牙利商会仲裁院(Hungarian Chamber of Commerce Court of Arbitration)

Kossuth Lajos tér 6 - 8

1055 Budapest

Hungary

Telephone：+36 1 474 5141

Fax：+36 1 474 5105

Website：< http://www. mkik. hu >

印度商会仲裁理事会(Indian Chamber of Commerce Council of Arbitration)

ICC Towers

4, India Exchange Place

Kolkata - 700001

India

Telephone：+91 33 2230 32 42 - 44

Fax：+91 33 223 13377/13380

Website：< http://www. indianchamber. org >

美洲国家商事仲裁委员会(IACAC)

OAS Administrative Building, Rm. 211

19th and Constitution, N. W.

Washington, D. C. 20006

USA

Telephone: +1 (202) 458 3249

Fax: +1 (202) 458 3293

Website: < http://www. sice. oas. org/dispute/comarb/iacac/iacacle. asp >

国际冲突防范与解决委员会(CPR)

575 Lexington Avenue, 21st Floor

New York, N. Y. 10022

USA

Telephone: +1 (212) 949 6490

Fax: +1 (212) 949 8859

Website: < http://www. cpradr. org >

JAMS 国际

70 Fleet Street

London, UK EC4Y 1EU

United Kingdom

Telephone: +44 207 583 9808

Fax: +44 207 936 3325

Website: < http://www. jamsinternational. com >

日本商事仲裁协会(Japan Commercial Arbitration Association, JCAA)

3rd Floor, Hirose Building

3 – 17, Kanda Nishiki – cho, Chiyoda – ku

Tokyo 101－0054

Japan

Telephone：+86 (0)3 (5280) 5160

Fax：+86 (0)3 (5280) 5161

Website：<http://www.jcaa.or.jp>

耶路撒冷仲裁中心（Jerusalem Arbitration Centre，JAC）

JAC ISRAEL：+972－77－4507080

JAC PALESTINE：+972－2－2987105

Website：<http://www.jac-adr.com>

吉隆坡区域仲裁中心（KLRCA）

Bangunan Sulaiman

Jalan Sultan Hishamuddin

50000 Kuala Lumpur

Malaysia

Telephone：+60 3 242 0103

Fax：+60 3 242 4513

Website：<http://www.klrca.org>

大韩商事仲裁院（Korean Commercial Arbitration Board，KCAB）

Samseong－dong，Trade Tower

43rd Floor，511，Yeongdong－daero

Gangnam－gu，Seoul 06164

Republic of Korea

Tel：+82－2－551－2000

Fax：+82－2－551－2020

Website：<http://www.kcab.or.kr/>

伦敦国际仲裁院－毛里求斯国际仲裁中心（LCIA－MIAC）

Level 3, Unit B3

Cyber Tower 1

Cybercity, Ebène

Republic of Mauritius

Telephone: +230 467 3030

Fax: +230 467 3031

Website: <http://www.lcia-miac.org>

米兰商会仲裁院(Milan Chamber of National and International Arbitration)

Via Meravigli, 9/b

20123 Milan

Italy

Telephone: +39 (0)2 8515 4536

Fax: +39 (0)2 8515 4384

Website: <http://www.mi.camcom.it>

荷兰仲裁协会(NAI)

Aert van Nasstraat 25 J/K

3012 CA Rotterdam

The Netherlands

Telephone: +31 10 281 6969

Fax: +31 10 281 6968

Website: <http://www.nai-nl.org>

俄罗斯仲裁协会(RAA)

Lesnaya Plaza, office 405

4 Lesnoy pereulok, 4

125047, Moscow

Russia

Website：< http://arbitrations. ru/en >

俄罗斯联邦工商会国际商事仲裁院（ICAC）

Ulitsa Iliyinka 6

Moscow 109012

Russian Federation

Telephone：+7 (495) 620 0007

Fax：+7 (495) 620 0153

Website：< http://www. tpprf – mkac. ru >

南非仲裁员协会（South African Association of Arbitrators）

3rd Floor, Sandown House

Norwich Close

Sandown, 2196

South Africa

Telephone：+27 (0)11 884 9164

Fax：+27 (0)11 884 9167

Website：< http://www. arbitrators. co. za >

斯德哥尔摩商会仲裁院（SCC）

P. O. Box 16050

SE – 103 21 Stockholm

Sweden

Telephone：+46 (0)8 555 100 50

Fax：+46 (0)8 566 316 50

Website：< http://www. sccinstitute. com >

瑞士商会仲裁院（SCAI）

4 bd du théâtre

P. O. Box 5039

CH – 1211 Geneva 11

Switzerland

Website: <https://www.swissarbitration.org>

维也纳国际仲裁中心(VIAC)

Wiedner Hauptstrasse 63

1045 Vienna

Austria

Telephone: +43 (0)5 90900 4397

Fax: +43 (0)5 90900 216

Website: <http://www.viac.eu>

附录 G

国际仲裁与协议管辖条款相关著述

注:未对初校版本作修改,此处省略

附录 H

提交仲裁的协议之示范条款

本协议由[甲公司]与[乙公司]于____日订立。

目前在当事人之间存在因缔结于[具体日期]的合同而产生的或与该合同有关的争议（“本争议”）。本争议的简要描述请见本协议附件1。

当事人在此同意仲裁，并将争议与当事人各自的主张提交仲裁予以最终解决。仲裁地为[　　]。

仲裁应当由按照本协议约定方法指定的三位仲裁员审理。[甲公司]在此指定[　　]的[　　]作为仲裁员，[乙公司]在此指定[　　]的[　　]作为仲裁员。上述两位指定的仲裁员应当在本协议订立之日起的[30]天内共同以书面形式指定第三位仲裁员。如果两位指定的仲裁员不能在本协议订立之日起的[30]天内共同以书面形式指定第三位仲裁员，则在本协议任一当事人的申请下，第三位仲裁员应由[填入指定机构]指定。

如仲裁庭因仲裁员死亡、辞任、拒绝履职或失去履职行为能力而出现空缺，该空缺应通过对应原仲裁员之产生方式予以填补。如果通过该方式未能完成指定，则由[填入指定机构]指定以填补仲裁庭空缺。

仲裁庭依多数仲裁员的意见作出裁决。在无法形成多数意见的情况下,首席仲裁员应当如同独任仲裁员一般作出决定。

完成指定仲裁员之后,仲裁庭应当开始就当事人之间本争议及主张进行审理和决定。在审理时,仲裁庭应当在当事人之间保持公平、公正,给予双方当事人陈述其案情及回应对方的合理机会。仲裁庭应当采取适合本争议情形的程序,避免不必要的拖延或费用。

仲裁庭审理本争议及主张时应依据[　　]的法律。

在不影响当事人约定相关事宜的权利的情况下,仲裁庭有权决定所有程序及实体问题,包括:

a. 程序的任何部分在何时、何地举行;

b. 程序中使用的语言以及相关文件是否需要提交翻译;

c. 是否需要提交书面意见,以及,如需要时,以何种形式提交、在何时提交、提交后在何种程度上可以修改;

d. 当事人证据发现所涵盖的文件或文件类型的范围;

e. 相关当事人是否应接受书面质询以及在何时、以何种形式进行书面质询;

f. 就任何书面或口头材料的可采性、关联性及证据效力,是否适用严格的(或其他)证据规则,以及该等材料应交换和陈明的时间、方式和形式;

g. 仲裁庭是否及在何种程度上自行查明事实和法律;

h. 是否以及在何种程度上需要书面或口头的证据或陈述。

仲裁庭[应][不应]有权裁决一方当事人其全部或部分法律费用。

仲裁庭应当在裁决中决定仲裁有关的费用和支出,每一方当事人同意支付该等款项的一半。如果仲裁庭发出指令,胜诉方应当支付全部仲裁有关的费用和支出,仲裁裁决中可决定由败诉方将该等款项的一半补偿给胜诉方。

仲裁庭的裁决是终局的,对各方当事人具有约束力。各方当事人同意遵守并执行仲裁庭作出的任何裁决,仲裁裁决可由任何有管辖权的法院进行判决登记。

当事人同意,其之间的本争议应由仲裁庭作出的裁决予以最终解决,并在此排除行使任何适用法下任何有管辖权的法院挑战仲裁庭裁决的权利。

于20 ____年____月____日签署

________代表甲公司并为其利益

________代表乙公司并为其利益

附录 I

仲裁机构示范仲裁条款

美国仲裁协会(AAA)

因本合同引起的或与本合同有关的任何争议或请求,均应提交美国仲裁协会根据《美国仲裁协会商事仲裁规则》[或其他仲裁规则]进行仲裁予以解决。仲裁裁决可在任何有管辖权的法院执行。

斯德哥尔摩商会仲裁院(SCC)

因本合同引起的或与本合同有关的任何争议、分歧或请求,或违约、终止、无效,应当根据《斯德哥尔摩商会仲裁院仲裁规则》提交仲裁予以最终解决。

建议的补充:

—仲裁庭应由三位/独任仲裁员组成。

—仲裁地为[　　]。

—仲裁程序中适用的语言为[　　]。

—本合同应当适用[　　]的实体法。

澳大利亚国际商事仲裁中心(ACICA)

因本协议引起、与之相关或有关联的任何争议、分歧,包括其成立、效力或解除等问题,应根据《澳大利亚国际商事仲裁中心仲裁规则》提交仲裁解决。仲裁地为澳大利亚悉尼[或选择其他城市]。仲裁语言为英语[或选择其他语言]。仲裁员数量为一[或者三,或者删除本句,从而适用《澳大利亚国际商事仲裁中心仲裁规则》第10条]。

不列颠哥伦比亚国际商事仲裁中心(BCICAC)

凡由本协议或与本协议相关或由之引起的法律关系而引起、或与之相关的任何争议,应根据不列颠哥伦比亚国际商事仲裁中心(BCICAC)的《国际商事仲裁规则》提交仲裁予以最终解决。指定机构为BCICAC。仲裁案件应当由BCICAC依据其规则管理。仲裁地为加拿大不列颠哥伦比亚省的温哥华。

建议当事人考虑将以下事项并入合同仲裁条款:

—实体准据法或合适的法律;

—程序适用法;

—仲裁员人数;

—仲裁员或首席仲裁员的特殊资格,包括但不限于语言、技术资质;

—仲裁的语言;

—开庭地点。

开罗地区国际商事仲裁中心(CRCICA)

凡由本协议及其解释、履行、终止、效力引起的或相关的任何争议、分歧或请求,应当根据《开罗地区国际商事仲裁中心仲裁规则》提交仲裁予以解决。

中国国际经济贸易仲裁委员会(CIETAC)

凡因本合同引起的或与本合同有关的任何争议,均应提交中国国际经济贸易仲裁委员会,按照申请仲裁时该会现行有效的仲裁规则进行仲裁。仲裁裁决是终局的,对双方均有约束力。

或者：

凡因本合同引起的或与本合同有关的任何争议，均应提交中国国际经济贸易仲裁委员会________分会（仲裁中心），按照仲裁申请时中国国际经济贸易仲裁委员会现行有效的仲裁规则进行仲裁。仲裁裁决是终局的，对双方均有约束力。

迪拜国际仲裁中心（DIAC）

因本合同引起的或与本合同有关的任何争议，包括关于合同签订、履行、解释、撤销、终止或无效的任何争议均应适用《迪拜国际仲裁中心仲裁规则》（“仲裁规则”），由根据仲裁规则选定的一名或多名仲裁员仲裁予以解决。

德国仲裁院（DIS）

与本合同有关的，包括关于合同效力的任何争议均应适用《德国仲裁院仲裁规则》进行仲裁予以最终解决，无须提交法院审理。

当事人应当考虑以下内容——尤其涉及外国因素时：

—仲裁地为……

—仲裁员数量为……

—仲裁程序的语言为……

—适用的实体法为……

香港国际仲裁中心（HKIAC）

由香港国际仲裁中心管理的仲裁：

凡因本合同所引起的或与之相关的任何争议、纠纷、分歧或索赔，包括合同的存在、效力、解释、履行、违反或终止，或因本合同引起的或与之相关的任何非合同性争议，均应提交香港国际仲裁中心管理的机构仲裁，并按照提交仲裁通知时有效的《香港国际仲裁中心机构仲裁规则》最终解决。

适用联合国国际贸易法委员会仲裁规则的仲裁:

凡因本合同所引起或与之相关的任何争议、纠纷、分歧或索赔,包括合同的存在、效力、解释、履行、违反或终止,或因本合同引起的或与之相关的任何非合同性争议,均应提交由香港国际仲裁中心管理的机构仲裁,并按照提交仲裁通知时有效的并经《香港国际仲裁中心〈联合国国际贸易法委员会仲裁规则〉下仲裁管理程序》修订的《联合国国际贸易法委员会仲裁规则》最终解决。

—本仲裁条款适用的法律为……(香港法)。

—仲裁地应为……(中国香港特别行政区,香港国际仲裁中心)。

—仲裁员人数为……名(一名或三名)。

—仲裁程序应按照(选择语言)来进行。

国际争议解决中心(ICDR)

因本合同引起的或与本合同有关的任何争议或请求,均应按照《国际争议解决中心国际仲裁规则》提交仲裁予以解决。

当事人应考虑加入:

a.“仲裁员人数为(一名或者三名)”;

b.“仲裁地为[　　　]”;或者

c.“仲裁语言为________。”

国际投资争端解决中心(ICSID)

[缔约国]的[政府]/[组成部门或机关](以下简称“东道国”)和[投资者](以下简称“投资者”)特此同意接受国际投资争端解决中心(以下简称“中心”)的管辖,由其根据《解决国家与他国国民间投资争端公约》(以下简称“公约”),通过[调解]/[仲裁][(如选择调解)如果调解委员会未能在规定的期限内解决争议,则通过仲裁]解决由本合同引起或与本合同有关的任何争议。

国际商会(ICC)

仲裁:凡产生于本合同或与本合同相关的一切争议,均应按照国际商会仲裁规则,由依据该规则指定的一名或数名仲裁员终局解决。

排除紧急仲裁员的仲裁:凡产生于本合同或与本合同相关的一切争议,均应按照国际商会仲裁规则,由依据该规则指定的一名或数名仲裁员终局解决。紧急仲裁员之规定不得适用。

JAMS 国际

因本合同产生的或与本合同有关的任何争议、矛盾、请求,包括合同缔结、解释、违约或终止的争议,包括仲裁请求是否可仲裁的争议,均应适用《JAMS 国际仲裁规则》提交仲裁予以最终解决。仲裁庭由[3 名仲裁员][1 名独任仲裁员]组成。仲裁地为[填入地点]。国际仲裁程序的工作语言应为[填入语言]。仲裁裁决可在任何有管辖权的法院执行。

吉隆坡区域仲裁中心(KLRCA)

因本合同产生的或与本合同有关的任何争议、矛盾或请求,或其违反、终止或无效,均应根据《吉隆坡区域仲裁中心仲裁规则》提交仲裁予以解决。

伦敦国际仲裁院-毛里求斯国际仲裁中心(LCIA-MIAC)

凡因本合同产生的或与本合同相关的任何争议,包括合同的成立、效力或终止,均应根据《伦敦国际仲裁院-毛里求斯国际仲裁中心仲裁规则》提交仲裁予以最终解决。该仲裁规则应被视为本仲裁条款的一部分。

—仲裁员人数为[一名/三名]。

—仲裁地为[城市及/或国家]。

—仲裁语言为[　　]。

—本合同的适用法为[　　]的实体法。

伦敦国际仲裁院(LCIA)

凡因本合同引起的或者与本合同相关的任何争议,包括合同的成立、效力或终止问题,均应根据届时有效的《伦敦国际仲裁院仲裁规则》提交仲裁以最终解决,该仲裁规则应被视为本仲裁条款的一部分。

荷兰仲裁协会(NAI)

与本合同以及其未来的补充协议有关的任何争议,均应适用《荷兰仲裁协会仲裁规则》提交仲裁予以解决。

当事人还可以约定以下事项:

—仲裁庭由一位/三位仲裁员组成。

—仲裁地为……(城市)。

—仲裁程序应以……语言进行。

—排除适用依据《荷兰民事诉讼法》第 1046 条及《荷兰仲裁协会仲裁规则》第 39 条的合并仲裁程序机制。

海牙常设仲裁法院(PCA)

因本合同产生的或与本合同有关的任何争议、分歧、请求,或与之相关的违约、终止、效力争议,均应按照 2012 年《海牙常设仲裁法院仲裁规则》提交仲裁予以最终解决。

新加坡国际仲裁中心(SIAC)

凡因本合同引起的或者与本合同相关的任何争议,包括合同的成立、效力或终止问题,均应根据届时有效的《新加坡国际仲裁中心仲裁规则》(简称“新仲规则”)提交新加坡国际仲裁中心(简称“新仲”)进行仲裁以最终解决,该新仲规则应被视为本仲裁条款的一部分。

—仲裁地为[新加坡]。

—仲裁庭由[一名/三名]仲裁员组成。

—仲裁语言采用[　　　]。

瑞士商会仲裁院(SCAI)

凡因本合同引起的或与本合同有关的任何争议、分歧或请求,包括合同的效力、无效、违反或终止,均应根据提交仲裁通知时有效的《瑞士商会仲裁院国际仲裁规则》进行仲裁予以解决。

—仲裁员人数为……(“一名”、“三名”或“一名或三名”);

—仲裁地为……(瑞士的[某城市],除非当事人约定其他国家);

—仲裁程序应以……(相应语言)进行。

联合国国际贸易法委员会(UNCITRAL)仲裁规则

任何争议、争执或请求,凡由于本合同而引起的或与之有关的,或由于本合同的违反、终止或无效而引起的或与之有关的,均应按照《联合国国际贸易法委员会仲裁规则》仲裁解决。

注 —各方当事人应当考虑增列:

(a)指定机构应为……(机构名称或人名);

(b)仲裁员人数应为……(一名或三名);

(c)仲裁地应为……(城市和国家);

(d)仲裁程序中使用的语言应为……。

维也纳国际仲裁中心(VIAC)

因本合同产生的或与本合同有关的任何争议或请求,包括合同效力、违约、终止或无效的争议,均应适用《维也纳国际仲裁中心仲裁规则》,由根据该规则任命的一名或三名仲裁员仲裁解决。

可考虑补充的条款:

a. 仲裁员人数为……(一人或者三人);

b. 适用法为……的实体法;

c. 仲裁程序中适用的语言为……

世界知识产权组织(WIPO)

凡因本协议或其后续修订引起的或与之有关的任何争议、分歧或请求,包括但不限于合同成立、效力、约束力、解释、履行、违约或非契约性请求,均应根据《世界知识产权组织仲裁规则》提交仲裁予以最终解决。仲裁庭应由[一位]/[三位]仲裁员组成。仲裁地为[　　]。仲裁程序适用的语言为[　　]。争议、分歧或请求应依据[填入法域]的法律进行审理。

附录 J

代表性的国际仲裁条款

本附录收录的条款旨在为特定案件中更为详细的分析和起草提供基础。特定条款的效力、有用性取决于个人情形、适用的国家法律及其他因素。在使用特定条款前,应当进行咨询分析并征询专家意见。

起草国际协议管辖条款(第二章)

排他的协议管辖条款

排他地约定特定法域的法院:

> 双方同意,与本协议有关的任何争议应由________法院排他地解决,不得诉诸其他法院。
>
> The parties agree that any dispute relating to this Agreement shall be resolved exclusively by the courts of ________, and no others.

或者:

> ________法院应当就与本合同有关的所有争议行使排他的管辖权。
>
> The courts of ________ shall have exclusive jurisdiction over all disputes relating to this Agreement.

或者:

> 与本合同有关的所有争议应由________的法院(而非其他法院)排他地解决。[各方均不可撤销地提交________法院管辖,以解决此争议。]
>
> All disputes relating to this Agreement shall be resolved exclusively by the courts of ________, and no others. [Each of the parties irrevocably submits to the jurisdiction of the courts of ________ for the purpose of resolving such disputes.]

或者:

> 因本合同产生的或与本合同有关的任何法律行动或程序("程序"),各方均不可撤销地向享有排他管辖权的________法院提出,并放弃基于诉讼地或程序在不适宜法院提起等事由提出任何异议的权利。
>
> In relation to any legal action or proceedings arising out of or in connection with this Agreement ("Proceedings"), each of the parties irrevocably submits to the exclusive jurisdiction of the ________ courts with regard to such Proceedings and waives any objections to Proceedings on the grounds of venue or on the grounds that proceedings have been brought in an inappropriate forum.

非排他的协议管辖条款

非排他地约定特定法域的法院:

> 凡与本协议有关的任何争议,各方均向________法院(非排他管辖)提出。
>
> The parties submit to the non – exclusive jurisdiction of the courts of ________ for any disputes relating to this Agreement.

或者:

> 与本合同有关的任何争议,各方应不可撤销地提交________法院非排他管辖。
>
> The parties irrevocably submit to the non – exclusive jurisdiction of the courts of ________ for any disputes relating to this Agreement.

或者:

________法院对与本合同有关的法律行动拥有非排他的管辖权,且不影响任何一方在任何其他有管辖权的法院开展诉讼的权利。

The courts of ________ shall have non – exclusive jurisdiction to decide actions relating to this Agreement, without prejudice to the right of either party to commence such actions in any other court of competent jurisdiction.

或者:

与本合同有关的所有争议,均可由任何一方提交________法院非排他管辖。[双方不可撤销地将争议提交享有非排他管辖权的________法院,以解决此争议。]本条项下任何内容均不影响任何一方将此争议提交给任何其他有管辖权的法院。

All disputes relating to this Agreement may be submitted by either party to the non – exclusive jurisdiction of the courts of ________. [The parties irrevocably submit to the non – exclusive jurisdiction of the courts of ________ for the purpose of resolving such disputes.] Nothing contained herein shall affect the rights of either party to submit any such dispute to any other courts of competent jurisdiction.

或者:

因本合同产生的或与本合同有关的任何法律行动或程序("程序"),各方均不可撤销地向享有非排他管辖权的________法院提出,但该等起诉不影响各方向法律规定的其他任何有管辖权的法院启动程序的权利。

In relation to any legal action or proceedings arising out of or in connection with this Agreement ("Proceedings"), each of the parties irrevocably submits to the non – exclusive jurisdiction of the courts of ________ save that this submission shall not affect the right of any party to take Proceedings in any other court or courts having jurisdiction, to the extent permitted by law.

协议管辖条款的范围

约定宽泛的管辖法院范围:

> 与本合同及本合同相关事宜有关的、或因之产生的所有争议、请求、矛盾、分歧,均应受________法院之排他[或非排他]管辖。
>
> All disputes, claims, controversies, and disagreements relating to or arising out of this Agreement, or the subject matter of this Agreement, shall be subject to the exclusive [or non - exclusive] jurisdiction of the courts of ________, and no others.

以普通法视角约定宽泛的管辖法院范围:

> 与本合同有关的所有争议,均应受________法院之排他[或非排他]管辖。
>
> All disputes relating to this Agreement shall be subject to the exclusive [or non - exclusive] jurisdiction of the courts of ________.

排除特定类型的争议:

> 与本合同有关的所有争议,除本合同第三条项下的请求[或本合同第四条项下的付款请求]外,应排他地在________法院解决。
>
> All disputes relating to this Agreement, with the exception of claims arising under Article III [or: claims for payment under Article IV], shall be resolved exclusively in the courts of ________.

不对称的协议管辖条款

允许一方在其他司法区主张权利:

> 各方同意,与本合同有关的所有争议应排他性地在________法院解决,但[甲方]有权任意在任何有管辖权的法院提起诉讼,包括但不限于________和________法院。
>
> The parties agree that all disputes relating to this Agreement shall be resolved exclusively in the courts of ________, provided however that [Party A] shall be also free to pursue claims in any court of competent jurisdiction, including without limitation to the courts of ________ and ________.

类似表达如：

各方同意，与本合同有关的所有争议应排他性地在________法院解决，除非[甲方]选择在________提起诉讼。 The parties agree that all disputes relating to this Agreement shall be resolved exclusively in the courts of ________, unless [Party A] chooses to bring action in ________.

一个适用于英格兰法的示范条款如下：

本合同及对本合同的解释应适用英格兰法，且各方不可撤销地同意，仅为贷款人一方之利益，英格兰法院有权解决因本合同产生的或与本合同有关的任何争议；相应地，因本合同产生的或与本合同有关的任何诉讼或程序（在本[X]条中称为"程序"），均可提交英格兰法院，公司特此不可撤销地服从该等法院的管辖。 本[X]条中的任何内容均不得限制贷款人在任何其他有管辖权的法院对公司提起诉讼的权利；贷款人在一个或多个法域内提起程序，也不得排除其在任何其他法域、同时或非同时提起程序之权利。 This Agreement shall be governed by and construed in accordance with English Law and the parties irrevocably agree for the exclusive benefit for the lenders that the courts of England are to have jurisdiction to settle any disputes which may arise out of or in connection with this Agreement and that accordingly any suit, or proceeding arising out of or in connection with this Agreement (in this Article [X] referred to as "Proceedings") may be brought in such courts and the Company hereby irrevocably submit to the jurisdiction of such courts. Nothing contained in this Article [X] shall limit the right of the Lender to take Proceedings against the Company in any other court of competent jurisdiction, nor shall the taking of proceedings in one or more jurisdictions preclude the taking of Proceedings in any other jurisdiction, whether concurrently or not.

允许一方选择仲裁（而非诉讼）解决未来争议：

各方不可撤销地服从________法院的非排他管辖，以解决与本合同有关的任何争议、请求或分歧。尽管有上述约定，[甲方]有权单方选择将与本合同有关的任何争议、请求或分歧提交仲裁予以最终解决……如果[乙方]在[甲方]提交仲裁的同时或之前提交诉讼，[乙方]应立即采取一切必要措施终止和撤销诉讼。

> The parties irrevocably submit to the non - exclusive jurisdiction of the courts of ________ for resolution of any disputes, claims or controversies relating to this Agreement. Notwithstanding the foregoing sentence, and at the sole option of [Party A], any disputes, claims or controversies relating to this Agreement shall be finally resolved by arbitration. …If a court action has been initiated by [Party B] prior to or at the time that [Party A] elects to submit the dispute(s) to arbitration, then [Party B] shall forthwith take all necessary steps to discontinue and dismiss such court action.

确保不对称条款符合《布鲁塞尔一号条例》明确性的要求(第44/2001/EC 号条例第31 条第17 条,重编排的1215/2012/EU 版本的第19 条):

> 与本合同有关的所有争议均应提交________法院。本条款仅为________一方之利益,其保留选择将任何此类争议提交给任何其他有管辖权的法院之权利。
>
> All disputes relating to this Agreement shall be submitted to the courts of ________. This provision is for the sole benefit of ________, which shall retain the option of submitting any such disputes to any other courts of competent jurisdiction.

约定被告所在地法院管辖的条款如下:

> 买方提起的与本合同有关的任何诉讼应提交________[或者:卖方主要营业地]法院;卖方提起的与本合同有关的任何诉讼应提交________[或者:买方主要营业地]法院。
>
> Any suit relating to this Agreement brought by Buyer shall be brought in ________ [or: the place where Seller's principal place of business is located]; any suit relating to this Agreement brought by Seller shall be brought in ________ [or: the place where Buyer's principal place of business is located].

送达程序的合意

就约定的法院地的送达程序约定特定的代理：

________在此不可撤销地指定、任命和授权________（截至本日在________设有办事处）作为其代理人，在________进行的任何诉讼或相关程序中就其财产、代表其收取任何送达的法律程序、传票、通知和任何可能在此类诉讼或相关程序中送达的文件，并同意代理人未能通知________任何此类送达不会减损或影响送达的有效性。________进一步不可撤销地同意，如第[X]条列出的法院通过已登记或核实的邮件（邮费预付）寄送副本至第[X]条载明的地址进行送达的，该送达在邮寄后 30 天生效。如果由于任何原因________将不再作为代理人，________同意在________中以相同条件和目的指定新的代理人。

________ irrevocably designates, appoints, and empowers ________, with offices on the date hereof at ________, as its agent with respect to any action or proceeding in ________ to receive, on its behalf, and in respect of its property, service of any and all legal process, summons, notices, and documents which may be served in any such action or proceeding and agrees that the failure of the agent to notify ________ of any such service of process will not impair or affect the validity of service. ________ further irrevocably consents to the service of process out of any of the courts listed in Article [X] by the mailing of copies by registered or certified mail, postage prepaid, to ________ at its address set forth in Article [X], such service to become effective 30 days after such mailing. If for any reason ________ shall cease to be available to act as agent, ________ agrees to designate a new agent in ________ on the same terms and for the same purposes.

供当事人在英格兰使用的条款范例如下：

________特此不可撤销地任命________的________为其在英格兰就与本合同有关的送达程序的代理人。至上述地址向________的送达程序，为任何目的，均应视为妥当和有效的送达，且该送达的完成不受是否转送________或是否为其接收的任何影响。

________ hereby irrevocably appoints ________ of ________ as his agent for the service of process in England in connection with this Agreement. Service of process on ________ at the above address shall be deemed, for all purposes, to be due and effective service, and service

shall be deemed completed whether or not forwarded to or received by ________.

主权豁免的放弃

标准的放弃主权豁免约定:

各方同意,本协议管辖条款适用的事项属于商业交易,并同意在依据本协议管辖条款等提起的诉讼有关的法域,各方不得主张并确认放弃诉讼、执行、诉前、判决后扣押或其他法律程序中的任何豁免权。 The parties agree that the matters that are subject to this choice of court agreement are commercial transactions and agree not to claim and to waive any immunity from suit, execution, pre – judgment, or post – judgment attachment, or the legal process in any jurisdiction in connection with any litigation between the parties pursuant to this choice of court agreement or otherwise.

供在美国使用的示范条款如下:

借款人在本协议下的义务适用民法和商法。借款人执行、交付和履行本协议的行为构成私人商业行为,而非公共政府行为。在任何法域的任何诉讼、管辖、判决、扣押(无论判决前还是判决后)、抵销或执行、其他法律程序、或与借款人在本协议项下义务有关的救济中,借款人及其财产或收入均无权且不得主张任何豁免。 The Borrower is subject to civil and commercial law with respect to its obligations under this Agreement. The execution, delivery, and performance by the Borrower of this Agreement constitute private and commercial acts rather than public or governmental acts. Neither the Borrower, nor any of its Properties or revenues, is entitled to or will claim any right of immunity in any jurisdiction from suit, jurisdiction, judgment, attachment (whether before or after judgment), set – off, or execution of a judgment or from any other legal process or remedy relating to the obligations of the Borrower under this Agreement.

供英格兰法下使用的示范条款如下:

在诉讼、执行、扣押(无论是判决前或判决后协助执行)或其他法律程序中,借款人在任何法域内可以就其自身或其资产主张的豁免权,或者在任何法域内其自身或其资产可以获得的任何豁免权(无论

其是否主张)，借款人在该法域的法律允许的最大范围内，不可撤销地同意不予主张该等豁免权，并不可撤销地放弃该等豁免权。

To the extent that the Borrower may in any jurisdiction claim for itself or its assets immunity from suit, execution, attachment (whether in aid of execution, before judgment or otherwise), or other legal process and to the extent that in any such jurisdiction there may be attributed to itself or its assets any such immunity (whether or not claimed), the Borrower hereby irrevocably agrees not to claim and hereby irrevocably waives such immunity to the full extent permitted by the laws of such jurisdiction.

不方便法院原则的放弃

关于放弃不方便法院原则抗辩的约定:

各方不可撤销地放弃并同意不基于不方便法院原则、法院不便利原则提出主张，或提出转移或变更诉讼地的主张。

Each party irrevocably waives any right to invoke, and agrees not to invoke, any claim of *forum non conveniens*, inconvenient forum, or transfer or change of venue.

陪审团审理的放弃

约定放弃陪审团审理:

[借款人]明确放弃由陪审团审理与本合同有关争议的任何权利，并同意不寻求或主张此类权利。

[Borrower] expressly waives any right to a trial by jury with respect to disputes relating to this Agreement, and agrees not to seek or claim any such right.

或者:

本合同的各方放弃由陪审团审理因本合同或任何当事人之间与本合同事项相关的任何交易而产生的请求或主张的权利。本弃权的范围应全面涵盖可能在任何法院提交的与本合同事项或贷款文件有关的任何及所有争议，包括但不限于合同索赔、侵权索赔，以及所有其他普通法下索赔及法定索赔。本弃权是不可撤销的，即不能以口头或书面形式进行修改，并且本弃权适用于本合同的任何后续修订、补充或修改,或与本交易相关的任何其他文件或合同。各方认可其已就本条款咨询了律师,并且自觉自愿订立本条款。

Each party to this Agreement waives its prospective right to a jury trial of any claim or cause of action arising out of this Agreement, or any dealings between any of the parties hereto relating to the subject matter of this Agreement. The scope of this waiver is intended to be all – encompassing of any and all disputes that may be filed in any court and that relate to the subject matter of this Agreement or the loan documents, including, without limitation, contract claims, tort claims, and all other common law and statutory claims. This waiver is irrevocable, meaning that it may not be modified either orally or in writing, and this waiver shall apply to any subsequent amendments, supplements or modifications to this Agreement, or to any other document or agreement relating to the transactions. The parties acknowledge that they have consulted with legal counsel regarding this provision and that they have freely and voluntarily entered into it.

申请临时救济程序中适用协议管辖条款

在协议管辖条款中排除临时救济:

本协议中的任何内容均不得阻止任何一方向任何有管辖权的法院申请临时救济,包括但不限于任何申请初步禁令救济的主张。

Nothing in this Agreement shall prevent either party from applying to a court that would otherwise have jurisdiction for provisional or interim measures, including but not limited to any claim for preliminary injunctive relief.

允许授权人在合同约定法院地外就未经授权使用其知识产权的行为寻求救济:

与本合同有关的所有争议应排他地在________法院解决;但未经许可或以其他方式未经授权使用[商标]的请求可在任何有管辖权的法院提出。

All disputes relating to this Agreement shall be resolved exclusively in the courts of ________, provided that claims alleging unlicensed or otherwise unauthorized use of the [Trademarks] may be asserted in any court of competent jurisdiction.

或者：

> 与本合同有关的所有争议(除第[X]条项下的请求外)均应排他地在________法院解决。
>
> All disputes relating to this Agreement (with the exception of claims arising under Article [X]) shall be resolved exclusively in the courts of ________.

约定当事人所在地及简单法律选择的条款：

> 与本合同有关的所有争议均受________法院的排他管辖，并适用________法律审理。
>
> All disputes relating to this Agreement shall be subject to the exclusive jurisdiction of the courts of ________, and shall be decided in accordance with the laws of ________.

起草国际仲裁协议

仲裁协议的范围

拓展仲裁协议范围：

> 与本合同有关的或因本合同产生的争议、请求、矛盾、分歧，以及任何有关本合同的事项，均应提交仲裁予以最终解决……
>
> All disputes, claims, controversies, and disagreements relating to or arising out of this Agreement, or the subject matter of this Agreement, shall be finally resolved by arbitration. …

或者：

> 与本合同有关的或因本合同产生的任何争议、请求、矛盾、分歧，包括合同的缔结、成立、效力、执行、履行和终止，以及任何有关本合同的事项，均应提交仲裁予以最终解决……
>
> All disputes, claims, controversies, and disagreements relating to or arising out of this Agreement (including the formation, existence, validity, enforceability, performance, or termination of this Agreement), or the subject matter of this Agreement, shall be finally resolved by arbitration. …

另一种简明的示例如下:

> 任何与本合同有关的争议均应提交仲裁予以最终解决。
>
> All disputes relating to this Agreement shall be finally resolved by arbitration.

从仲裁范围中排除某些争议:

> 除本合同[第X(2)条]约定的,排除适用本合同[第X(1)条]仲裁协议的请求之外,任何与本合同有关的或因本合同产生的争议、请求、矛盾、分歧均应提交仲裁予以最终解决……
>
> With the exception of those claims which are specifically excluded (pursuant to [Article X(2)] below) from arbitration under this [Article X(1)]. All disputes, claims, controversies, and disagreements relating to or arising out of this Agreement shall be finally resolved by arbitration. ...

或者:

> 根据本合同[第5条、第7条和……]提出的请求不属于本合同中仲裁协议的适用范围。
>
> Claims under the following Articles of this Agreement are specifically excluded from arbitration hereunder: [Articles V, VII, and ...]

知识产权禁令救济

就侵犯知识产权时为寻求禁令救济增加灵活性:

> 任何违反第[X]条的[有关商标、专利、商业秘密、著作权的]行为都将对[许可人]造成不可挽回的损失。尽管有本合同第[Y]条之仲裁协议,对于任何违反本合同第[X]条规定的行为,许可人除享有本合同规定的权利外,还有权向任何有管辖权的法院申请获得第[X]条项下救济及其他有权获得的临时救济。
>
> And violation of Article [X] hereof [relating to trademarks, patents, trade secrets, copyrights] would cause irreparable injury to [Licensor]. [Licensor] may, in addition to any other rights under this Agreement and notwithstanding the arbitration agreement contained in this Article [Y], seek specific performance of Article [X] and any other available provisional relief in any court of competent jurisdiction against any violation of such Article [X].

根据触发救济权利的时点对争议事项作出区分:

> 在仲裁庭组成前,任何一方有权向有管辖权的法院申请临时措施。在仲裁庭组成后,仅仲裁庭有权审议和批准临时措施。
>
> Prior to the appointment of the arbitrator(s), either party may seek provisional or interim measures from any court of competent jurisdiction. After the appointment of the arbitrator(s), the arbitrator(s) shall have exclusive power to consider and grant requests for provisional or interim measures.

知识产权的有效性

将知识产权效力和权属排除在仲裁协议范围之外:

> 除"商标许可争议"(定义见下文)之外,因本合同产生的或与本合同有关的所有争议应根据[填入机构仲裁规则]提交仲裁予以最终解决。"商标许可争议"包括与知识产权的权属、效力以及注册有关的所有争议。
>
> All disputes arising out of or relating to this Agreement, except "Licensed Mark Disputes" (as defined below), shall be finally resolved by arbitration in accordance with [identify institutional rules]. "Licensed Mark Disputes" shall constitute all disputes relating to the Licensor's ownership of, the validity of, or the registration of any Licensed Mark.

与上述条款搭配,就知识产权效力或权属争议约定特定法院管辖:

> 所有"商标许可争议"均应由[　　]进行[排他性][非排他性]管辖。
>
> All Licensed Mark Disputes shall be subject to the [exclusive] [non-exclusive] jurisdiction of ________.

付款义务的排除

将付款义务排除在仲裁协议之外:

> 除本合同第[X]条规定的买方付款义务之外,因本合同产生的或与本合同有关的所有请求、矛盾、争议和分歧均应提交仲裁予以最终解决……

> With the exception of Buyer's payment obligations under Article [X] hereof, all claims, controversies, disputes, and disagreements arising under or relating to this Agreement shall be finally resolved by arbitration in accordance with...

与上述条款搭配,就付款义务约定特定法院管辖:

> 所有因第[X]条规定的买方付款义务而引起的或与之相关的争议均应由________法院进行[排他性][非排他性]管辖。
>
> All disputes [arising under] [in connection with] the Buyer's payment obligations under Article [X] hereof shall be subject to the [exclusive] [non-exclusive] jurisdiction of the courts of ________.

临时仲裁

UNCITRAL 临时仲裁条款:

> 任何争议、争执或请求,凡由于本合同而引起的或与之有关的,或由于本合同的违反、终止或无效而引起的或与之有关的,均应按照现行有效的《联合国国际贸易法委员会仲裁规则》仲裁解决。指定机构应为[机构名称或人名]。仲裁员人数应为[一名或三名]。仲裁地应为[城市和国家]。仲裁程序中使用的语言应为________。仲裁程序适用的法律为________。
>
> Any dispute, controversy, or claim arising out of or relating to this contract, or the breach, termination or invalidity thereof, shall be settled by arbitration in accordance with the UNCITRAL Arbitration Rules as at present in force. The appointing authority shall be [name of institution or person]. The number of arbitrators shall be [one or three]. The place of arbitration shall be [town and country]. The language to be used in the arbitral proceedings shall be ________. The law governing the proceedings shall be ________.

临时仲裁条款:

> 与本合同有关的或因本合同产生的所有争议、请求、矛盾、分歧,或本合同项下事宜,均应提交仲裁予以最终解决。仲裁地应为________。仲裁程序语言为________。
>
> 仲裁程序自申请人向被申请人送达仲裁申请书开始。仲裁申请书中应包括仲裁的当事人、仲裁协议、准据法,请求的性质,以及所请

求的救济,并应附随本仲裁协议的副本。在收到仲裁申请书之后的[30]天内,被申请人应当向申请人送达答辩书,并同时提交任何反请求申请,说明反请求的性质和所请求的救济。

仲裁员的人数为三人,仲裁员的任命规则如下:(a)申请人应在仲裁申请书中指定一名边裁,被申请人应在答辩书中指定一名边裁,被指定的两名边裁应在被申请人送达答辩书后[30]天内指定第三名仲裁员作为首席仲裁员;(b)如果任何一方当事人未能在[上述期限]内指定边裁,经另一方当事人书面请求,该边裁应由[填入指定机构]指定;(c)如果双方当事人指定的两名边裁未能在第二名边裁产生后[30]天内就首席仲裁员的人选达成一致意见,经任何一方当事人书面请求,首席仲裁员应由[填入指定机构]指定;(d)当事人基于仲裁员缺乏独立性、公正性或其他任何理由申请仲裁员回避,应由[填入指定机构]决定;(e)如果仲裁庭出现仲裁员空缺,该空缺应根据最初指定该仲裁员的方式填补。首席仲裁员不得与两名边裁或当事人国籍相同。

根据本第[X]条进行的任何仲裁中的程序事项,均应经双方当事人同意;如双方当事人未能达成一致,则由仲裁庭决定。任何一方当事人之违约均不影响仲裁员继续仲裁并作出裁决。

仲裁庭可以根据多数意见作出决定。如果无法形成多数意见,首席仲裁员可以行使独任仲裁员相同的权力,由其自行作出决定。当当事人指定的仲裁员未能参与或拒绝参与仲裁审理时,若另外两名仲裁员认定该等缺席无正当理由,那么另外两名仲裁员可以继续仲裁并作出裁决。

仲裁庭根据本第[X]条作出的任何仲裁裁决均是终局的,对双方当事人均有约束力。双方当事人在法律允许的最大范围内放弃其在任何法域下可能拥有的任何形式的对仲裁裁决提起上诉、申请撤销仲裁裁决、申请中止或终止仲裁裁决、请求法院改判或推翻仲裁裁决、以及其他挑战仲裁裁决结果的权利。

All disputes, claims, controversies, and disagreements relating to or arising out of this Agreement, or the subject matter of this Agreement, shall be finally resolved by arbitration. The seat of the arbitration shall be ________. The language of the arbitration shall be ________.

The arbitration shall be commenced by a request for arbitration delivered by the claimant to the respondent. The request for arbitration shall set out the parties to the arbitration, the agreement to arbitrate, the applicable law, the general nature of the claim(s), and the relief requested, and shall attach a copy of this Agreement. Within [30] days of receipt of the request for arbitration, the respondent shall deliver to the claimant an answer together with any counterclaim(s), setting out the nature of the counterclaim(s) and the relief requested.

The number of arbitrators shall be three. The arbitrators shall be appointed as follows: (a) the claimant shall appoint an arbitrator in the request for arbitration, and the respondent shall appoint an arbitrator in the answer, and the two arbitrators so appointed shall, within [30] days of delivery of the answer, appoint a third arbitrator who shall be the presiding arbitrator; (b) if either party fails to appoint an arbitrator within [the foregoing time limits], such arbitrator shall, at the written request of that other party, be appointed by [insert appointing authority]; (c) if the two arbitrators appointed by the parties fail to agree upon the presiding arbitrator within [30] days of the appointment of the second arbitrator, the third arbitrator shall be appointed at the written request of either party by [insert appointing authority]; (d) any challenge to an arbitrator for lack of independence or impartiality, or any other ground, shall be decided by [insert appointing authority]; and (e) if a vacancy arises on the arbitral tribunal, the vacancy shall be filled by the method by which that arbitrator was originally appointed. The presiding arbitrator shall not be of the same nationality as either of the two arbitrators or of the parties.

The procedure to be followed during any arbitration under this Article [X] shall be agreed to by the parties or, failing such agreement, by the arbitral tribunal. Default by any party shall not prevent the arbitrators from proceeding to render an award.

The arbitral tribunal may make its decision by a majority. In the event that no majority is possible, the presiding arbitrator may make the decision(s) as if acting as a sole arbitrator. If an arbitrator appointed by a party fails or refuses to participate, the two other arbitrators may proceed with the arbitration and render an award if they determine that the failure or refusal to participate was unjustified.

Any award(s) made by the arbitral tribunal under this Article [X] shall be final and binding on the parties, and each party waives to the fullest extent permitted by law any right it may otherwise have under the laws of any jurisdiction to any form of appeal, annulment, action to set - aside or vacate, collateral attack, or any other challenge to such award(s).

明确仲裁地的条款

约定仲裁地:

仲裁地(seat of the arbitration)为________。
The seat of the arbitration shall be ________.

或者:

> 仲裁地(place of arbitration)为________。
> The place of arbitration shall be ________.

约定仲裁地:

> 仲裁地应为________。方便起见,仲裁庭可以在任何其他地方举行开庭审理或会议。
> The seat of the arbitration shall be ________. The arbitrators may hold hearings or meetings in any other locations for convenience.

以被申请人住所地为仲裁地:

> 如果[甲方]提起仲裁,则仲裁地为[填入乙方的主营业地,例如新加坡],如果[乙方]提起仲裁,则仲裁地为[填入甲方的主营业地,例如意大利罗马]。
> The seat of the arbitration shall be [identify Party B's principal place of business (e. g., Singapore)], if the arbitration is commenced by [Party A], and the place of arbitration shall be [identify Party A's principal place of business (e. g. Rome, Italy)] if the arbitration is commenced by [Party B].

或者:

> 除非双方另有书面约定,仲裁地应为:(a)如许可方提起仲裁,则应为距被许可方总部最近的人口超过500,000的城市;(b)如被许可方提起仲裁,则应为________。
> Unless otherwise agreed in writing by the parties, the seat of the arbitration shall be either (a) in the case of claims initiated by Licensor, in the city with a population of 500,000 or more which is located nearest Licensee's main office, or (b) in the case of claims initiated by Licensee, in ________.

特定仲裁员

指定特定仲裁员:

> [仲裁员][独任仲裁员]为 Natascha Born 女士……
> The [arbitrator] [sole arbitrator] shall be Ms. Natascha Born...

仲裁员人数

约定仲裁员人数:

> 与本合同有关的、或因本合同产生的、或与本合同相关的任何争议、请求或矛盾,均应适用[国际商会国际仲裁院仲裁规则]由根据该仲裁规则指定的[三名仲裁员]最终解决。
>
> Any dispute, claim, or controversy relating to, arising out of, or in connection with this agreement shall be finally resolved under the [Rules of Arbitration of the International Chamber of Commerce] by [three arbitrators] appointed in accordance with the said Rules.

或者:

> 与本合同有关的、或因本合同产生的、或与本合同相关的任何争议、请求或矛盾,均应适用[新加坡国际仲裁中心仲裁规则]由根据该仲裁规则指定的[一名独任仲裁员]最终解决。
>
> Any dispute, claim, or controversy relating to, arising out of, or in connection with this agreement shall be finally resolved under the [Arbitration Rules of the Singapore International Arbitration Centre] by [a sole arbitrator] appointed in accordance with the said Rules.

仲裁员的任命方式

《UNCITRAL 仲裁规则》关于指定机构的示范条款:

> 指定机构为[机构名称或人名]。
> The appointing authority shall be [name of institution or person].

处理当事人无法就指定机构达成一致的约定：

> 如果在上述时限内没有选定仲裁员，那么[填入适宜的法院，通常为仲裁地法院]将指定此等仲裁员。
>
> If any arbitrator is not selected within the foregoing time limits, the [appropriate court (virtually in arbitral seat)] will appoint such arbitrator (s).

允许当事人指定仲裁员选择首席仲裁员的约定：

> 仲裁庭应由3名仲裁员组成。每一方当事人应选定1名仲裁员。如此产生的两名仲裁员应任命首席仲裁员。如果任何一方在收到另一方关于选定仲裁员的书面通知后的[30]天内未能选定其仲裁员，那么该仲裁员应由________指定。如果如此产生的两名仲裁员未能在第二名仲裁员产生之后的[30]天内就第三名仲裁员的人选达成一致意见，那么第三名仲裁员应由________指定。
>
> The arbitral tribunal shall be composed of three arbitrators. Each party shall appoint one arbitrator. The two arbitrators so appointed shall appoint the presiding arbitrator. If either party fails to appoint an arbitrator within [30] days of receiving written notice of the appointment of an arbitrator by the other party, such arbitrator shall be appointed by ________. If the two arbitrators to be appointed by the parties fail to agree upon a third arbitrator within [30] days of the appointment of the second arbitrator, the third arbitrator shall be appointed by ________.

或者：

> 仲裁员人数应为3人。申请人应在其[仲裁请求]中[提名][选择]一名仲裁员。被申请人应在收到[仲裁请求]之后的[30]天内[提名][选择]第二名仲裁员。[如此产生的两名仲裁员][双方]应在第二名仲裁员被[提名][选择][指定]之后的[30]天内，共同[提名][选择]担任首席仲裁员的第三名仲裁员。如果在上述期间内没有[提名][选择]仲裁员，那么[指定机构]应指定该仲裁员。
>
> The number of arbitrators shall be three. One arbitrator shall be [nominated] [selected] by the claimant in its [request for arbitration]. The second arbitrator shall be [nominated] [selected] by the respondent within [30] days of its receipt of the [request for arbitration]. The third arbitrator, who shall be the presiding arbitrator, shall be jointly [nominated] [selected] by the [two other arbitrators] [parties] within [30]

days of the [nomination] [selection] [appointment] of the second arbitrator. If any arbitrator is not [nominated] [selected] within these time periods, the [appointing authority] shall appoint such arbitrator(s).

仲裁员资质及国籍

当事人选择首席仲裁员的约定:

在仲裁开始之后的[30]天内,每一方均应[指定][选择]一名仲裁员。在选定当事人[指定][选择]的仲裁员之后,双方当事人应在[20]天之内[指定][选择]首席仲裁员。如果在以上时限内没有选定仲裁员,那么[国际争议解决中心]应根据任何一方当事人的书面请求,指定未决仲裁员。

Within [30] days after the commencement of the arbitration, each party shall [appoint] [select] an arbitrator. The parties shall then [appoint] [select] the presiding arbitrator within [20] days after selection of the party – [appointed] [selected] arbitrators. If any arbitrators are not selected within these time periods, the [International Centre for Dispute Resolution] shall, at the written request of any party, complete the appointments that have not been made.

当事人同时选择仲裁员的约定:

仲裁员的人数应为3人。每一方应[提名/选择]一名边裁。在被申请人收到仲裁请求之后的第[30]天,双方应同时交换各自[提名/选择]的边裁。在[提名/选择]两名边裁之后的[30]天内,两名边裁应[提名/选择]第三名仲裁员,该第三名仲裁员应作为首席仲裁员。如果在以上时限内没有[提名/选择]仲裁员,那么[填入指定机构]应指定该仲裁员。

The number of arbitrators shall be three. Each party shall [nominate/select] one co – arbitrator. On the [30th] day following receipt by the respondent(s) of the request for arbitration, the parties shall simultaneously exchange their respective [nomination/selection] of co – arbitrators. Within [30] days after [nomination/selection] of the two co – arbitrators, the co – arbitrators shall [nominate/select] a third arbitrator, who shall be the presiding arbitrator. If any arbitrator is not [nominated/selected] within these time periods, the [(add appointing authority)] shall appoint such arbitrator(s).

仲裁员应具备特定技术专长的约定：

> ［各仲裁员］［首席仲裁员］应为精通________的电气工程师。
>
> ［Each arbitrator］［The presiding arbitrator］shall be an electrical engineer knowledgeable in ________.

或者：

> ［各仲裁员］［首席仲裁员］应具有法律资格和［油气合同］［知识产权］［建设项目］方面的经验。
>
> ［Each arbitrator］［The presiding arbitrator］shall be legally – qualified and experienced in［oil and gas contracts］［intellectual property］［construction projects］.

禁止仲裁员与任何一方当事人为同一国籍的约定：

> 仲裁员的国籍不得为任何一方［或持有该方［5%］以上股份的任何股东］的设立地或住所地所在国家。
>
> No arbitrator shall be of the nationality of the place of incorporation or principal place of business of any of the parties［or any shareholders holding more than［5%］of such party's shares.

允许当事人排除特定国籍仲裁员的约定：

> 首席仲裁员［或独任仲裁员］不得是________的国民。
>
> The presiding［or sole］arbitrator shall not be a national of ________.

对"国籍"含义的约定：

> 为本第［X］条之目的，就仲裁员或被提名仲裁员的国籍而言，任一欧盟成员国的国民均应被视为同时具有欧盟及其各成员国的国籍。
>
> In ascertaining an arbitrator's or proposed arbitrator's nationality for purposes of this Article［X］, any national of a Member State of the European Union shall be deemed to have the nationalities of both the European Union and each of its Member States.

仲裁员的独立性和公正性

关于仲裁员独立性和公正性的约定:

> 各仲裁员都应保持公正并且独立于双方。
> Each of the arbitrators shall be and remain impartial and independent of the parties.

要求仲裁员作出正式承诺的约定:

> 在仲裁程序开始之前,各仲裁员都应宣誓或承诺保持公正。
> Prior to commencement of the arbitral proceedings, each of the arbitrators shall provide an oath or undertaking of impartiality.

仲裁语言

关于仲裁程序语言的约定:

> 仲裁语言应为________。
> The language of the arbitration shall be ________.

更详细、但可能缺乏灵活性的示范条款如下:

> 仲裁程序应以________语言进行。所有书面材料均应以________语言提交。所有证据,包括所有证人陈述,均应以________语言提交,或者随附________语言的翻译。口头证词应以________语言做出,或者由翻译员同时翻译成________语言。每一方应自行承担翻译费用。
> The arbitration proceedings shall be conducted in the ________ language. All written submissions shall be made in the ________ language. All evidence, including all witness statements, shall be submitted in the ________ language, or with a translation into the ________ language. Oral testimony shall be in the ________ language or shall be simultaneously translated into the ________ language by a translator. Each party shall bear its own translation costs.

仲裁协议和仲裁程序的适用法律

关于仲裁协议适用法的约定：

> 本第[X]条应适用________的法律。
> This Article [X] shall be governed by the laws of ________.

关于仲裁程序适用法的约定：

> 仲裁协议和仲裁程序应适用________的法律。
> The arbitration agreement and the arbitral proceedings shall be governed by the laws of ________.

关于法律费用分配的条款

胜诉方有权主张法律费用的约定：

> 胜诉方有权获得其在仲裁程序中产生的[合理的]支出的补偿，包括机构管理费和支出、仲裁员报酬和支出、律师费和支出。
> The prevailing party shall be entitled to recover its [reasonable] costs, including administrative fees and expenses, arbitrators' fees and expenses, and fees and expenses of legal representation, incurred in the arbitration proceedings.

或者：

> 仲裁庭应裁决败诉方补偿胜诉方产生的全部费用和支出(如有)。"费用和支出"意为在裁决出具之前仲裁中发生的全部合理费用，包括仲裁员报酬、机构管理费、差旅费，以及由其垫付的文印费、通讯费、法院费用、证人报酬、律师费等费用。
> The arbitral tribunal shall award to the prevailing party, if any, all of its costs and fees. "Costs and fees" means all reasonable pre – award expenses of the arbitration, including the arbitrators' fees, administrative fees, travel expenses, out – of – pocket expenses such as copying and telephone, court costs, witness fees, and costs of legal representation in the arbitration.

凡与仲裁及司法程序的法律成本及费用均由败诉方承担的约定:

> 胜诉方可得到其在第[X]条项下的任何仲裁、为执行第[X]条或为执行第[X]条下任何司法或仲裁程序中产生的裁判,而发生的律师费及相关支出的合理补偿。
>
> The prevailing party may recover its reasonable fees for legal representation and related costs in any arbitration under this Article [X] and in any action to enforce this Article [X] or any award made under this Article [X] in any judicial or arbitration proceeding.

要求当事人自担费用的约定:

> 即便[国际商会仲裁规则]存在相反规定,各当事方应负担其自身的支出和费用,包括律师费。
>
> Notwithstanding any provision to the contrary in the [ICC Arbitration Rules], each party shall bear its own costs and expenses, including fees for legal representation.

或者:

> 仲裁员报酬和支出应由各当事方均摊。各当事方应负担其在仲裁过程中的律师费和支出。仲裁庭不得分配仲裁员和当事人代理律师的报酬和支出。
>
> The fees and expenses of the arbitrators shall be borne in equal shares by the parties. Each party shall bear the fees and expenses of its legal representation in the arbitration. The arbitral tribunal shall not reallocate the fees and expenses of either the arbitrators or the parties' legal representation.

或者:

> 各当事方应负担其自身的支出和费用(包括仲裁中的律师费和支出)并均摊仲裁员报酬与支出、以及仲裁过程中的全部机构管理费和支出。
>
> Each party shall bear its own costs and expenses (including costs and expenses of legal representation in the arbitration) and an equal share of

the arbitrators' fees and expenses and all administrative fees and expenses of the arbitration.

由仲裁庭行使裁量权以分配仲裁费用及律师费的约定：

仲裁庭有权作出就仲裁程序费用在当事方之间进行分配的裁决，包括机构管理费和支出、仲裁员报酬和支出、以及律师费和支出。

The arbitrators shall have the power to make an award allocating the costs of the arbitration between the parties, including administrative fees and expenses, arbitrators' fees and expenses, and the fees and expenses of legal representation.

由仲裁庭行使裁量权以分配费用及成本（但不包括律师费）的约定：

仲裁庭可以在裁决中分配仲裁程序费用和支出，但不得分配律师费。

The arbitral tribunal may include in any award an allocation of the costs and expenses of the arbitration, but it shall not have the authority to allocate or award costs of legal representation in the arbitration.

ICSID 推荐的关于仲裁庭费用及仲裁机构管理费的条款：

在本协议下进行的任何仲裁程序中，仲裁庭成员的报酬和支出及使用本中心设施的费用应[由各当事方均摊]/[由各当事方按照下列方式分担……]。

In any arbitration proceeding conducted pursuant to this agreement, the fees and expenses of the members of the Arbitral Tribunal as well as the charges for the use of the facilities of the Centre shall be [borne equally by the parties hereto]/[divided between the parties hereto as follows:...].

关于利息的裁决

由违约方承担利息（利率及期限由仲裁庭决定）的约定：

关于给付金钱的裁决应包含自本协议下违约之日起的利息。仲裁庭应设定从违约之日至裁决中的款项付清之日间合适的利率。

Any monetary award shall include interest from the date of any breach or violation of this agreement. The arbitrator(s) shall fix the appropriate rate of interest from the date of the breach or other violation to the date when the award is paid in full.

更为详细的由违约方承担利息的约定:

仲裁庭应在裁决中包含自损失发生或违约之日至裁决中的款项付清之日间的金钱给付的利息,利率以[填入银行]位于[填入城市,国家]的主要营业点颁布的[90日大额商业贷款]的最优惠商业贷款利率、以自损失发生或违约之日至裁决作出之日利率平均值为准。

The arbitral tribunal shall include in any award of monetary damages interest from the date of loss or default until the date of payment of the award in full, at the prime commercial lending rate published by the [name of bank] at its principal office in [city, country] for [90 day commercial loans to substantial borrowers] averaged over the period from the date of the loss or the default until the date of the award.

要求违约方承担复利的约定:

仲裁庭应在裁决中包含自损失发生或违约之日至裁决中的款项付清之日间的金钱给付的赔偿利息(包括复利,如适用)。

The arbitral tribunal shall include in any award of monetary damages interest (including, if appropriate, compound interest) from the date of loss or default until the date of payment of the award.

由仲裁庭全权决定利息的约定:

仲裁庭可以裁决一方支付因裁决的金钱给付的损失而产生的单利或复利,利率以仲裁庭认定的合适利率为准,不受任何国家法院适用的法定利率限制。

The arbitral tribunal may order that simple or compound interest shall be paid by any party on any monetary amounts awarded at such rates as the arbitral tribunal determines to be appropriate without being bound by legal rates of interest applicable in any national courts.

关于裁决的比重

关于裁决中币种的约定：

> 裁决应以[欧元][美元]支付。
> Any award shall be made payable in [Euros] [U. S. Dollars].

要求裁决为自由兑换货币的约定：

> 裁决可以[任意币种][任意可自由兑换的币种]作出。
> An award may be expressed in [any currency] [any freely – convertible currency].

要求违约方承担裁决前利息的约定：

> 在第[X]条下进行的仲裁中，所有金钱给付的裁决应包含裁决前发生的利息[(包括按[日][月][年]计算的复利)]，自引起裁决的行为发生之日起以____%的利率计息。
> Any monetary award in an arbitration initiated under this Article [X] shall include pre – award interest [(including compound interest [compounded [daily] [monthly] [annually]])] at the rate of ____% from the time of the act or acts giving rise to the award.

要求全额支付（排除任何抵扣）的约定：

> 任何金钱给付之裁决应立即支付，不得抵销、扣税或作其他扣减。
> Any award of monetary relief shall be promptly paid, without any set – off, allowance for tax, or other deduction.

开示和发现

关于开示或发现指引的约定：

> 当事方有权进行合理的证据发现，包括要求对方披露相关证据。[如有证据证明有需要，仲裁庭可要求提供书面证词。]
> The parties shall be entitled to engage in reasonable discovery, including requests for the production of relevant documents. [Depositions may be ordered by the arbitrator upon a showing of need.]

关于发现或开示规则的约定:

当事方有权以[美国《联邦民事诉讼规则》][当事人直接选择适用或加以修改的其他程序法规]规定的方式进行证据发现。

The parties shall be entitled to engage in discovery as provided for by the [U. S. Federal Rules of Civil Procedure] [other procedural rules, with or without modification].

关于详细开示请求并授权仲裁庭决定开示事项的约定:

应当事方的要求,仲裁庭有要求当事方开示特定文件的自由裁量权。当事方提出文件开示要求的,应以合理的具体程度指明文件,并证明要求开示的文件与仲裁的关联性。

At the request of a party, the Tribunal shall have the discretion to order the disclosure of specified documents by the parties. Such a request shall identify the document(s) with a reasonable degree of specificity and establish the relevance of the document(s) to the arbitration.

关于授权仲裁庭在当事人合理请求后决定开示事项:

仲裁庭有权要求当事方披露相对方或仲裁庭合理要求的[文件][文件类别]。

The arbitral tribunal shall have the authority to order the parties to produce such [documents] [categories of documents] as are reasonably requested by another party by the arbitral tribunal.

关于仲裁庭有权决定开示的约定:

当事人证明其有正当的开示文件的需求时,仲裁庭有权要求开示与争议中的事项相关且重要的文件。

The arbitral tribunal shall have the authority to order production of documents relevant and material to the issues in dispute, upon the showing by either party of a justifiable need for such document(s).

关于仲裁庭有权决定口头取证程序并限定范围的约定:

仲裁庭有权要求通过对证人[或任何一方的管理层或董事]口头取证的方式进行盘问。一方当事人要求的口头取证不得超过________份。

The arbitral tribunal shall have the authority to order the examination by deposition of any witness [or officer or director of any party]. No party shall request more than ________ depositions.

约定开示及发现的指示及时限:

选定仲裁员后,当事方应尽早(最迟不晚于最后一名仲裁员选定后[30]天)同仲裁庭商讨决定证据发现事宜。各当事方有权对不超过________位潜在证人进行口头取证,提出不超过________组质询,每组质询不超过________次。仲裁庭有权决定更多的证据发现。除非仲裁庭有合理的理由延长证据发现的期限,全部证据发现工作应于最后一名仲裁员选定后________月内完成。

After the arbitrators are selected, the parties shall confer jointly with the arbitral tribunal at the earliest convenient date (not to exceed [30] days after selection of the last arbitrator) to determine the discovery that shall take place. Each party shall have the right to take no more than ________ depositions of potential witnesses, and each shall have the right to serve no more than ________ sets of interrogatories, none of which shall include more than ________ interrogatories. Additional discovery shall be in the discretion of the arbitral tribunal. All discovery shall be completed within ________ months after the selection of the last arbitrator, unless this period of time is extended by the arbitral tribunal for good cause.

排除开示或发现的约定:

当事方不得进行证据发现,仲裁庭亦无权要求发现或开示文件、证人证言或其他材料。

The parties shall not be entitled to discovery, and the arbitrators shall have no power to order discovery or disclosure of documents, oral testimony, or other materials.

《国际律师协会国际仲裁取证规则》(《IBA 取证规则》)

并入《IBA 取证规则》:

本合同下的仲裁应同时适用________规则与《国际律师协会国际仲裁取证规则》,如《国际律师协会国际仲裁取证规则》与前述规则不一致,仅就证据的出示和采信事宜而言,应以《国际律师协会国际仲裁取证规则》为准。

The IBA Rules of Evidence shall apply together with the ________ Rules governing any submission to arbitration incorporated in this contract. Where they are inconsistent with the before said ________ Rules, these IBA Rules of Evidence shall prevail but solely as regards the presentation and reception of evidence.

关于取证方法的约定:

在任何依据本协议第[X]条进行的仲裁中,关于事实证人或专家证人的直接证言,都应按照《国际律师协会国际仲裁取证规则》的规定提交书面证人陈述。仲裁庭有权变更《国际律师协会国际仲裁取证规则》中的程序规则。

Direct testimony of fact or expert witnesses shall be submitted in any arbitration pursuant to this Article [X] through written witness statements made in accordance with the procedures set forth in the IBA Rules on the Taking of Evidence in International Arbitration, as such procedures may be varied by the arbitral tribunal.

关于取得和提交书面证人陈述程序的约定:

一方当事人可按照仲裁庭的程序指令通过书面证人陈述的形式提交直接证言。提交书面证人陈述的当事人,应使证人就按照仲裁庭的指示接受交叉盘问提交相关声明。如果对方要求而证人不能参与交叉盘问,除非证明存在合理事由,应从证据中排除该书面证人陈述。

Either party may submit direct testimony through written witness statements (in accordance with procedures directed by the arbitral tribunal). Any party submitting a written witness statement shall make the witness providing any such statement available for cross - examination as directed by the arbitral tribunal. If cross - examination is requested by another party and the witness is not made available, the written witness statement shall be excluded from evidence except for good cause shown.

关于专家指南及授权仲裁庭指定专家的约定:

仲裁庭有权,[在与当事方协商后,]指定专家就仲裁中的问题向仲裁庭汇报。如果仲裁庭指定了专家,该专家应出具书面专家报告,当事方有权在仲裁庭举行的听证中询问该专家。

> The arbitral tribunal shall have the authority, [after consulting the parties,] to appoint experts to advise it with respect to any issue in the arbitration. If the arbitral tribunal appoints an expert, such expert shall render a report in writing, and the parties shall have the right to examine such expert at a hearing before the arbitral tribunal.

仲裁前通知和/或协商

关于仲裁前通知、协商及时限的约定:

> 与本合同有关的所有纠纷,应由各方当事人的管理层代表协商解决。如各方代表不能在[30]日内协商解决争议,各方均可按照本合同第[X]条将该争议提交仲裁。
>
> All disputes relating to this Agreement shall be referred to management representatives of the parties for resolution. If such representatives are unable to resolve any dispute(s) referred to them within [30] days of referral, either party may submit such dispute(s) to arbitration in accordance with the provisions of Article [X] hereof.

关于善意协商及协商无果后提起仲裁时限的约定:

> 各方应诚实善意地尽最大努力协商解决与本合同及本合同下事项有关的、或因其产生的任何争议、请求、矛盾、分歧("争议")。如任何争议不能在任何一方发出关于争议的书面通知后[45]日内解决,则应通过仲裁解决。
>
> The parties shall endeavor in good faith to resolve any dispute, claim, controversy, or disagreement relating to or arising out of this Agreement, or the subject matter of this Agreement ("Dispute"), by negotiation. Any Dispute which remains unresolved [45] days after either party gives written notice of the existence of such Dispute, shall be finally resolved by arbitration.

关于明确当事人代表级别的约定:

> 各方应尽最大努力通过友好协商解决与本协议相关的所有纠纷。如任一当事方向另一方发出发生争议的通知,各方无法在通知后的三十(30)日内解决争议,该争议应当被提交给卖方的[销售副总经理]和买方的[质量控制副总经理]。如果上述高管不能在三十(30)日内解决争议,争议应当被提交给买卖双方的[首席执行官]。如果买卖双方

的首席执行官不能在三十(30)日内解决争议,则任何一方均有权依据本协议第[X]条将本争议提交仲裁。

The parties shall use their best efforts to resolve all disputes relating to this Agreement by amicable negotiations. If either party gives notice to the other party that a dispute has arisen, and the parties are unable within thirty (30) days of such notice to resolve the dispute, then it shall be referred to [the Vice – President for Sales] of Seller and [the Vice – President for Quality Control] of Buyer. If these officers are unable within thirty (30) days to resolve the dispute, then it shall be referred to the [Chief Executive Officers] of Seller and Buyer. If the Chief Executive Officers of Seller and Buyer are unable within thirty (30) days to resolve the dispute, then either party may submit the dispute to arbitration in accordance with the provisions of Article [X] hereof.

允许协商后提起仲裁的约定:

各当事方应尝试友好解决与本协议相关的任何争议。本条款不妨害任一当事方[在任何时间][在尝试友好协商解决争议的书面通知后的________日内]依据本协议第[X]条提起仲裁。

The parties shall attempt to settle any dispute relating to this Agreement amicably. Nothing in this Article shall preclude either party from commencing arbitration in accordance with the provisions of Article [X] hereof [at any time] [within ________ days after written notice that efforts to amicably settle any dispute have commenced].

多层次争议解决条款

仲裁前依据AAA《商事调解程序规则》进行调解的约定:

各方同意,因本合同或其违约产生的或与之有关的争议,若未能直接协商解决争议,在提交仲裁前,各方应首先提交美国仲裁协会按照其《美国仲裁协会商事调解程序规则》通过调解努力解决争议。因本合同或其违约产生的或与之有关的未决争议与请求,应当提交美国仲裁协会按照《美国仲裁协会商事仲裁规则》通过仲裁解决,仲裁裁决可由任何有管辖权的法院进行判决登记。如争议各方均同意,可以请求调解程序中的调解员担任仲裁员。

If a dispute arises from or relates to this contract or the breach thereof, and if the dispute cannot be settled through direct discussions, the parties agree to endeavor first to settle the dispute by mediation administered by the American Arbitration Association under its Commercial Mediation Procedures before resorting to arbitration. Any unresolved controversy or claim arising from or relating to this contract or breach thereof shall be settled by arbitration administered by the American Arbitration Association in accordance with its Commercial Arbitration Rules, and judgment on the award rendered by the arbitrator may be entered in any court having jurisdiction thereof. If all parties to the dispute agree, a mediator involved in the parties' mediation may be asked to serve as the arbitrator.

仲裁前依据英国有效争议解决中心(CEDR)规则进行调解的约定:

各方同意,与本合同有关的争议应通过调解解决,调解按照《英国有效争议解决中心示范调解程序规则》进行。除非当事人收到争议通知后14日内另行约定,否则调解员由英国有效争议解决中心指定。调解程序开始时,一方须向争议其他方发出书面通知("ADR通知"),表明将争议提交调解。提交调解的通知副本应当发送给英国有效争议解决中心。除非当事人另行约定,调解程序应当于在不晚于ADR通知后的28日内开始。除非当事人已尝试通过调解解决争议,且调解已经终止或一方未参加调解,否则各方不得就因本合同引起的任何争议提起诉讼/仲裁,但各方提起仲裁/诉讼程序的权利不受拖延之影响。

If any dispute arises in connection with this agreement, the parties agree to enter into mediation to settle such a dispute and will do so in accordance with the CEDR Model Mediation Procedure. Unless otherwise agreed between the parties within 14 days of notice of the dispute, the mediator will be nominated by CEDR. To initiate the mediation a party must give notice in writing ("ADR notice") to the other party[ies] to the dispute, referring the dispute to mediation. A copy of the referral should be sent to CEDR. Unless otherwise agreed, the mediation will start not later than [28] days after the date of the ADR notice. No party may commence any court proceedings/arbitration in relation to any dispute arising out of this agreement until it has attempted to settle the dispute by mediation and either the mediation has terminated or the other party has failed to participate in the mediation, provided that the right to issue proceedings is not prejudiced by a delay.

仲裁前依据国际冲突防范与解决委员会(CPR)调解规则进行协商或调解的约定:

管理层间协商(A):各方应善意努力尽快通过管理层间的协商快速解决因本[协议][合同]引起的或与本[协议][合同]相关的争议,参加协商的管理层应当具备解决该争议的权限,且应比本合同的直接管理责任人级别更高。为开始协商程序,一方应当向另一方发送关于日常经营中未解决的争议之书面通知。前述通知送达后[30]日内,管理层应在双方均可接受的时间和地点会面,并可以其认为合理必要的频率继续会面,以尝试解决该争议。本条款下的所有协商均是保密的,并应当在适用的证据规则项下被视为协商与和解谈判。

调解(B):如果在协商通知送达后[45]日内未能通过前款约定的协商程序解决争议,[或者各方未在[20]日内举行会面,]各方应努力通过调解解决争议,调解应根据[现行有效的或缔约时有效的]《国际冲突防范与解决委员会调解规则》进行,[但如果一方未参加前款约定的协商程序,则另一方可以在协商通知送达后[45]日到期前启动调解程序。]除非另行约定,各方应从CPR名册中选择一名调解员。

仲裁(C):因本[协议][合同]引起的或与本[协议][合同]相关的争议,包括违约、终止或效力问题,如不能[在调解程序开始后[45]日内][在指定调解员后[30]日内]通过前款约定的调解程序解决,则应当按照[现行有效的或缔约时有效的]《国际冲突防范与解决委员会仲裁规则》(“《仲裁规则》”)仲裁解决,[仲裁庭由独任仲裁员组成][仲裁庭由3名仲裁员组成,当事人各选定1名,第三名仲裁员由当事人选定的仲裁员选定][仲裁庭由根据《仲裁规则》第5.4条规定的指定程序而确定的3名仲裁员组成][仲裁庭由3名仲裁员组成,当事人无权选定];[但如果一方未参加前款约定的协商程序或调解程序,其他方可以在前述约定的时限之前启动仲裁程序。]仲裁裁决可由任何有管辖权的法院进行判决登记。仲裁地应为(城市,国家)。仲裁语言为(语言)。

Negotiation Between Executives (A): The parties shall attempt in good faith to resolve any dispute arising out of or relating to this [Agreement] [Contract] promptly by negotiation between executives who have authority to settle the controversy and who are at a higher level of management than the persons with direct responsibility for administration of this contract. To initiate a negotiation, a party shall give the other party written notice of any dispute not resolved in the normal course of business. Within [30] days after delivery of the notice, the executives of both parties shall meet at a mutually acceptable time and place, and thereafter as often as they reasonably deem necessary, to attempt to resolve the dispute. All negotiations pursuant to this clause are confidential and shall be treated as compromise and settlement negotiations for purposes of applicable rules of evidence.

Mediation (B): If the dispute has not been resolved by negotiation as provided herein within [45] days after delivery of the initial notice of negotiation, [or if the parties failed to meet within [20] days,] the parties shall endeavor to settle the dispute by mediation under the International Institute for Conflict Prevention & Resolution ("CPR") Mediation Procedure [currently in effect OR in effect on the date of this Agreement], [provided, however, that if one party fails to participate in the negotiation as provided herein, the other party can initiate mediation prior to the expiration of the [45] days.] Unless otherwise agreed, the parties will select a mediator from the CPR Panels of Distinguished Neutrals.

Arbitration (C): Any dispute arising out of or relating to this [Agreement] [Contract], including the breach, termination or validity thereof, which has not been resolved by mediation as provided herein [within [45] days after initiation of the mediation procedure] [within [30] days after appointment of a mediator], shall be finally resolved by arbitration in accordance with the International Institute for Conflict Prevention and Resolution ("CPR") Rules for Administered Arbitration of International Disputes [currently in effect OR in effect on the date of this Agreement], by [a sole arbitrator] [three arbitrators, of whom each party shall designate one, with the third arbitrator to be appointed by CPR] [three arbitrators, of whom each party shall designate one, with the third arbitrator to be designated by the two party - appointed arbitrators] [three arbitrators to be appointed in accordance with the screened appointment procedure provided in Rule 5.4] [three arbitrators, none of whom shall be designated by either party]; [provided, however, that if one party fails to participate in either the negotiation or mediation as agreed herein, the other party can commence arbitration prior to the expiration of the time periods set forth above.] Judgment upon the award rendered by the arbitrator(s) may be entered by any court having jurisdiction thereof. The seat of the arbitration shall be (city, country). The Language of the arbitration shall be (language).

仲裁前依据国际争议解决中心(ICDR)规则进行调解的约定:

因本合同及其违约引起的或与之相关的任何争议或请求,应提交国际争议解决中心依照其《国际争议解决中心国际仲裁规则》仲裁解

决。当一方申请仲裁后,各方同意尝试通过国际争议解决中心依照其《国际争议解决中心国际调解规则》进行的调解程序解决因本合同及其违约引起的或与之相关的任何争议或请求。调解应当与仲裁同时进行,且不应作为仲裁程序任何阶段的前提条件。 Any controversy or claim arising out of or related to this contract, or a breach thereof, shall be resolved by arbitration administered by the International Centre for Dispute Resolution in accordance with its International Arbitration Rules. Once the demand for arbitration is initiated, the parties agree to attempt to settle any controversy or claim arising out of or relating to this contract or a breach thereof by mediation administered by the International Centre for Dispute Resolution under its International Mediation Rules. Mediation will proceed concurrently with arbitration and shall not be a condition precedent to any stage of the arbitration process.

仲裁前依据ICC 规则进行调解的约定:

如因本合同引起或产生与本合同相关的任何争议,各方应首先将争议按照《国际商会调解规则》的程序调解。如果争议未能在提交调解申请的[45]日内或各方书面同意的其他期限内按照上述规则得到解决,则该争议应当按照《国际商会仲裁规则》由依据该规则指定的一名或数名仲裁员终局解决。 In the event of any dispute arising out of or in connection with the present contract, the parties shall first refer the dispute to proceedings under the ICC Mediation Rules. If the dispute has not been settled pursuant to the said Rules within [45] days following the filing of a Request for Mediation or within such other period as the parties may agree in writing, such dispute shall thereafter be finally settled un - der the Rules of Arbitration of the International Chamber of Commerce by one or more arbitrators appointed in accordance with the said Rules of Arbitration.

快速仲裁及时限约定

关于快速仲裁程序的约定:

仲裁庭应当在[被申请人收到申请人发出的仲裁通知][指定[独任][首席]仲裁员]之日起________个月内作出最终裁决。 The arbitral tribunal shall make a final award within ________ months from the date of [the respondent's receipt of the claimant's notice of arbitration] [appointment of the [sole] [presiding] arbitrator].

关于快速仲裁程序的约定：

仲裁庭应当在不晚于收到申请人的仲裁请求陈述书之日起的____日内结案。除非各方另行同意，唯一一次开庭（持续不超过____日）应在不晚于仲裁庭收到申请人的仲裁请求陈述书之日起的____日内开始。仲裁庭可以出于案件公正性的需要，将听证和/或结案的日期延长共不超过____日。

The arbitrators shall conclude the arbitration no later than ____ days from the date that the claimant's statement of claim is received by the arbitrators. Unless the parties otherwise agree, a single hearing (lasting no more than ____ days) shall be conducted commencing no later than ____ days from the date that the claimant's statement of claim is received by the arbitrators. If the arbitrators determine that the interests of justice so require, they may extend the dates for the hearing and/or for conclusion of the arbitration by up to a total of ____ days.

关于快速仲裁程序（除非仲裁庭认为有必要延期）的约定：

本协议第[X]条下的仲裁之最终裁决应在指定[独任仲裁员][首席仲裁员]后的[180]日内由仲裁庭作出，除非仲裁庭出于案件公正性的需要，决定将上述期限延长[不超过[45]日]。

The final award in any arbitration under this Article [X] shall be made by the arbitral tribunal within [180] days from the appointment of the [sole arbitrator] [presiding arbitrator], unless the arbitral tribunal concludes that the interest of justice requires that such limit beextended [by an additional period not to exceed [45] days].

关于快速仲裁程序（除非当事人书面同意延期）的约定：

除无法预见的重大情形之外，各方共同希望并同意，本协议第[X]条下的仲裁之最终裁决应在指定[独任仲裁员][首席仲裁员]后的____日内作出。当事人可通过书面协议的形式延长该时限。如果仲裁庭认为出于案件公正需要，可依其自由裁量权延长该时限。仲裁庭应尽全力在上述期限内作出最终裁决。但仲裁庭未在该时限内作出最终裁决不得作为拒绝遵守、挑战或拒绝执行该最终裁决之事由。

The parties mutually desire and intend that, barring exceptional and unforeseen circumstances, the final award of any arbitration under this Article [X] shall be made ____ days from the appointment of the [sole arbitrator] [presiding arbitrator]. The parties may extend this time limit by written agreement. The arbitral tribunal may extend this time limit in its discretion if it considers that the interest of justice so requires. The arbitral tribunal shall use its best efforts to issue the final award within such time period. The arbitral tribunal's failure to make a final award within this time limit shall not be a basis for refusing to comply with or for challenging or resisting enforcement of any such award.

判决登记条款

为保证仲裁裁决在美国法院可执行的约定:

仲裁裁决可由任何有管辖权的州法院或联邦法院进行判决登记。

Judgment upon any award made by the arbitrator(s) may be entered in any state or federal court having jurisdiction thereof.

多合同、未签署仲裁协议及多方主体仲裁

处理合并仲裁的约定:

当事人同意其可以在涉及本协议其他当事人的仲裁中被追加为仲裁当事人。如果本协议下启动了多起仲裁,且一方当事人认为两个或更多仲裁案件间存在实质关联、相关事宜应在同一程序中审理,这些仲裁程序中最先被指定的仲裁庭有权决定,基于公正和效率考虑,这些仲裁程序是否应被该仲裁庭合并审理。

Each Party agrees that it may be joined as an additional Party to an arbitration involving other Parties under this Agreement. If more than one arbitration is begun under this Agreement and any Party contends that two or more arbitrations are substantially related and that the issues should be heard in one proceeding, the arbitral tribunal appointed in the first – filed of such proceedings shall have the power to determine whether, in the interests of justice and efficiency, the proceedings should be consolidated before that arbitral tribunal.

或者:

任何一方可以单独、或与其他方一同,依据本协议第[X]条向全部其他方发送仲裁申请书(request for arbitration)以启动仲裁。在依本协议第[X]条启动的仲裁中,任何当事人可以对其他方提出请求、反请求或交叉请求,不论该其他方是否在仲裁申请书、反请求或交叉请求

中被列为被申请人,只要(A)新的请求、反请求或交叉请求与先前提交的仲裁申请书、反请求或交叉请求中的争议、请求、矛盾或分歧实质相关,且(B)新的请求、反请求或交叉请求是在提出方收到相关仲裁申请书、反请求或交叉请求通知后[30]日内以书面通知的形式向其他方提出。

Any Party may, either separately or together with any other Party, initiate arbitration pursuant to this Article [X] by sending a request for arbitration to all other Parties. In any arbitration pursuant to this Article [X], any Party may submit claims, counterclaims, or cross – claims against any other Party, regardless whether such Party was named as a respondent in a request for arbitration, counterclaim, or cross – claim, provided that (A) each such new claim, counterclaim, or cross – claim is substantially related to the dispute, claim, controversy or disagreement in a previously – submitted request for arbitration, counterclaim or cross – claim, and (B) such new claims, counterclaims, or cross – claims are submitted by written notice to all other Parties within [30] days from the receipt by such Party of the relevant request for arbitration, counterclaim, or cross – claim.

或者:

任何仲裁请求、反请求或交叉请求的被申请人可对任何当事人提起反请求或交叉请求,只要(A)新的反请求或交叉请求与先前提交的仲裁申请书、反请求和交叉请求中的争议、请求、矛盾或分歧实质相关,且(B)新的反请求或交叉请求是提出方在收到相关仲裁通知、反请求或交叉请求通知后[30]日内以书面通知的形式向其他方提出。

任何被追加或主动加入仲裁的当事人都受仲裁庭作出的裁决的约束,即使该方选择不参加仲裁程序。

Any Party against whom claims, counterclaims, or cross – claims are submitted may submit counterclaims or cross – claims against any Party, provided that (A) each such new counterclaim or cross – claim is substantially related to the dispute, claim, controversy, or disagreement in a previously – submitted request for arbitration, counterclaim, or cross – claim, and (B) such new counterclaim or cross – claim is submitted by written notice to the other Parties within [30] days from the receipt by such Party of the relevant notice of arbitration, counterclaim, or cross – claim.

Any joined or intervening Party shall be bound by any award rendered by the arbitral tribunal even if such Party chooses not to participate in the arbitral proceedings.

关于仲裁协议对继承人及受让人继续有效的约定:

> 本仲裁协议可约束本合同当事人及其继承人、受让人和关联方。
>
> This agreement to arbitrate shall be binding upon the parties and their successors, assigns, and affiliates.

限制仲裁协议可转移性的约定:

> 除非本协议签约方另行书面同意,仲裁协议仅约束本协议签约方,不约束其继承人、受让人或关联方。
>
> This agreement to arbitrate is binding only upon the signatories hereto and not, unless otherwise agreed in writing by the signatories hereto, their successors, assigns, or affiliates.

合并仲裁的约定:

> 如果在本协议、[第二份协议]和/或[第三份协议]下启动了多个仲裁,且有一方认为两起或更多仲裁间存在实质关联、相关事宜应在同一程序中审理,这些仲裁程序中最先被指定的仲裁庭有权基于公正和效率的考量,决定是否由该仲裁庭合并审理全部仲裁案件。
>
> If more than one arbitration is begun under this Agreement, the [second Agreement], and/or the [third Agreement] and any party contends that two or more arbitrations are substantially related and that the issues should be heard in one proceeding, the arbitral tribunal appointed in the first - filed of such proceedings shall have the power to determine whether, in the interests of justice and efficiency, the proceedings should be consolidated before that arbitral tribunal.

或者:

> 按照本协议第[X]条组成的仲裁庭有权合并审理本协议下的仲裁和[[某相关协议]第[X]条]下的仲裁,只要这些仲裁涉及相同的法律或事实问题。如果本协议第[X]条下或[[某相关协议]第[X]条]下组成的两个或更多仲裁庭发布了合并审理不同仲裁的决定,以最先发布的程序令为准。
>
> An arbitral tribunal constituted pursuant to this Article [X] may consolidate an arbitration hereunder with an arbitration (or arbitrations) under

[Article XX of [insert related agreement(s)]], provided that the arbitrations involve common questions of law or fact. If two or more arbitral tribunals constituted under this Article [X] or under [Article XX of [insert related agreement(s)]] issue decisions providing for consolidation of different arbitrations, the order issued first shall prevail.

更为简练的表述为：

各方同意将本协议下的争议解决程序与合同事项实质相同的项目合同下的未决争议解决程序合并审理。

The parties shall agree to join any dispute resolution proceeding under this Agreement with any other dispute resolution pending in respect of any other Project Contract relating to substantially the same matter.

AAA合并审理建筑工程纠纷的示范条款：

业主、总包人和全部分包人、专业承包人、材料供应商、工程师、设计师、建筑师、建筑工程贷款人、担保公司和与该建筑工程相关的其他当事人，各方均受本仲裁条款的约束，只要该方签署了本合同、或签署了并入本合同的任何其他合同、或签署了同意受本仲裁条款约束的其他合同。各方同意其可以在涉及上述协议当事人的仲裁中被追加为仲裁当事人。如果上述协议下开始了多起仲裁，且有当事人认为两起或更多仲裁间存在实质关联、相关事宜应在同一程序中审理，这些仲裁程序中最先被选定的仲裁庭应基于公正和效率考量，决定是否合并审理这些仲裁程序。

The owner, the contractor, and all subcontractors, specialty contractors, material suppliers, engineers, designers, architects, construction lenders, bonding companies, and other parties concerned with the construction of the structure are bound, each to each other, by this arbitration clause, provided that they have signed this contract or a contract that incorporates this contract by reference or signed any other agreement to be bound by this arbitration clause. Each such party agrees that it may be joined as an additional party to an arbitration involving other parties under any such agreement. If more than one arbitration is begun under any such agreement and any party contends that two or more arbitrations are substantially related and that the issues should be heard in one proceeding, the arbitrator(s) selected in the first - filed of such proceedings shall determine whether, in the interests of justice and efficiency, the proceedings should be consolidated before that (those) arbitrator(s).

司法审查的排除

排除司法审查的约定:

仲裁庭作出的裁决是最终的并具有约束力。在法律允许的最大范围内,各方明确排除任何上诉、撤销或以其他方式挑战仲裁裁决的权利。

The arbitrators' award will be final and binding. The parties expressly exclude any and all rights to appeal, set aside, or otherwise challenge any award by the arbitrators, insofar as such exclusion can validly be made.

或者:

仲裁庭根据本协议第[X]条作出的裁决是最终的并对各方具有约束力,各方在法律允许的最大范围内放弃其依任何法域的法律可能享有的任何形式的上诉、宣告无效、撤销或废除、附带损害或以其它形式反对或挑战仲裁裁决的权利。

Any award(s) made by the arbitral tribunal under this Article [X] shall be final and binding on the parties, and each party waives to the fullest extent permitted by law any right it may otherwise have under the laws of any jurisdiction to any form of appeal, annulment, action to set aside or vacate, collateral attack, or any other form of recourse against or challenge to such award(s).

涉及英格兰法的约定如下:

就仲裁过程中出现的和与仲裁裁决相关的一切法律问题,各方明确同意不得行使 1996 年《英格兰仲裁法》第 69 条规定的上诉权利。

The parties expressly agree that leave to appeal under section 69 of the English Arbitration Act 1996 shall not be sought with respect to any question of law arising during the course of the arbitration or with respect to any award made.

加重司法审查

允许当事人在相关法域就裁决进行上诉的约定:

仲裁庭作出的裁决是最终的并具有约束力,但任一方均有权向裁决作出地法院申请对裁决进行司法审查,司法审查的标准应为对当地一审法院判决上诉审查的标准。

The arbitrators' award shall be final and binding, but any party hereto shall have the right to seek judicial review of such award in the courts of the place where the award is made in accordance with the standards of appellate review applicable to decisions of courts of first instance in that place.

临时措施

允许仲裁庭颁布临时措施的约定:

仲裁庭有权采取法院有权采取的一切临时措施、中间措施或保全措施。

Any provisional, interim, or conservatory measures which would be available from a court of law shall be available from the arbitral tribunal.

或者:

在不影响当事人有权向有管辖权的法院申请临时措施的情况下,仲裁庭有权准许临时措施、中间措施或保全措施,包括但不限于临时禁令救济。各方承诺在接到仲裁庭关于临时措施、中间措施或保全措施的命令后立即遵守,各方亦同意,在不为法律禁止的范围内,上述措施可以在有管辖权的法院被当作最终裁决来执行。

Without prejudice to the parties' right to seek provisional measures from any court of competent jurisdiction, the arbitral tribunal shall have the power to grant provisional, interim, or conservatory measures, including but not limited to provisional injunctive relief. The parties undertake to comply forthwith with any such provisional, interim, or conservatory measures ordered by the arbitral tribunal and agree that such measures may, to the extent not precluded by applicable law, be enforceable as a final award in any court of competent jurisdiction.

限制仲裁庭颁布临时措施的约定:

在不影响当事人有权向有管辖权的法院申请临时措施的情况下,仲裁庭有权准许临时措施、中间措施或保全措施,但该类措施的目的仅在于将现状维持,直至最终裁决作出、或争议以其他形式解决。

Without prejudice to the parties' right to seek provisional measures from any court of competent jurisdiction, the arbitral tribunal shall have

> the power to grant provisional, interim, or conservatory measures, but only in order to maintain the status quo until either a final award is made by the arbitral tribunal or the dispute is otherwise resolved.

一则范围更广的替代条款为:

> 各方知晓,当本协议未如约履行时,各方均无法获得足够的金钱损失之法定救济,因此各方有权获得特定履行行为的救济及/或临时救济的权利。各方知晓并同意其有权向仲裁庭[或有管辖权的法院]申请保全措施或临时措施。
>
> Each party hereby acknowledges that it would not have an adequate remedy at law for money damages in the event that this Agreement was not performed in accordance with its terms and therefore agrees that each party shall be entitled to specific performance and/or interim relief. The parties hereby acknowledge and agree that they may apply to the arbitral tribunal [or to any court of competent jurisdiction] for conservatory or interim measures.

仲裁条款也可以明确约定当事人保留向法院申请临时措施的权利:

> 本条款不影响当事人在仲裁庭组庭前或仲裁组庭后根据仲裁庭的命令而向有管辖权的法院申请保全措施或临时措施,包括但不限于临时保全、临时禁令或其他同类措施。
>
> Nothing in this provision shall prevent any party from seeking conservatory or interim measures, including, but not limited to temporary retaining orders or preliminary injunctions or their equivalent, from any court of competent jurisdiction before the arbitral tribunal is constituted or, thereafter, upon the order of the arbitral tribunal.

一例范围更广的条款如下:

> 本条款不影响当事人在任何时间向有管辖权的法院申请临时措施、中间措施或保全措施。当事人向法院提起前述申请不应被视为违反本协议第[X]条约定的仲裁协议或对仲裁权利的放弃。
>
> Nothing in this Article [X] shall prevent any party from seeking provisional, interim, or conservatory measures from any court of competent

jurisdiction at any time. Any such request by a party to a court for provisional, interim, or conservatory measures shall not be deemed incompatible with the agreement to arbitrate in this Article [X] or a waiver of the right to arbitrate.

ICSID推荐的法院临时措施条款：

在不影响仲裁庭采用临时措施之权力的情况下，任意一方为保护其权益，均有权在仲裁程序开始前或开始后请求司法机关等有权机关作出临时措施或保全措施（包括扣押）的裁定。

Without prejudice to the power of the Arbitral Tribunal to recommend provisional measures, either party hereto may request any judicial or other authority to order any provisional or conservatory measure, including attachment, prior to the institution of the arbitration proceeding, or during the proceeding, for the preservation of its rights and interests.

排除向仲裁庭、法院或两者申请临时措施权利的约定：

尽管存在本协议第[X]条或[仲裁机构的仲裁规则]的其他规定，[仲裁庭无权决定采取任何临时措施、中间措施或保全措施]，[并且][各方不可撤销地承诺和同意不向任何法院等司法机关申请任何临时措施、中间措施或保全措施]。

Notwithstanding any other provision of this Article [X] or the [applicable institutional rules], [the arbitral tribunal shall not have the power to order any provisional, interim, or conservatory measures] [and] [the parties irrevocably undertake and agree not to seek any provisional, interim, or conservatory measures from any court or judicial authority].

紧急仲裁员

排除ICC 紧急仲裁员程序的约定：

凡产生于本合同或与本合同相关的一切争议，均应按照国际商会仲裁规则，由依据该规则指定的一名或数名仲裁员终局解决。紧急仲裁员之规定不得适用。

All disputes arising out of or in connection with the present contract shall be finally settled under the Rules of Arbitration of the International Chamber of Commerce by one or more arbitrators appointed in accordance with the said Rules. The Emergency Arbitrator Provisions shall not apply.

对仲裁庭决定救济措施权力的限制

禁止仲裁庭裁决间接损失的约定:

> 在依本章节启动的仲裁程序中,仲裁庭不得裁决任何间接性损害赔偿。
>
> The arbitrator(s) shall not award consequential damages in any arbitration initiated under this section.

禁止仲裁庭裁决惩罚性损害赔偿的约定:

> 除非依法律规定,否则仲裁庭无权裁决任何惩罚性损害赔偿或其他不以胜诉方的实际损失为计算基础的损害赔偿。
>
> The arbitrator(s) will have no authority to award punitive or otherdamages not measured by the prevailing party's actual damages, except as may be required by statute.

限制仲裁庭裁决非金钱赔偿的约定:

> 依本条款而启动的仲裁中,裁决事项应限定为金钱给付,不得包含向任何方发出的禁止令或非金钱给付的指令。
>
> Any award in an arbitration initiated under this clause shall be limited to monetary damages and shall include no injunction or direction to any party other than the direction to pay a monetary amount.

高低点仲裁和棒球仲裁

限制仲裁庭裁决权力(高低点仲裁)的约定:

> 任何支持[X]方但不利于[Y]方的仲裁裁决应至少为[具体金额],但不超过[具体金额]。[X]方明确放弃超出[具体金额]的请求,并同意其获得的补偿不超过该金额。损失赔偿之裁决应作为[X]方对[Y]方全部请求获得的赔偿。
>
> Any award of the arbitration in favor of [X], but against [Y], shall be at least [specify amount] but shall not exceed [specify amount]. [X] expresslywaives any claim in excess of [specify amount] and agrees that its recovery shall not exceed that amount. Any award of damages shall be in satisfaction of all claims by [X] against [Y].

向仲裁庭披露的棒球仲裁条款：

> 各方应在开庭前向仲裁庭提交并交换各自的最终最佳方案。仲裁庭只能从当事人提交的方案中择一作为裁决。
>
> Each party shall submit to the arbitrator and exchange with each other in advance of their hearing their last best offers. The arbitrator shall be limited to awarding only one or the other of the figures submitted by the parties.

或者：

> 各方同意仲裁庭应采取"棒球仲裁"的方式。各方应在仲裁庭要求的日期向仲裁庭和相对方提交其计算的请求总金额，并提交各分项请求及金额明细。仲裁庭只能从双方提交的金额中选择与仲裁庭计算的请求总金额最接近的金额，以之作为裁决结果。
>
> The parties agree that the arbitration to be employed bythe arbitral tribunal shall be "baseball arbitration." On a date specified by the arbitrators, each party shall submit to the arbitrators and to each other its proposed valuation of all the claims before the arbitrators, as an aggregate amount. The parties shall include any specifics or breakdown of the amounts included within their respective figures, as they may desire. The arbitrators shall be limited to awarding only one or the other of the two proposed aggregate figures, being the amount closest to the arbitrators' own valuation of the aggregate of all submitted claims.

专家决定

在高度技术性事宜方面由专家决定而非仲裁的约定：

> 如果各方就[具体事宜]不能达成一致，任一方有权要求将该事宜提交给[填入某个人或机构作为专家]或[由国际商会专家中心选定的专家]（"专家"）进行决定。专家应与各方沟通确定专家决定程序中应遵守的程序事项和时间表。如果各方就某事项不能达成一致，专家可依其自由裁量权决定合适的程序事项和时间表，各方均应受其约束。
>
> If the parties are unable to agree on [identify issue(s)], either party may request that the matter be referred for decision to [identify individual or company to serve as expert] OR [the expert selected by the [ICC Centre for Expertise] (the "Expert"). The Expert shall attempt to agree with

the parties upon the procedure and timetable to be followed in the expert determination. If and to the extent that any such matters cannot be agreed upon, the Expert may in its sole discretion adopt such procedures and timetables as it shall consider appropriate and these shall be binding on the parties.

世界知识产权组织的示范条款:

各方因[拟提交专家决定的事项]引起的争议或分歧应按照《世界知识产权组织专家决定规则》提交专家决定。专家之决定对各方[不]具有约束力。专家决定使用的语言为[语言]。

Any dispute or difference between the parties arising under [describe matter referred to expert determination] shall be referred to expert determination in accordance with the WIPO Expert Determination Rules. The determination made by the expert shall [not] be binding upon the parties. The Language to be used in the expert determination shall be [specify language].

约定专家决定具有约束力,除非依世界知识产权组织规则有必要进行快速仲裁:

专家作出的决定对各方具有约束力,除非在当事人收到决定后的[30]日内,任何一方对提交专家决定的事宜按照《世界知识产权组织仲裁规则》[《世界知识产权组织快速仲裁规则》]申请仲裁并提交仲裁申请书。[仲裁庭由[独任仲裁员][三名仲裁员]组成。]仲裁地为[地点]。仲裁程序的语言为[语言]。提交仲裁的争议或分歧应依照[法域]的法律作出裁决。

The determination made by the expert shall be binding upon the parties, unless within [30] days of the communication of the determination to the parties, the matter referred to expert determination is, upon the filing of a Request for Arbitration by either party, referred to arbitration in accordance with the WIPO [Expedited] Arbitration Rules. [The arbitral tribunal shall consist of [a sole arbitrator] [three arbitrators].] The place of arbitration shall be [specify place]. The language to be used in the arbitral proceedings shall be [specify language]. The dispute or difference referred to arbitration shall be decided in accordance with the law of [specify jurisdiction].

调解不成则进行专家决定的约定：

各方因[拟提交专家决定的事项]引起的争议或分歧应按照[《世界知识产权组织调解规则》]进行调解。调解地为[地点]。调解使用的语言为[语言]。

如果一起争议或分歧在调解开始后[60][90]日内未能通过调解解决，则在任一方提交专家决定申请书后，应按照《世界知识产权组织专家决定规则》提交专家决定。或者，如果在前述[60][90]日到期前有一方当事人未参加或未继续参加调解，则在任一方提交专家决定申请书后，该争议或分歧应按照《世界知识产权组织专家决定规则》提交专家决定。专家做出的决定对各方[不]具有约束力。专家决定使用的语言为[语言]。

Any dispute or difference between the parties arising under [describe matter referred to expert determination] shall be submitted to mediation in accordance with the [WIPO Mediation Rules]. The place of mediation shall be [specify place]. The language to be used in the mediation shall be [specify language].

If, and to the extent that, any such dispute or difference has not been settled pursuant to the mediation within [60] [90] days of the commencement of the mediation, it shall, upon the filing of a Request for Expert Determination by either party, be referred to expert determination in accordance with the WIPO Expert Determination Rules. Alternatively, if, before the expiration of the said period of [60] [90] days, either party fails to participate or to continue to participate in the mediation, the dispute or difference shall, upon the filing of a Request for Expert Determination by the other party, be referred to expert determination in accordance with the WIPO Expert Determination Rules. The determination made by the expert shall [not] be binding upon the parties. The language to be used in the expert determination shall be [specify language].

关于专家决定及费用的约定：

除非专家另有决定，各方应承担其在专家决定程序中发生的（内部和外部的）全部费用。如果一方未支付其应分摊的专家报酬和支出，其他方可以代拖欠方垫付上述费用，专家决定应继续进行。垫付费用的当事人有权请求专家或按照[本协议第[X]条]组成的仲裁庭裁决拖欠方补偿其垫付的费用。

Each party shall bear all costs (internal and external) that it incurs in the course of the expert determination unless the expert determines otherwise. If any party does not pay its share of the expert's fees and costs, the other part(y)/(ies) may advance such share of the expert's fees and costs on the defaulting party's behalf, and the expert determination shall proceed. The part(y)/(ies) which pay the defaulting party's share of the expert's fees and costs shall have the right to request that the expert or an arbitral tribunal constituted under [Article X of this Agreement] direct the defaulting party to reimburse such fees and costs.

关于当事人不遵循专家决定之后果的约定:

专家决定是最终的并对各方具有约束力,各方承诺在专家决定作出后立即遵守。如果有一方未能全面遵守专家决定,另一方可以就该不履行行为按照本协议第[X]条提起仲裁[或,依其选择,向有管辖权的法院申请对专家决定强制执行]。

The expert determination shall be final and binding, and each party undertakes to comply forthwith with such expert determination. If a party does not comply fully with an expert determination, the other party may refer this failure to arbitration under Article [X] of this Agreement [or, at its sole option, seek to enforce its rights under such expert determination in any court of competent jurisdiction].

技术特长

ICC 关于选择使用机构管理的专家决定程序的示范条款:

在不影响其他程序的情况下,就因[本合同第[X]条]引起的或与[本合同第[X]条]相关的争议,各方可随时按照《国际商会专家程序管理规则》提交专家决定。

The parties may at any time, without prejudice to any other proceedings, agree to submit any dispute arising out of or in connection with [clause X of the present contract] to administered expert proceedings in accordance with the Rules for the Administration of Expert Proceedings of the International Chamber of Commerce.

ICC关于强制将争议按照《国际商会专家程序管理规则》提交专家决定的示范条款:

因[本合同第[X]条]引起或与[本合同第[X]条]相关的任何争议,各方同意将其按照《国际商会专家程序管理规则》提交专家解决。

[各方同意专家的决定对各方具有约束力。]

In the event of any dispute arising out of or in connection with [clause X of the present contract], the parties agree to submit the dispute to administered expert proceedings in accordance with the Rules for the Administration of Expert Proceedings of the International Chamber of Commerce. [The parties agree that the findings of the expert shall be contractually binding upon them.]

仲裁程序的保密性

仲裁程序保密的约定：

就本协议第[X]条下的仲裁，各方应对仲裁保密，除因仲裁程序需要之外，不得将仲裁的发生、仲裁中提交的信息、相关的文件、任何口头陈述或证言、开庭记录或任何裁决向任何方披露，除非根据法律要求或根据正当法院程序（如承认或执行仲裁裁决）必须披露。

The parties to any arbitration under this Article [X] shall keep the arbitration confidential and shall not disclose to any person, other than those necessary to the proceedings, the existence of the arbitration, any information submitted during the arbitration, any documents submitted in connection with it, any oral submissions or testimony, transcripts, or any award unless disclosure is required by law or is necessary for permissible court proceedings, such as proceedings to recognize or enforce an award.

或者：

当事人同意对本协议第[X]条下进行的仲裁中的全部裁决、提交或交换的材料（包括相对方在仲裁中披露的全部文件和其他材料）保密，除非这些文件已经进入公共领域、或是依法须披露、或为保障或实现某项法律权利、或为在有管辖权的法院等司法机关审理承认、执行或挑战仲裁裁决之程序。

The parties agree to keep confidential all awards in any arbitration conducted under this Article [X], together with all materials submitted or exchanged in any such arbitration (including all documents and other materials produced by another party in such arbitration), except insofar as such documents are already in the public domain or to the extent that disclosure may be required by legal duty, to protect or pursue a legal right, or to recognize, enforce, or challenge an award in legal proceedings before a court or other judicial authority.

仲裁程序保密性更为详细的约定：

> 仲裁员、当事人、证人及任何其它仲裁参加人不得披露、转发或传播(a)仲裁中所作陈述或所做事项，(b)开示或提供的仲裁中文件或与仲裁相关的文件，(c)披露的仲裁中信息或与仲裁相关的信息，和(d)仲裁的发生和结果，包括但不限于仲裁裁决和裁决中的解释和理由。
>
> The arbitrators, any party, any witness, and any other participant in the arbitration shall not disclose, transmit, or disseminate (a) anything said or done in the arbitration, (b) any documents disclosed or provided during or in connection with the arbitration, (c) any information disclosed during or in connection with the arbitration, and (d) the existence or result of the arbitration, including without limitation the arbitration award and any explanations or reasons for the award.

ICDR的示范保密条款：

> 在未经(所有/双方)当事人事先书面同意的情况下，除非为法律所要求，任何当事人及其代理人均不得披露仲裁的发生、内容或结果。
>
> Except as may be required by law, neither a party nor its representatives may disclose the existence, content, or results of any arbitration hereunder without the prior written consent of (all/both) parties.

仲裁程序不保密的约定：

> 在依本协议第[X]条进行的仲裁中，当事人均不负有保密义务，且可自由公开披露仲裁中的任何裁决及提交或交换的任何材料(包括相对方在仲裁中披露的全部文件等材料)。
>
> Neither party shall be under any confidentiality obligations with respect to any arbitration pursuant to this Article [X], and either party shall be free to publicly disclose any award made in any such arbitration and any materials submitted or exchanged in any such arbitration (including all documents and other materials produced by another party in such arbitration).

或者：

> 任何主体(包括非本协议签约方和依照本协议第[X]条进行的仲裁的当事人之外的主体)均有权披露仲裁庭依据本协议第[X]条作出的任何裁决。

Any award made by the arbitrators pursuant to this Article [X] may be disclosed by either party (including to non – parties to this Agreement or to any arbitration conducted pursuant to this Article [X]).

不对称仲裁条款

仅允许一方提起仲裁程序的约定:

与本协议或本协议事项有关或因之产生的任何争议、请求、矛盾和分歧,均应按照[仲裁规则]通过仲裁终局解决。尽管有上述约定,[甲方]有权依其自身选择寻求司法或非司法救济以执行[约定了金钱给付义务的某条款或某协议]。[甲方]依上述条款提出的司法或非司法救济请求,不构成其对依本协议第[X]条享有的提起仲裁权利或执行本协议第[X]条之仲裁协议之权利的放弃。如果[乙方]在[甲方]选择寻求司法或非司法救济之前或同时已经启动仲裁程序,则[乙方]应采取一切措施终止和终结该仲裁,且在任何情况下不得继续推进该仲裁程序。

All disputes, claims, controversies, and disagreements relating to or arising out of this Agreement, or the subject matter of this Agreement, shall be finally resolved by arbitration in accordance with [institutional arbitration rules]. Notwithstanding the foregoing, [Party A] shall be free at its sole option to seek judicial or non – judicial relief to enforce [specified provisions imposing monetary obligations or specified agreements]. [Party A]'s request for judicial or non – judicial relief pursuant to the foregoing sentence shall not constitute a waiver of its right to arbitrate under this [Article X] or to enforce the arbitration agreement contained in this [Article X]. If an arbitration has been initiated by [Party B] prior to or at the time that [Party A] elects to pursue judicial or non – judicial remedies, then [Party B] shall forthwith take all necessary steps to discontinue and dismiss such arbitration and shall in no event proceed with such arbitral proceedings.

或者:

英格兰法院有权管辖可能因本协议产生的或与本协议有关的任何争议,但[甲方]有权选择将该争议提交仲裁……因本协议或本协议的履行产生的、双方未能一致解决的争议,如[甲方]决定通过仲裁解决,则该争议应被提交仲裁……

The courts of England shall have jurisdiction to settle any disputes which may arise out of orin connection with this Agreement but [Party A] shall have the option of bringing any dispute hereunder to arbitration. …Any dispute arising from the provisions of this Agreement or its performance which cannot be resolved by mutual agreement which [Party A] determines to resolve by arbitration shall be referred to arbitration. …

对实体事项的初步决定

关于仲裁庭有权就实体事项作出初步决定的约定:

仲裁庭有权在仲裁的任何阶段,按照仲裁庭制订的程序,就当事人提出的与仲裁请求或反请求之实体裁决有关的任何事项作出全部或部分决定。仲裁庭有权就上述事项作出部分裁决、最终裁决或其他形式的裁决。

The arbitral tribunal shall have the authority to decide at any stage of the arbitration any issue claimed by a party to be dispositive of any claim or counterclaim, in whole or part, in accordance with such procedures as the arbitral tribunal prescribes. The arbitral tribunal shall have the authority to make a partial, final, or other award with respect to any such issue.

对时效等抗辩的决定

允许仲裁庭就时效作出决定的约定:

仲裁庭有权决定基于合同约定时效、法定时效、时效取得期间、疏忽延误或类似理由而提出的关于仲裁请求或反请求未被按时提出的任何抗辩。

The arbitral tribunal shall have the authority to decide any defense that any claim or counterclaim is not timely by reason of contractual limitations period, statute of limitations, prescriptive periods, laches, or any similar defense.

允许法院就时效作出决定的约定:

关于仲裁请求或反请求是否按照本协议约定的或适用的法律规定的时限提出的问题,应由有管辖权的法院而非仲裁庭来决定。当事人不可撤销地同意________享有决定时效问题之排他管辖权。

Any decision of whether a claim or counterclaim is timely under this Agreement or applicable law shall be determined by a court of competent jurisdiction, and not by the arbitral tribunal. The parties irrevocably consent to the exclusive jurisdiction of ________ for the decision of any such issue of timeliness.

或者：

尽管有[仲裁协议]之约定，争议是否按照本协议约定的或适用的法律规定的时限提出的问题，应由有管辖权的法院而非仲裁庭来决定。

Notwithstanding [the arbitration agreement], determination of whether a dispute is timely under this Agreement or the applicable law shall be determined by a court of competent jurisdiction, and not by the arbitral tribunal.

或者：

如果一项仲裁请求——假如向法院起诉——根据适用的法律诉讼时效已经经过，当事人可以向有管辖权的法院（而非仲裁庭）以时效经过为由申请中止仲裁程序或撤销裁决。

If a claim sought to be arbitrated would be barred by limitation of timehad the claim sought to be arbitrated been asserted in a court under the law applicable to the arbitration, a party may apply to a court of competent jurisdiction – and not to the arbitral tribunal – to stay arbitration or to vacate any award as untimely.

仲裁庭或法院决定时效的约定：

在提起仲裁请求或载有仲裁意向的通知送达时，如果仲裁请求——假如向法院起诉——根据适用的法律诉讼时效或其他时效已经经过，当事人可以向有管辖权的法院就该仲裁提出时效抗辩的申请。未向法院提出该申请不影响当事人随后向仲裁庭提起此项抗辩。

If, at the time that a demand for arbitration was made or a notice of intention to arbitrate was served, the claim sought to be arbitrated would have been barred by limitation of time or other time bar had it been asserted in a court under the law applicable to the arbitration, a party may assert the limitation as a bar to the arbitration on an application to a court of competent jurisdiction. The failure to make such an application in court shall not preclude a party from subsequently asserting it before an arbitral tribunal.

关于管辖权的决定

仲裁庭有权决定其自身管辖权的约定:

仲裁庭有权决定其自身的管辖权,包括对第[X]条约定的仲裁协议的订立、存续、效力和管辖效力的任何异议。仲裁庭对管辖权的决定是最终且有约束力的,当事人同意不向法院或其他司法权力机关申请撤销或拒绝承认上述决定。

The arbitral tribunal shall have the authority to rule upon its own jurisdiction, including any objection to the formation, existence, validity, or effectiveness of thearbitration agreement in this [Article X]. The arbitral tribunal's decision on any such jurisdictional matter shall be final and binding and the parties agree not to apply to any national court or other judicial authority to annul or deny recognition to any such decision.

特定法院有权决定仲裁庭管辖权的约定:

针对仲裁庭管辖权的异议应排他地提交给________法院[通常是仲裁地法院]审理。

Any objection to the jurisdiction of the arbitral tribunal shall be submitted exclusively to the courts of ________[ordinarily the courts of the arbitral seat].

特定法院有权审理仲裁协议可执行性或效力的约定:

在不影响仲裁庭有权审理对其的管辖权异议之情况下,________法院[通常为仲裁地法院]享有执行或挑战本协议第[X]条之仲裁协议的案件的排他管辖权,各方不可撤销地服从上述法院对上述事项的排他管辖权。[尽管有前述规定,任何一方可以向法院或其他司法机关寻求承认或执行仲裁庭在本协议第[X]条下作出的裁决。]

Without prejudice to the arbitral tribunal's authority to consider challenges to its jurisdiction, the courts of ________[ordinarily the courts of the arbitral seat] shall have exclusive jurisdiction over any judicial action to enforce or challenge the agreement to arbitrate contained in this Article

[X], and each of the parties irrevocably submits to the exclusive jurisdiction of such courts for such purpose. [Notwithstanding the preceding sentence, any party may apply to any court or other judicial authority seeking recognition or enforcement of any award(s) made by the arbitral tribunal under this [Article X]].

提交仲裁的协议

同意将已经发生的争议提交仲裁的约定：

本协议由[甲方]与[乙方]于[日期]签署生效。现各方之间因________发生争议（"本争议"）。各方同意将本争议及相关的全部请求、矛盾、争议或分歧按照本协议提交仲裁最终解决。仲裁地为________。仲裁语言为________。

仲裁庭由三名仲裁员组成。[甲方]现选定________为仲裁员之一。[乙方]现选定________为第二名仲裁员。上述两名被选定的仲裁员应在本协议生效之日起[30]日内共同书面选定第三名仲裁员，该仲裁员为首席仲裁员。如果上述两名由当事人选定的仲裁员未能在上述期限内共同书面选定首席仲裁员，则应任意一方当事人申请，首席仲裁员应在[30]日内由[填入指定机构]选定。

仲裁适用的程序应由当事人协议约定，如当事人无法达成协议，则由仲裁庭决定。当事人缺席仲裁程序不影响仲裁庭继续作出裁决的权力。

This agreement is between [Party A] and [Party B] as of [date]. A dispute has arisen between the parties concerning (the "Dispute"). The parties agree to submit such Dispute, and all claims, controversies, disputes, or differences in connection with such Dispute, for final resolution by arbitration in accordance with this Agreement. The seat of the arbitration shall be ________. The language of the arbitration shall be ________.

There shall be three arbitrators. [Party A] hereby designates ________ as one of the arbitrators. [Party B] hereby designates ________ as the second of the arbitrators. The two arbitrators so designated shall, within [30] days of the effective date of this agreement, jointly designate in writing a third arbitrator, who shall be the presiding arbitrator. If the two arbitrators fail jointly to designate in writing the presiding arbitrator within such period, then, on the application of either party, the presiding arbitrator shall be selected within [30] days by [appointing authority].

The procedures to be applied in the arbitration shall be agreed upon by the parties or, failing such agreement, shall be directed by the arbitral tribunal. Default by any party shall not prevent the arbitrators from proceeding to render an award.

放弃集体仲裁

放弃提起集体仲裁权利的约定:

一切仲裁请求均应单独提起,当事人无权在本协议下主张或提起任何形式的集体仲裁。

All claims shall be arbitrated on an individual basis and no party shall have any right or authority to assert or pursue any claims subject to this agreement to arbitrate as a class action of any sort.

或者:

与本合同及本合同事项有关或因之产生的任何请求,须由个人或主体以其名义提出,且各自进行仲裁(不得提起集体仲裁或代表人仲裁)。仲裁员无权,也不得做出支持或针对任何非本合同当事人或仲裁当事人的裁决。如果一个当事人提出任何仲裁请求,当事人或其他人均不得将该仲裁请求发起集体仲裁、共同私人代理人仲裁、或其他形式的代表人仲裁[,也不得在任何法院代表任何人提起请求]。两个及以上个人或主体提起的请求,包括受让的请求,不得被合并仲裁或加入既有仲裁中。

All claims arising out of or relating to this Agreement, or the subject matter of this Agreement ("Claims") must be brought in the name of an individual person or entity and must proceed onan individual (non-class, non-representative) basis. The arbitrator shall not be authorized to, and shall not, award relief for or against anyone who is not a party to this Agreement and to an individual arbitration. If any party requires arbitration of any Claim, no party nor any other person may pursue any such Claims in arbitration as a class action, private attorney general action, or other representative action[, nor may such Claim be pursued on behalf of any party in any court]. Claims, including any assigned Claims, of two or more persons or entities may not be joined or consolidated in the same arbitration.

主权豁免的放弃

ICSID 推荐的主权豁免放弃条款：

就根据本协议组成的仲裁庭作出的任何裁决，东道国特此放弃其及其财产在前述裁决的履行和执行过程中可能享有的任何国家豁免的权利。 The Host State hereby waives any right of sovereign immunity as to it and its property in respect of the enforcement and execution of any award rendered by an Arbitral Tribunal constituted pursuant to this agreement.

PCA 推荐的主权豁免放弃条款：

就根据本协议组成的仲裁庭所作出的裁决的执行，本仲裁协议构成本享有执行豁免的一方对其执行主权国家豁免权利的放弃。 This agreement to arbitrate constitutes a waiver of any right to sovereign immunity from execution to which a party might otherwise be entitled with respect to the enforcement of any award rendered by an arbitral tribunal constituted pursuant to this agreement.

起草和执行法律适用条款（第八章）

法律适用条款的范围

约定适用法律：

本协议应按________的法律解释，并受其管辖。 This agreement shall be interpreted in accordance with, and governed by, the laws of ________.

或者：

本协议应根据________的法律解释。 This agreement shall be construed in accordance with the laws of ________.

与原有仲裁协议范围保持一致的法律适用条款:

> 本协议受________法律管辖,所有与本协议[或本协议事项]有关的或因之产生的争议均应依据前述法律解决。
>
> This Agreement will be governed by, and all disputes relating to or arising in connection with this Agreement [or the subject matter of this Agreement] shall be resolved in accordance with, the laws of ________.

反致与全体法律

约定一国的实体法(而非冲突规则)适用于程序:

> 本协议受________法律(除了其冲突规则外)管辖,凡与本协议有关的或因之产生的所有争议均应依据前述法律解决。
>
> This Agreement will be governed by, and all disputes relating to or arising in connection with this Agreement shall be resolved in accordance with, the laws of ________ (to the exclusion of its conflict of laws rules).

投资协议中的法律适用条款

ICSID 投资协议示范条款:

> 凡依据本协议组成的仲裁庭应适用[填入准据法][但应作出如下调整:________]
>
> Any Arbitral Tribunal constituted pursuant to this agreement shall apply [specification of system of law] [subject to the following modifications:________].

国际统一私法协会《UNIDROIT 国际商事合同通则》

约定合同适用《UNIDROIT 国际商事合同通则》:

> 本合同应受国际统一私法协会《UNIDROIT 国际商事合同通则(2010)》[除________条款外]的约束,并在必要时由[X 法域]的法律予以补充。
>
> This contract shall be governed by the UNIDROIT Principles (2010) [except as to Articles ________ supplemented when necessary by the law of [jurisdiction X].

“并存的”法律适用条款

（涉及国家签署的合同中）约定“并存的”的法律适用条款：

> 在符合国际法的限度内，适用［某国］的法律。
>
> The laws of [State] will apply, insofar as they are consistent with international law.

（投资合同中的）稳定条款

就适用法可能的未来变化寻求保护（“稳定条款”）：

> 任何可能与本协议条款冲突或与之不相容的新法律、法规、调整或解释均不适用。
>
> No new laws, regulations, modifications or interpretation which could be conflicting or incompatible with the provisions of this Agreement shall be applicable.

能源宪章秘书处制定的《跨境管道东道国政府示范协议》中混合了冻结条款与经济平衡条款的示范条款：

> 如果任何法律变化具有损害、冲突或干扰项目实施或者限制、削弱或不利影响项目价值或任何由本协议或任何项目协议授予或引起的权利、补偿或保护的效果，或者具有对任何项目投资者（直接或间接）施加任何费用的成本，项目投资者应当，在其合理勤勉能够了解法律变化对项目的上述影响的［一年］内，以书面形式通知东道国政府。在东道国政府收到本通知后的［90天］内，项目投资者与东道国政府应努力通过友好协商解决争议。如果无法达成这样的结果，东道国政府应在［90天］期限结束时，采取以下措施：
>
> c. 采取一切可行措施，以扭转法律变更对项目、项目价值或相关权利、补偿或保护的影响。上述义务应包括采取一切适当措施以任何必要方式（包括豁免、颁布法律、发布法令及/或其他有权行为）迅速解决本协议及任何项目协议与［填入国家名］法律之间的任何冲突或异常的义务。
>
> d. 赔偿项目投资者因法律变化而产生的成本。如果相关的项目投资者如此要求，这种赔偿应以可兑换的货币支付，并应由东道国政府选择采取以下形式：
>
> —东道国政府偿还项目投资者因法律变化而产生的成本，在该费用发生时迅速支付；

—东道国政府偿还项目投资者因法律变化而产生的成本,在项目剩余的预期年限内向项目投资者进行年均支付……;

上述与法律变化有关的措施在东道国证明以下事项时不再适用:法律变化反映了在国际层面上[油][气]行业普遍适用的环境保护、安全、雇佣、训练、社会影响或保险标准的变化。

If any Change of Law has the effect of impairing, conflicting or interfering with the implementation of the Project, or limiting, abridging or adversely affecting the value of the Project or any of the rights, indemnifications or protections granted or arising under this Agreement or any Project Agreement, or of imposing (directly or indirectly) any Costs on any Project Investor, the Project Investor shall, within [one year] of the date when it could with reasonable diligence have become aware of the effect of the Change of Law upon the project as aforesaid, give notice thereof in writing to the Host Government. During the [90 days] following the Host Government's receipt of this notice, the Project Investor and the Host Government shall endeavour to resolve the matter through amicable negotiations. Failing such a resolution, the Host Government shall, by the end of this [90 – day] period, do one of the following:

c. take all actions available to it to reverse the effect of that Change of Law upon the Project, the value of the Project or the relevant rights, indemnifications or protections. The foregoing obligation shall include the obligation to take all appropriate measures to resolve promptly by whatever means may be necessary, including by way of exemption, legislation, decree and/or other authoritative acts, any conflict or anomaly between this Agreement and any Project Agreement and [insert name of State] law; or

d. compensate the Project Investor for the Costs incurred by that Project Investor as a result of the Change of Law. Such compensation shall, if the relevant Project Investor so requires, be paid in Convertible Currency and shall, at the option of the Host Government, take the form of:

—reimbursement by the Host Government of the Costs incurred by the Project Investor as a result of the Change of Law, promptly as and when such Costs are incurred;

—reimbursement by the Host Government of the Costs incurred by the Project Investor as a result of the Change of Law, in the form of equal annual payments to the Project Investor during the remaining expected life of the Project...;

provided however that the obligation to take one of the actions referred to above shall not apply in relation to a Change of Law if the Host Government establishes that that Change of Law reflects a change in standards generally applicable in relation to standards of environmental protection, safety, employment, training, social impact or security in the [petroleum] [gas] industry internationally.

《联合国国际货物销售合同公约》(《CISG 公约》)的排除适用

排除适用《CISG 公约》:

各方当事人同意,本协议以及凡与其有关或因其产生的任何争议、请求、矛盾、分歧,均不受1980年《联合国国际货物销售合同公约》("《CISG 公约》")的约束,特此排除适用《CISG 公约》。本协议以及与其有关或因其产生的任何争议、请求、矛盾、分歧均受________法律(不含其法律冲突规范,亦不含《CISG 公约》)管辖。

The Parties agree that this Agreement, and any disputes, claims, controversies, or disagreements relating to or arising under this Agreement, shall not be subject to the 1980 United Nations Convention on Contracts for the International Sale of Goods ("CISG Convention") and that the provisions of the CISG Convention are hereby excluded. This Agreement, and any disputes, claims, controversies, or disagreements relating to or arising under this Agreement, shall be governed by the law of ________(without regard to its conflict of laws rules and without regard to the CISG Convention).

图书在版编目(CIP)数据

国际仲裁与协议管辖条款：起草与执行：第五版 / (美) 加里·B. 博恩 (Gary B. Born) 著；崔强译. -- 北京：法律出版社, 2023
(北仲争议解决新视野译丛)
书名原文: International Arbitration and Forum Selection Agreements: Drafting and Enforcing
ISBN 978-7-5197-5295-8

Ⅰ. ①国… Ⅱ. ①加… ②崔… Ⅲ. ①国际仲裁－研究 Ⅳ. ①D994

中国版本图书馆CIP数据核字(2021)第032221号

国际仲裁与协议管辖条款
——起草与执行(第五版)
GUOJI ZHONGCAI YU XIEYI GUANXIA TIAOKUAN
—QICAO YU ZHIXING (DI-WU BAN)

[美]加里·B. 博恩(Gary B. Born) 著
崔 强 译

策划编辑 赵明霞
责任编辑 赵明霞
装帧设计 臧晓飞

出版发行 法律出版社
编辑统筹 法商出版分社
责任校对 王晓萍
责任印制 胡晓雅
经　　销 新华书店

开本 710毫米×1000毫米 1/16
印张 25　**字数** 292千
版本 2023年3月第1版
印次 2023年3月第1次印刷
印刷 三河市兴达印务有限公司

地址:北京市丰台区莲花池西里7号(100073)
网址:www.lawpress.com.cn
投稿邮箱:info@lawpress.com.cn
举报盗版邮箱:jbwq@lawpress.com.cn
销售电话:010-83938349
客服电话:010-83938350
咨询电话:010-63939796

书号:ISBN 978-7-5197-5295-8
定价:128.00元
凡购买本社图书,如有印装错误,我社负责退换。电话:010-83938349